P.M.

Subcoma

Paranoia city Verlag

«Wer nicht zaubern kann, der ist verloren.

Variante:
Wer jetzt nicht zaubern kann, der ist verloren.
(Gegenteil vom Warten auf Wunder: wer also das tut, der ist verloren.)»

Ludwig Hohl

P.M.

Subcoma

nachhaltig vorsorgen

für das Leben nach der Wirtschaft

P.M.s hilfreiches Haushaltbuch

Paranoia city Verlag

P.M.
Subcoma
nachhaltig vorsorgen für das Leben nach der Wirtschaft
P.M.s hilfreiches Haushaltbuch

Illustrationen: Martin Albers, P.M.
Gestaltung Inhalt und Umschlag: Thomas Geiger
Druck: Fuldaer Verlagsanstalt

Paranoia city Verlag
Bäckerstrasse 9
CH – 8001 Zürich
Telefon und Fax: ++41 1 241 37 05
email: paranoiacity@paranoiacity.ch
www.paranoiacity.ch
P.M.@paranoiacity.ch

ISBN 3-907522-19-2

Inhalt

*Holen wir uns die Welt zurück!**

Was ist das für eine Welt, in der trotz gigantischer Fortschritte der Produktivität der Anteil der Armen stetig wächst? Was ist das für ein Wirtschaftssystem, das auf sklavereiartigen Arbeitsbedingungen im Süden und Sozialabbau im Norden beruht? Was ist das für eine Landwirtschaft, die mit Erosion, Bodenversalzung, und vergifteten Gewässern ihre eigene Grundlage zerstört? Was ist das für eine Weltordnung, die überall zu Bürgerkriegen, Massakern, Flüchtlingsbewegungen und hilflosen militärischen Interventionen führt?

Die Stimmung ist gekippt. Globalisierung, New Economy, Informationsgesellschaft, Modernisierung und wie all die hochtrabenden Begriffe noch heissen mögen, haben begonnen ihren Glanz zu verlieren. Immer mehr Menschen merken, dass auch die New Economy nur die alte Tretmühle ist, nur schneller, riskanter und mehr Lebensbereiche durchdringend. Die Modernisierungsgewinnerinnen von heute sind die Modernisierungsverliererinnen von morgen – am Schluss sind wir alle Verliererinnen. Und daneben melden sich immer lauter auch jene, die seit 500 Jahren immer nur Modernisierungsverliererinnen waren.

Wenn sich heute die Agenten der neoliberalen Globalisierung zu ihren Kongressen treffen, werden sie jedes Mal mit Protesten konfrontiert. Glaubten viele bisher noch an eine Reform von WTO, IWF, Weltbank oder UNCTAD, so wird heute deren Abschaffung verlangt. Eine informelle Internationale von NGOs, wie People's Global Action, Via Campesina, Third World Network, Attac, Jubilee 2000, Focus the Global South hat sich gegen die neoliberale Globalisierung gebildet. Die Aktionen dieser Globalisierungsgegnerinnen haben im «Debakel der WTO» in Seattle vom November 1999 kulminiert. An den Demon-

---

* «Reclaim the world!» Slogan anlässlich der Anti-IWF-Demonstrationen vom April 2000 in Washington DC.

strationen anlässlich der zehnten UNCTAD-Session in Bangkok vom Februar 2000 nahmen nicht weniger als 120 NGOs teil.

Sowohl die Bäuerinnen im Süden als auch die Lohnabhängigen im Norden haben keine Lust mehr, die ihnen von den Profiteuren der Globalisierung zugeteilten Rollen zu akzeptieren. Dieselben multinationalen Firmen sind verantwortlich für Landzerstörung und Landvertreibung im Süden und für Lebensmittelvergiftungen (BSE, Dioxin) und Genmanipulationen im Norden. Resultat ihrer Aktivitäten ist die globale *malbouffe*: im Süden wird weniger, im Norden schlechter gegessen. Der Zusammenhang zwischen Globalisierung, Agroindustrie, ökologischer Zerstörung, Verarmung, Flüchtlingsbewegungen und Bürgerkriegen wird von immer mehr Menschen direkt erfahren. Während die einen ihr zerstörtes oder durch Staudammprojekte überschwemmtes Land verlassen müssen, werden wir zu Komplizen eines weltweiten Krieges gegen die Armen und rüsten uns für die nächsten Auslandseinsätze.

Die neue Bewegung gegen die neoliberale Globalisierung, die im Süden wie im Norden an Stärke gewinnt, ist umso notwendiger, als die traditionelle Linke überall auf den neoliberalen Kurs einschwenkt. Wenn die Neosozialdemokraten von Washington bis Athen nur noch als Verteidiger von Wachstum, Modernisierung und Marktwirtschaft auftreten, dann haben sie ihre Oppositionsrolle verloren. Sie sind dann nur noch der politische Aspekt einer Weltpolizei, die versucht mit Bomben und Truppeneinsätzen die Auswirkungen einer verfehlten Weltordnung unter Kontrolle zu halten. Das Verschwinden der linken Opposition hat zu der gefährlichen Zunahme neonazistischer Gruppen geführt, denn diese stehen nun als einzige Gegner des Systems da und wirken darum für viele junge Menschen attraktiv. Die Profiteure der Globalisierung wissen natürlich, dass die nostalgische Demagogie dieser Neuen Rechten zum vorneherein eine verlorene Sache ist und unterstützen sie daher. Die Tür zu einer zukunftsgerichteten Alternative zum neoliberalen Kapital soll für immer zugeschlagen werden.

Auf Grund der Vielfalt, was Erfahrungen, soziale Herkunft und Ideologie ihrer Mitglieder betrifft, ist die heutige Bewegung gegen die Globalisierung sehr widersprüchlich. Diese innere Widersprüchlichkeit kennzeichnet eine echte Bewegung, die kein Zentralkomitee erträgt, welches die einzig richtige Linie beschliessen könnte. Ob das Ziel der Globalisierungsgegnerinnen sich auf eine Re-Regulierung der Weltorganisationen beschränkt, und ob dieses Ziel das einzig realistische ist, wird sich in den nächsten Jahren zeigen müssen. Die Aufgabe all jener, die nicht mehr an Reformen glauben, wird darin bestehen, im Inneren dieser Bewegung durch Konzepte und Szenarien zu beweisen, dass eine grundsätzliche Alternative möglich und machbar ist. Ich glaube nicht, dass Reformvorschläge irgendwelcher Art (wie zum Beispiel die Tobin-Tax) die neoliberale Weltwirtschaft noch humanisieren oder umlenken können. Trotzdem kann es auch nicht schaden, solche Vorschläge zu machen. Die Bewegung ist gross genug, um alles Mögliche nebeneinander ausprobieren zu können. Während die einen drinnen reden, demonstrieren die andern draussen, beides stärkt die Gesamtbewegung.

Der Zweck dieses Buches besteht darin, jenem Teil der Bewegung Argumente zur Verfügung zu stellen, der nicht mehr an die Reformierbarkeit des kapitalistischen Systems und dessen Weltorganisationen glaubt und daher eine planetarische Alternative dazu verwirklichen will. Es geht um theoretische Überlegungen und die Auswertung praktischer Erfahrungen, um inspirierende Ideen und um die Diskussion von Umsetzungsszenarien. Ich habe mir bewusst ein Maximalprogramm vorgenommen: denn wenn schon, dann geht es um eine *ganz andere Welt*, nicht nur um ein paar «Alternativprojekte». Wenn die Globalisierung etwas Gutes bewirkt hat, ist es nämlich gerade dies: Wir können uns nicht mehr in Basisinitiativen und «Alternativprojekte» verkriechen, um in einer falschen Konkretion hier und jetzt «wenigstens im Kleinen» etwas zu verändern. Diese «Graswurzelstrategie» hat sowohl im Grossen wie auch im Kleinen versagt. Nicht nur hat sie sich eben in den letzten dreissig Jahren nicht ausbreiten und die Gesellschaft verändern können, die diversen Projekte sind auch noch selbst verkümmert oder von der Bildfläche verschwunden. (Es gibt hier einige erfreuliche Ausnahmen!)

Jüngst hat der deutsche Philosoph Sloterdijk bemängelt, dass die soziale Phantasie der technischen weit hinterherhinke. Städteplaner und Wirtschaftsführer beklagen das Fehlen von Visionen, und wir werden sogar aufgefordert, unsere Alternativen und Utopien zu entwickeln. Dabei bleibt ein Tabu unausgesprochen, nämlich, dass diese Visionen nicht den Rahmen der herrschenden Wirtschaftsordnung sprengen dürfen. Was wiederum bedeutet, dass es eben keine Visionen mehr geben kann, weil der Wirtschaftsmodus sich totgelaufen hat. Spezialisten betrachten die Stimmerkennung als nächste grosse Computerrevolution. Wir betreten also unser vollcomputerisiertes Haus und bestellen vom automatischen Ofen eine Pizza Napoli. Doch wie schmeckt diese Pizza, und ist es genau so lustig sie im klimatisierten Wohnzimmer wie in einem Seitengässchen in Neapel zu essen? Inzwischen wird Neapel saniert und haben wir gar keine Zeit mehr für solche Reisen. Während die wirklichen guten Dinge verschwinden, wird der Zugang zum Ersatz perfektioniert – was haben wir davon?

Selbstverständlich gibt es eine Alternative, aber nicht mehr unter den Bedingungen des Business as usual. Eigentlich kennen wir alle sie auch schon, seit Tausenden von Jahren. Sie entspricht einem globalen Jubiläum (im biblischen Sinne): Streichung aller Schulden, Annullierung aller Guthaben, gleichberechtigter Zugang zu allen Ressourcen und allem Wissen, Ende der Marktregeln, voller Lebensgenuss statt Arbeitssklaverei, Abbruch der Wachstumsspirale, Schluss mit dem Zwangsfortschritt. Nicht mehr Tempo ist gefragt, sondern Qualität. Wir brauchen also ein globales Downshifting (Herunterschalten), einen kollektiven Ausstieg aus dem westlich/kapitalistischen Wirtschaftswahn. Es gibt nur eine Welt, wir haben nur ein Leben, und wer sich hinter seinem Realismus versteckt, betrügt sich selber.

In zahlreichen Vorträgen vor Gewerkschafterinnen, SP-Sektionen, Wohngenossenschafterinnen, Studentinnen, Anti-WTO-Aktivistinnen habe ich erfahren, dass das Bedürfnis nach einer globalen Alternative zwar vorhanden, die Skepsis bezüglich ihrer Verwirklichung aber gross ist. Es gibt tatsächlich keine eigentliche «alternative Weltbewegung», dafür aber eine Vielzahl interessanter Initiativen und Projekte, die ich kennen gelernt habe, seit ich 1983 *bolo'bolo* veröffentlichte. *Subcoma* ersetzt meine früheren Texte nicht, es ergänzt sie nur mit Erfahrungen, die ich seitdem gemacht habe. Ich hoffe, sie sind auch für andere nützlich und können dazu beitragen, die vielerorts herrschende Resignation zu durchbrechen.

Wovon wollen wir weg? Wie kommen wir weg? Wo wollen wir hin? Dies sind die drei Grundfragen, die ich versuchen möchte zu beantworten. Der am wenigsten kontroverse Teil wird die Antwort auf die Frage sein, wovon wir eigentlich loskommen wollen: die kapitalistische Arbeitsmaschine hat sich nur allzu gründlich blamiert, denn der ab 1776 immer wieder versprochene «Wohlstand für alle» ist zum «Elend für die Mehrheit» geworden. Bei der Antwort auf die Frage, wie kommen wir weg, geht es um die Ablösungsbewegungen, um eine Einschätzung diverser Lösungsansätze, die heute bestehen oder vorgeschlagen werden. Im letzten Teil des Buches wird der Versuch unternommen, eine «Welt danach» als Ganzes zu skizzieren. Es genügt nicht, nur gegen die neoliberale Globalisierung zu sein, wir brauchen auch Vorstellungen darüber, durch was sie ersetzt werden könnte. Hier sollen auch Fantasien, Träume und Ideen, hauptsächlich zur Stadt Zürich, ihren Platz haben, denn wenn wir keine Lust mehr haben, uns das Andere auszumalen, dann werden wir bald die Energie zum Widerstand verlieren.

Im Anhang finden sich nützliche Literaturhinweise und Adressen.

Danke!

Ich möchte Thomas Geiger, meinem Freund und Verleger, für seinen unbeirrten Einsatz seit nunmehr siebzehn Jahren danken. Ein Dank geht auch an Martin Albers für seine einfühlsamen Skizzen und urbanistischen Hinweise, an Gabor Doka für seine Energie- und Ökobilanzen, an Katharina Rengel für ihre Korrekturarbeit und an all meine Freundinnen und Freunde für ihre Geduld, wenn ich manchmal mit meinen Gedanken anderswo war.
P.M.

Wovon wollen wir weg?

Anlässlich des Welttages der Armut am 17. Oktober 1998 hat die UNO (das Programm für Entwicklung der UNO) eine ernüchternde Bilanz gezogen: «Seit 1990 hat die Zahl der Armen zugenommen, während die internationale Entwicklungshilfe abgenommen hat». 20% der Weltbevölkerung leben mit weniger als einem Dollar pro Tag, zwei Drittel mit weniger als zwei. (Ich mit 100 $!) Inzwischen hat die UNO einen aussagekräftigeren Armutsindex einführen müssen, der nicht nur das Geldeinkommen misst. Gemäss diesem Index gelten zum Beispiel 28,5% der Bevölkerung von Bangladesh als monetär arm, aber 46,5% als «humanitär» arm, wenn auch Faktoren wie Lebenserwartung, Ernährung, Trinkwasser, medizinische Versorgung miteinbezogen werden.

Im Weltbank-Bericht von 1999 wird festgestellt, dass die Zahl der Menschen, die mit weniger als einem Dollar pro Tag auskommen muss, kontinuierlich steigt. Zwischen 1987 und 1993 nahm sie um 100 Millionen auf 1,3 Milliarden zu, gegenwärtig sind es schätzungsweise 1,5 Milliarden, schon bald nach der Jahrtausendwende werden es 2 Milliarden sein. (Kurz; 699)

Weltweit sahen die Stundenlöhne in $ für Produktionsarbeiterinnen 1994 im Durchschnitt wie folgt aus:

in Deutschland	25.-
in den USA	16.-
in Polen	1.40
in Mexiko	2.40
in Indien, China, Indonesien	0.50

(Bennholt-Thomsen 1997; S. 44)

Bekam 1960 das ärmste Fünftel der Menschheit noch 2,3% des Welteinkommens, so waren das 1994 nur noch 1,1%. (*Der Spiegel* *25/1999*)

Die ärmsten 20% der Weltbevölkerung erlebten in den vergangenen 30 Jahren einen Rückgang ihres Anteils am Welteinkommen von 2,3% auf 1,4%. Dagegen stieg der Anteil der reichsten 20 Prozent von 70% auf 85%. (UNDP, Bericht über die menschliche Entwicklung, 1996, in: *Das Existenzmaximum*, 1997; 15)

Während sich die Rohstoffe seit 1970 um das Zehnfache verbilligt haben, sind die Schulden der Dritten Welt von 50 Milliarden auf 1600 Milliarden Dollar (1998: 2030 Mrd.; *Widerspruch 38*, 137) gestiegen (also um das 32fache). (Weizsäcker 1995; 257, Grafik)

1997 betrug das Durchschnittseinkommen in der Schweiz 43 060 $ pro Person, das Weltdurchschnittseinkommen 5180 $, das Durchschnittseinkommen in Äthiopien 110 $ pro Jahr. (*Fischer Weltalmanach 2000*, 1087)

Wie den «World Development Indicators» der Weltbank des Jahres 2000 zu entnehmen ist, entfallen fast 80% des globalen BSP auf 16% der Weltbevölkerung, im Prinzip auf Nordamerika, Europa und Japan. Dies entspricht einem durchschnittlichen Tageseinkommen pro Kopf von 70 $. Demgegenüber erzielten 57% der Weltbevölkerung in den 63 ärmsten Ländern nur gerade 6% des globalen BSP oder weniger als 2 $ pro Tag. In absoluter Armut – weniger als 1 $ pro Tag – lebten 1,2 Mrd. Menschen, gleich viel wie 1987, wobei der Anteil an der Gesamtbevölkerung von 28% auf 24% gesunken ist. In Ostasien konnte die Armut deutlich bekämpft werden, vor allem wegen der Fortschritte in China. In Südasien hingegen stieg die Zahl der Armen von 1987 bis 1998 um 27 Mio. auf 522 Mio. und in Schwarzafrika gar um 48 Mio. auf 291 Mio. (*NZZ*, 14.4.2000)

Jeder in die Entwicklungszusammenarbeit investierte Franken bringt 1,26 Franken in die Schweiz zurück. (*Existenzmaximum*; 60)

Heute besitzen 358 Milliardäre soviel wie 2,5 Milliarden Menschen, fast die Hälfte der Weltbevölkerung. (Martin; 40)

Das Vermögen der drei reichsten Milliardäre ist grösser als das Bruttosozialprodukt der 48 ärmsten Länder der Welt. (Lietaer 1999; 139)

Ganze Regionen, wie zum Beispiel die ehemalige Sowjetunion, sind in die Armut abgestürzt: 1989 lebten dort 14 Millionen Menschen mit einem Einkommen unter 4 $ pro Tag, heute sind es 147 Millionen. Die Lebenserwartung hat sich gleichzeitig um mehr als vier Jahre verkürzt. *(Int. Herald Tribune,* 26.8.99) Umgerechnet auf 150 Millionen Menschen sind das 8,5 Millionen Menschenleben. Es findet dort ein eigentlicher «Lebensjahreholocaust» statt.

Die Lebenserwartung bei der Geburt betrug 1993 in der Schweiz 78,1 Jahre, in Äthiopien 47,8 Jahre. (*Existenzmaximum*; 16)

Ein 1999 geborener Japaner kann damit rechnen, 74,5 Jahre gesund zu leben (81,2 Jahre inklusive Krankheitsjahre), ein Schweizer 72,5, ein Deutscher 70,4. In Sierra Leone sind es 25,9 Jahre, in Niger 29,1 Jahre, in Malawi 29,4 Jahre, in Uganda 32,9 Jahre. Während die Zahl der schweren Krankheitsjahre in Industrieländern bei 9% der gesamten Lebenserwartung liegt, muss ein Einwohner eines armen Entwicklungslandes damit rechnen, etwa 14% seines Lebens mit schweren Krankheiten zu verbringen. In Ländern südlich der Sahara hat die Lebenserwartung in den letzten Jahren um 5 Jahre abgenommen. (WHO; *NZZ*, 5.6.2000)

95% der AIDS-Kranken leben im Süden, aber 95% der AIDS-Medikamente stehen den AIDS-Kranken im Norden zur Verfügung. (*Libération*, 10.7.2000)

Angehörige der Unterschichten sterben in der Schweiz im Durchschnitt sieben Jahre früher. Dafür verantwortlich sind die Belastungen am Arbeitsplatz, die Wohnverhältnisse, aber auch eine zu wenig gesundheitsbewusste Lebensführung. (Bundesamt für Statistik; *Tages-Anzeiger*, 1.7.2000)

In der Schweiz leisten die Frauen 54% des gesamten Arbeitsvolumens, bekommen aber nur 27% des Arbeitseinkommens. (*Tages-Anzeiger*, 28.6.2000)

Gemäss den neusten Zahlen erbrachte die Hausarbeit in der Schweiz Arbeitsleistungen im Wert von 215 Mrd. Franken, 58% des Bruttoinlandprodukts. Davon haben die Frauen Arbeit im Wert von 141,26 Mrd. Franken geleistet. (*NZZ*, 2.7.1999)

Weltweit leiden etwa 800 Millionen Menschen an Hunger. Fast 40% der weltweiten Getreideernten, 60-70% der Ölsaaten, mehr als ein Drittel der Fischfänge und etwa ein Drittel der Milchprodukte landen in den Futtertrögen von Schweinen, Rindern und Hühnern. (*Existenzmaximum*; 23)

Der Norden beherbergt 20% der Weltbevölkerung und ist für 63,5% der Emissionen des Treibhausgases Kohlendioxid (CO2) verantwortlich. (*Existenzmaximum*; 35)

Der CO2-Gehalt der Atmosphäre hat den höchsten Stand seit 420 000 Jahren erreicht; das hat die industrielle Verbrennung in nur 100 Jahren bewirkt. (Hawken 2000; 457)

Zum ersten Mal seit 50 Millionen Jahren ist das Eis am Nordpol im Jahr 2000 geschmolzen. (*Tages-Anzeiger*; 21.8.2000)

15% der Weltbevölkerung besitzen 76% der Motorfahrzeuge. (Hawken 2000; 70)

1995 wurden in der Schweiz 4401 kg SKE Energie pro Kopf verbraucht. Im Tschad waren es 7 kg SKE. (*Fischer Weltalmanach 2000*)

Weltweit werden jedes Jahr 24 Milliarden Tonnen fruchtbares Erdreich weggeschwemmt, verweht, vernichtet. Damit könnte die gesamte Agrarfläche der USA bedeckt werden. Die von Verödung bedrohten Gebiete werden von der Unep auf 3,6 Milliarden Hektar geschätzt, was einem Viertel der globalen Landmasse entspricht. 900 Millionen Hektar stehen allein in Afrika auf der Kippe. Die Ursachen sind ökologisch (Klima) und sozial (Verarmung). (*Der Spiegel* 15/2000)

In den letzten fünfzig Jahren hat die Erde ein Viertel ihres Ackerlandes und ein Drittel ihrer Wälder verloren. Bei der gegenwärtigen Zerstörungsrate werden wir noch zu unseren Lebzeiten 70% aller Korallenriffe verlieren und damit den Lebensraum von 25% der marinen Flora und Fauna. (Hawken 2000; 22)

Jährlich gehen 17 Mio. Hektar Tropenwälder verloren. (Beck 1997; 77)

Zwischen 1903 und 1983 sind 97% der damals bekannten Gemüsesorten nicht mehr im Angebot und vermutlich verloren gegangen. Von den 35 Rhabarbersorten, die 1903 zur Auswahl standen, ist nur eine übrig geblieben. Von den 7098 im 19. Jahrhundert gehandelten Apfelsorten sind 6121, also 86%, verloren gegangen. (Weizsäcker 1995; 321)

20 bis 50 Spezies werden täglich ausgerottet. (Weizsäcker 1995; 256)

Auf Grund der Überfischung hat sich der Preis für Fische seit 1975 um das 3,5fache erhöht. (Weizsäcker 1995; 261, Grafik)

Über 1,2 Milliarden Menschen haben heute keinen Zugang zu sauberem Wasser. (*Tages-Anzeiger*, 17.3.2000)

Der Spülvorgang einer normalen amerikanischen Toilette erfordert mehr Wasser, als die meisten Menschen bzw. viele Familien auf der Welt für alle Lebensbedürfnisse an einem ganzen Tag verbrauchen. (Hawken 2000; 321)

Weltweit leben heute schätzungsweise 125 Millionen Menschen als Migrantinnen ausserhalb ihres Geburtslandes. 24 Millionen wurden durch Kriege vertrieben oder wegen ihrer ethnischen Zugehörigkeit, Religion, Nationalität oder politischen Meinung verfolgt und zur Ausreise gezwungen. (*Existenzmaximum*; 40)

Wir gehen davon aus, dass wir heute mehr Umweltflüchtlinge haben als Flüchtlinge aus jedem anderen Grund. Wir rechnen mit 22 bis 24 Millionen Menschen, die nach Umweltveränderungen ihre Heimat verlieren. (*Der Spiegel*, 20/2000)

Laut verschiedenen Studien leben fast 20% der Menschen in der Schweiz unter der Armutsgrenze. (*Existenzmaximum*; 86)

1958 versteuerten die 10% Reichsten in der Schweiz 22-mal so viel Vermögen wie die 10% Ärmsten. 1991 war es noch 274-mal so viel. (*Existenzmaximum*; 85)

In Europa lebten nach Angaben der EU 1996 mindestens 150 Millionen Menschen in Armut. (Kurz; 700)

Heute leben 12 Millionen Britinnen bzw. fast jeder vierte Haushalt und über 30% aller Kinder in Armut, und das Land hat die niedrigsten Löhne unter den alten Industrienationen. (*Tages-Anzeige*r, 6.4.98)

Zwischen 1970 und 1990 ging in den USA das mittlere Einkommen um 5% zurück, während sich der Abstand zwischen den reichsten 10% und den ärmsten 10% um 40% vergrösserte. Der Lohn eines Generaldirektors stieg vom 30fachen auf das 150fache des Lohns eines Fliessbandarbeiters. (Cohen; 81)

1988 verdienten die Chefs in den USA noch 40-mal mehr als seine Arbeiter. Heute sind es 400-mal mehr. (*Der Spiegel*, 11/2000; 110)

Etwa ein halbes Prozent der Bevölkerung der USA gehört zu denjenigen, die die wirtschaftliche Macht im Lande ausüben und die über das Wohlergehen von mehr als 250 Millionen Menschen bestimmen. Diese kleine Elite besass 1992 37,4% aller Aktien und Wertpapiere und 56,2% allen privaten Geschäftsvermögens. (Rifkin 1995; 139)

Während das Einkommen in den USA 1979 - 1994 um 10% zunahm, wurden 97% dieses Zuwachses von den 20% Topverdienern abgeschöpft. (Hawken 2000; 93)

4,2 Millionen Amerikanerinnen hungern zumindest zeitweise. Der Organisation ‚Second Harvest' zufolge befinden sich 30 Millionen in einer ‚unsicheren Nahrungsmittelsituation', 26 Millionen seien jeden Monat auf öffentliche Speisungen oder Lebensmittelgeschenke angewiesen. (Kurz; 705)

Zwischen 1973 und 1993 stieg zwar die Arbeitsleistung in den USA um 30%, die Bezahlung dagegen sank im selben Zeitraum inflationsbedingt um 20%. Gleichzeitig nahm die Zahl der Arbeitsstunden um 15% zu. (Lietaer 1999; 29)

In den USA hat sich das BSP pro Kopf von 1950 bis 1990 verdoppelt, die Lebensqualität aber, gemessen an 20 Indikatoren, im gleichen Zeitraum verschlechtert. (Cobb & Daly 1989, 420; zit. nach Bennholt-Thomsen 1997; 62)

In der BRD hat die Lohnquote 1998 den niedrigsten Stand seit 1949 erreicht. In den USA sind die Reallöhne in den 90er Jahren unter das Niveau der 70er Jahre gefallen. (Kurz; 673)

Im Mittelalter arbeitete man nicht mehr als 150 Tage (ca. 30 Wochen) pro Jahr. Seit den sechziger Jahren hat die Gesamtarbeitszeit in den USA von 44 auf 47 Wochen pro Jahr zugenommen. (Juliet B. Schor, *The Overworked American*, Basic Books, 1991; 30)

In Deutschland ging der Anteil der Lohneinkommen von 78,9% 1980 auf 67,9% im Jahre 1997 zurück. (*Der Spiegel*, 25/1999)

Zwischen 1979 und 1994 stiegen die Gewinne der deutschen Unternehmen um 90%, die Löhne um 6%. Aber der Anteil der Gewinnsteuern am gesamten Steueraufkommen ist von 35% im Jahr 1960, auf 25% 1980 und auf 13% 1994 gesunken. In der gleichen Zeit ist der Anteil der Steuern auf Löhne und Gehälter von 16% im Jahr 1960 auf 30% 1980 und auf 36% 1994 gestiegen. Wäre der Anteil der Steuern auf Gewinne auf dem Niveau von 1980 geblieben, wären die Steuereinnahmen um 86 Milliarden DM gewachsen, anstatt um 9% zu sinken. (Gorz 2000; 129)

Für jeden Dollar, den ein amerikanischer Durchschnittsbürger an Steuern zahlt, bezahlten US-Unternehmen 1950 bis 1954 76 Cents. In den Jahren

1980 bis 1982 sind ihre Beiträge auf 21 Cents gesunken. (Lietaer 1999; 194)

Im Jahr 1994 erhielten amerikanische Unternehmen 167 Milliarden Dollar an Steuervergünstigungen – gegenüber 50 Milliarden Dollar, die der amerikanische Staat insgesamt für die Wohlfahrt ausgibt. (Lietaer 1999; 194)

Das internationale Verbrechen macht einen jährlichen Reingewinn von 500 Milliarden Dollar. In gerade einmal zehn Jahren erwirtschaftet die Branche damit mehr als das Dreifache der kumulierten Währungsreserven sämtlicher Zentralbanken. (*Le Monde diplomatique*, April 2000, 16)

Weltweit sind mehr als 800 Millionen Menschen unterbeschäftigt oder arbeitslos. (ILO 1994; gemäss: Rifkin 1995; 11)

Weltweit sind die Arbeitslosen- und Entlassungsraten 25 Jahre lang schneller gestiegen als die Beschäftigungsrate. (Hawken 2000; 89)

Schon 1996 waren in den USA mehr als 1,6 Millionen Menschen unter grossenteils unmenschlichen Bedingungen eingekerkert, eine Verdoppelung in knapp zehn Jahren. Damit hat die gesamtgesellschaftliche «Sträflingsquote» in der Vormacht der demokratischen Welt bereits diejenige der stalinistischen Sowjetunion zu Zeiten des Gulag überschritten. (Kurz; 696)

Die Vereinigten Staaten sind stillschweigend zur weltgrössten Strafkolonie geworden. Nahezu 5 Millionen Männer in den USA erwarten zur Zeit eine Gefängnisstrafe, sind im Gefängnis, haben Bewährung oder erhalten bedingten Straferlass. Besteht ein Zusammenhang zwischen der Tatsache, dass 51% der Gefängnisinsassen Schwarze sind, und der Tatsache, dass 44% der jugendlichen Schwarzen in Armut aufwachsen? (Hawken 2000; 90)

70% aller Rechtsanwälte der Welt leben in den Vereinigten Staaten. (Hawken 2000; 96)

Durch Arbeitsunfälle sterben weltweit jedes Jahr mehr als 14 000 Menschen, weitere 2,2 Millionen werden dadurch arbeitsunfähig. (Rifkin 1995; 134)

Eine Studie der University of Wisconsin besagt, dass elektronisch kontrollierte Arbeitnehmer mit einer 10 bis 15% höheren Wahrscheinlichkeit an Depressionen, nervöser Anspannung und extremen Angstzuständen leiden. (Rifkin 1995; 134)

«Ein Sprecher des japanischen nationalen Instituts für öffentliche Gesundheit definierte *karoshi* als ‚einen Zustand, in dem eine fortdauernde psychisch belastende Arbeitsweise dazu führt, dass die normalen Arbeits- und Lebensrhythmen des Beschäftigten gestört werden. Körperliche Ermüdung und chronische Überarbeitung sind die Folge. Bereits vorhandener Bluthochdruck verschlimmert sich und führt letztlich zu einem tödlichen Zusammenbruch.‘» (Rifkin 1995; 131)

In der schwedischen Privatwirtschaft haben gemäss Statistik die Langzeiterkrankungen auf Grund von Stress zwischen 1998 und 1999 um 80% zugenommen. (*Tages-Anzeiger*, 17.4.2000)

25% der Schweizer Bevölkerung brauchen gemäss einer Studie der Universität Nürnberg eine psychische Behandlung.

In der Schweiz fühlt sich jede/r dritte 15- bis 24-Jährige psychisch unwohl, das heisst, sie/er ist «fast täglich niedergeschlagen, angespannt und gereizt». Nur die Hälfte der Bevölkerung fühlt sich «psychisch gut». (Bundesamt für Statistik; *Tages-Anzeiger*, 1.7.2000)

Kapitalismus scheint Bad News zu sein. Seit Adam Smith 1776 in seinem «Wohlstand der Nationen» ein «gutes Leben» durch Arbeitsteilung, freien Handel und freies Unternehmertum propagierte, haben sich Armut und Elend auf dem Planeten in mehreren Schüben (1., 2., 3. industrielle Revolution) ausgebreitet. Heute geniessen allenfalls 300 bis 600 Millionen Menschen (5-10 Prozent der Weltbevölkerung; also ungefähr jene 655 Millionen, die eine Visa-Karte haben; Lietaer 1999; 73) einen normalen «schweizerischen» Lebensstandard. Auch sie sind nicht wirklich reich, sondern führen lediglich ein gewöhnliches von Sorgen und Nöten beherrschtes Arbeitsleben, das zunehmend härter wird. Verglichen mit den zirka 900 Millionen Menschen, die zu Adam Smiths Zeiten lebten, wären allerdings 500 Millionen «Reiche» ein schöner Fortschritt. Absolut gesehen hat es noch nie so viele «Reiche» gegeben wie heute – die Zahl der Armen wächst jedoch schneller, und die Armut ist heute unvergleichlich brutaler als noch im 18. Jahrhundert. Das einzige, was man dem unter oder trotz dem Kapitalismus stattgefundenen medizinischen Fortschritt zugute halten kann, ist, dass er den Nachschub an Armen garantiert hat.

Zwischen Rom im 1. Jahrhundert, China im 11. Jahrhundert, Indien im 17. Jahrhundert und Europa im 18. Jahrhundert gab es praktisch keine Einkommensunterschiede. Erst als sich Kolonialismus, Plantagensklaverei und Industrialisierung entwickelt hatten, wurde auch die «Armut der Nationen» erfunden. Stand das europäische Pro-Kopf-Einkommen um 1750 noch knapp 30 Prozent über jenem in Indien, Afrika oder China, so war es um 1870 in den reichsten Ländern bereits elfmal höher. 1995 waren die reichsten Länder fünfzigmal reicher als die ärmsten. (Cohen D. 1998; 37) Das bisherige Auf- und Ab der Geschichte war definitiv durch eine neue Dynamik unterbrochen worden. Es war da etwas losgelassen worden, das es noch nie gegeben hatte.

Wie Robert Kurz (*Schwarzbuch Kapitalismus*, 1999) eindrücklich aufzeigt, hat dieser nicht mehr kontrollierbare Mechanismus im Namen der blinden Akkumulation von Profit in zwei Jahrhunderten Hunderte von Millionen von Menschenleben gekostet. Das ökonomische System, das im 18. Jahrhundert seinen weltweiten Siegeszug antrat, hat verschiedene

Aspekte und wurde verschieden benannt: Marktwirtschaft, Kapital, Kapitalismus, moderne Industriegesellschaft, Arbeitsgesellschaft oder schlicht: die Wirtschaft. Weil dieses System sich mehr und mehr vom individuellen Handeln sowohl der Kapitalbesitzer wie der Arbeitskräftelieferanten emanzipiert hat und eine Eigendynamik entwickelt hat, die einer Maschine gleicht, nenne ich es in der Folge Arbeitsmaschine. Selbstverständlich heisst das nicht, dass es eine bloss physische Maschine ist, sondern eben ein materiell-immaterielles System, das menschliche Verhältnisse und Produktionsmittel kombiniert. Es ist auch keine starre Maschine, sondern eine, die sich selbst laufend verändert, ergänzt, repariert. Doch analog zu den mechanischen Gesetzen wird auch die Arbeitsmaschine von den immer gleichen Gesetzen reguliert, die gewährleisten, dass Arbeit in Profit und Profit in Akkumulation und Konzentration von Kapital umgewandelt werden kann. Ähnlich wie eine Maschine verwandelt uns die Arbeitsmaschine in kleine Zahnrädchen in einem grossen, anonymen Getriebe. Im Unterschied zu einer statischen Maschine ist allerdings die Arbeitsmaschine ein System, das auf seinen eigenen Widersprüchen (zum Beispiel Lohnarbeit versus Kapital) beruht, also letztlich eine politische Maschine.

Die Sklavenwirtschaft, aus der die ersten Kapitalien gewonnen wurden, führte zur Versklavung von etwa 20 Millionen Afrikanerinnen (Reader; 404). Von den neun Millionen Afrikanerinnen, die über den Atlantik verschifft wurden, starben 10 bis 20 Prozent auf See (Reader; 374). 1887 hatte der schottische Chirurg J.B. Dunlop die Idee, für das Fahrrad seines kleinen Sohnes einen aufblasbaren Gummischlauch machen zu lassen. Der Velopneu wurde 1888 patentiert. Danach vervielfachte sich die Nachfrage nach Gummi. (Lindqvist 1996; 24) 1891 beanspruchte der belgische König Leopold II ein Monopol für den Gummihandel im Kongo. Für die Kautschukpneus unserer ersten Fahrräder und Automobile mussten zwischen 1891 und 1911 11,5 Millionen Menschen im Kongo sterben. (Reader; 217 ff.)

Die Abschlachtungen des Ersten (20 Millionen) und des Zweiten Weltkriegs (50 Millionen) gehören zu den Kosten des Kapitalismus, ebenso wie die Opfer des Holocaust und diejenigen der stalinistischen und maoistischen Gulags.

«Seit dem *Ende* des Kalten Krieges registrierten Friedensforscher weltweit rund 200 Waffengänge, bei denen 35 bis 40 Millionen Menschen ums Leben kamen.» (*Der Spiegel*, 14/2000). Im tiefsten Frieden hatten wir also noch einmal zwei Erste Weltkriege. (Diese Zahlen sind verblüffend: offensichtlich sind wir inzwischen an permanentes Abschlachten en gros und en détail gewohnt. Ebenso verblüffend fand ich es in dieser ganzen Zeit, dass fast alle Leute, die ich fragte, nicht verstanden, dass Tom Waits' «Don't worry be happy!» *ironisch* gemeint ist.) Und das war nach dem Korea- und Vietnamkrieg, den kolonialen Befreiungskriegen, den Kriegen zwischen Iran und Irak, in Afghanistan, in Biafra usw., die zu einer «kriegerischeren» Periode gehörten, in der noch einmal einige dutzend Millionen Menschen umkamen.

Gerade angesichts der oben zitierten Zahlen von Kriegsopfern meinen heute viele, dass nun wohl das Gröbste überstanden sei; doch für diese Annahme gibt es keinen Grund. Im Gegenteil: Nachdem die paradoxe «Zusammenarbeit» der beiden Grossmächte USA und UdSSR zur Kontrolle der Atomwaffen zusammengebrochen ist, sind Atomkriege mit Hunderten von Millionen von möglichen Opfern wieder wahrscheinlicher geworden. Es wäre naiv anzunehmen, dass die Menschheit nach Hiroshima und Auschwitz «aus ihrer Dummheit» gelernt hat. Kriege entstehen nie dadurch, dass Menschen sie wollen. Sie entstehen aus objektiven Ungerechtigkeiten, die zu Wut und Hass führen und dann politisch fast automatisch in Ausrottung und Krieg umgesetzt werden. Man trifft heute kaum Menschen aus dem ehemaligen Jugoslawien, die sich nicht darüber wundern, warum plötzlich der Krieg ausbrach, wo sie selbst und niemand, den sie kennen, ihn gewollt hatte. Kriege können also nicht mit Pazifismus vermieden werden, es geht um die Beseitigung der Grundursache – und das ist die Arbeitsmaschine, die auf patriarchaler Unterdrückung, Konkurrenz, Ungleichheit und sozialer Zersetzung beruht. Wir befinden uns in einem Wettlauf gegen die Zeit, diese Ursache zu beseitigen oder in einem Strudel regionaler Atomkriege unterzugehen.

Während wir auf die grossen atomaren Katastrophen warten, haben wir einen Frieden, der noch schrecklicher ist als viele bisherige Kriege um Öl und Weltmarktkontrolle, denn jeden Tag sterben 35 000 Kinder (12,77 Mio. pro Jahr) an elendsbedingten Krankheiten, was noch einmal zwei zusätzliche, stille Holocausts ergibt. In zwei Tagen sterben mehr Kinder, als Amerikaner während des ganzen Vietnamkrieges gefallen sind (58 000). (Beck 1997; 254) Ähnlich wie die Revisionisten den jüdischen Holocaust leugnen, fühlen auch wir uns nicht wirklich zuständig für dieses unaufhörliche Abtöten, denn wir «tun» ja nichts, wir töten keine Armen. Aber könnte man nicht sagen, dass man auch schuldig wird, wenn man das Schreckliche zulässt und erst noch davon profitiert?

Obwohl der Kapitalismus offensichtliche materielle Verheerungen anrichtet, zielte schon Marx' Hauptkritik nicht darauf ab. Viel schlimmer fand er, dass die Arbeitsmaschine aus den Menschen lebende Tote, so genannte entfremdete Wesen macht. Die Tatsache, dass wir Arbeiten verrichten, deren Sinn wir nicht aus ihnen selbst ableiten können, führt dazu, dass wir «ausser uns» geraten, dass wir zu Parttime-Robotern werden. Die aufgeschobene Belohnung nimmt der menschlichen Betätigung ihre intrinsische (De-)Motivation, macht sie zu einer bloss noch lästigen Bedingung und ermöglicht es zugleich, auch für die brutalsten Aufgaben noch Vollstrecker zu finden. In der Trennung von Arbeit und Belohnung ist die Möglichkeit von Auschwitz schon enthalten.

Die ganze Welt und wir selbst verwandeln uns in Waren. Alles hat seinen Preis, die menschliche Würde geht verloren. Wir können diese spitzfindige Kritik heute kaum mehr verstehen. Ich zum Beispiel fühle mich in der Warenwelt von Supermärkten besonders gut aufgehoben. Und es ist mir egal, dass ich einen Preis (meinen Lohn) habe, solange ich dafür das kaufen kann, worauf ich Lust habe. Ich spüre meine Entfremdung nicht. Offensichtlich litt Marx zu seiner Zeit noch an einem Verlust, an den wir uns gewöhnt haben. (Oder er hatte zuviel Hegel studiert.) Unter menschlicher Würde können wir uns jenseits von einem anständigen Lebensstandard kaum mehr etwas vorstellen. Ja, wir finden die Tatsache, dass alles seinen Preis hat und mit Geld gemessen werden kann, sogar eher entlastend, weil wir auf diese Weise komplizierte persönliche oder familiäre Abhängigkeiten vermeiden können. Wenn alles, was wir von jemandem möchten, einem persönlichen Gefallen gleich käme, dann würde unser Tag zu einem Alptraum von intensiver Beziehungspflege. In der Tat hat sich der Kapitalismus gerade darum durchsetzen können, weil er im

Vergleich zu patriarchalen geldlosen Herrschaftsformen wenigstens zeitweise Moratorien verschaffen konnte. Lohnarbeit macht immerhin am Feierabend frei von willkürlichen Verpflichtungen. Auch die Frauen ziehen logischerweise ihre Verwandlung in Waren (= Lohnarbeiterinnen) der direkten alten Unterwerfung unter die Männer vor. All das legt nahe, dass ein Ausbruch aus der Arbeitsmaschine ohne gleichzeitige Überwindung des Patriarchats nicht möglich ist.

Das Leiden an der Entfremdung ist nicht etwas, das sich spontan bemerkbar machen würde, das Gefühl dafür müsste heute geradezu erlernt werden. Wir gleichen Krüppeln, die sich so sehr an ihre Behinderung gewöhnt haben, dass sie sie für normal halten. Dass uns persönliche Beziehungen sogleich überfordern, während wir hingegen all die Zumutungen eines Arbeitstages, vom Aufstehen über die Verfrachtung in überfüllte Busse und Züge bis zur persönlichen Qualifikation akzeptieren, deutet auf schwere charakterliche Deformationen hin. Kein «Wilder» würde das aushalten. Sogar die privilegierten Jung-Managerinnen der *New Economy* klagen über Erschöpfungszustände, Vereinsamung und sind nach wenigen Jahren ausgebrannt. (*FACTS*, 6.7.2000) Sie verpassen das Leben – oder wissen gar nicht mehr, was das eigentlich ist. Die Schädigungen durch Entfremdung sind nicht messbar wie jene durch Kriege und Armut, denn sie sind ihrer Natur nach subjektiv. Es ist wahrscheinlich, dass die zunehmenden psychischen Erkrankungen und die Burnout-Syndrome direkt darauf zurückgehen und darum auch nicht heilbar sind. Was Sartre als eine Art Grundekel vor dem Leben beschrieben hat, und was ich manchmal in toten Augenblicken mitten am Tag fühle, könnte mit der Entfremdung zu tun haben. (Vielleicht geht es aber noch tiefer.) Daher sind wir permanent auf der Flucht vor dem Leben, so wie es ist. Wenn uns das Gefühl, das eigentliche Leben zu verpassen, überfällt, gibt es nur eines: Flucht in den Konsum, zurück an den Busen der Maschine.

Der Verlust an echter Lebenszeit, der durch die kapitalistische Entfremdung verursacht wird, ist millionenfach grösser als derjenige, den Armut und Kriege verursachen. Die eigentlichen Opfer der Arbeitsmaschine sind nicht die Toten, sondern die Halblebendigen. Ob man zu diesen gehört, muss man mit sich selber ausmachen. Ob die Bilanz des Kapitalismus negativ ist, bleibt letztlich trotz aller Zahlen und Fakten eine persönliche Einschätzung. Auch wenn das Klima nicht kippt, kann die Zukunft trüb aussehen.

Seit Adam Smiths Zeiten hat sich die kapitalistische Maschine vom persönlichen Handeln von Unternehmern längst abgekoppelt, sie ist ihren ursprünglichen Meistern völlig entglitten. Auch die 258 Milliardäre, denen die halbe Welt gehört, haben nichts mehr unter Kontrolle. Die Big Shots am World Economic Forum in Davos *spielen* nur noch jene Herren der Welt, die es als Einzelpersonen nicht mehr geben kann. Das Schicksal der Wirtschaft liegt heute real in den Händen einer anonymen Masse von Finanzjongleuren, die eine riesige Finanzblase mit immer höheren Umlaufgeschwindigkeiten immer weiter in die Zukunft hinein zu retten versuchen. Und auch diese Fondsmanager setzen nur um, was Millionen von Klein- und Grossinvestorinnen auf Grund von wirren Informationssplittern in Millionen von Kleinentscheidungen beschliessen. Gewiefte Börsenkennerinnen erreichen mit ihren Vorhersagen eine Trefferquote von 38 Prozent. (Aufwerfen einer Münze: 50 Prozent!) Die Finanzblase ist nicht nur riesig, sie treibt blind dahin. Gehandelt wird mit Versprechungen von Versprechungen. «Während eines durchschnittlichen Handelstages wechselten 1998 Währungsbestände im Wert von 1,971 Billionen Dollar den Besitzer (*Fischer Weltalmanach, 2000*; 1093). Diese Summe entspricht annähernd dem Geldwert der gesamten Jahresleistung der deutschen Wirtschaft. In der gleichen Grössenordnung bewegen sich die Umsätze mit Aktien, Konzernanleihen, staatlichen Schuldtiteln und unzähligen, verschiedenen Spezialkontrakten, den so genannten Derivaten. (Martin; 74) Dem Austausch von wirklichen Produkten und Dienstleistungen dienten 1975 50 Prozent der Geldtransaktionen, 1995 waren es noch 2,5 Prozent (Pierre Fornallaz, *Geld und Verantwortung*, 1999; 2). Diese Blase kann mit der Drohung, zusammenzubrechen, alle Regierungen, Organisationen und Multis der Welt jederzeit erpressen. Als sie 1995 durch die mexikanische Krise gefährdet war, waren der IWF und Präsident Clinton gezwungen, unter Umgehung aller gesetzlichen Bestimmungen 40 Milliarden Dollar (Steuergelder) als Lösegeld praktisch über Nacht zusammenzukratzen, um sie mit der Operation «Peso Shield» (analog zu «Desert Shield» im Golfkrieg) zu retten. (vgl. Martin; 64 ff.) Niemand hat die beiden je eingeklagt, niemand hat gefragt, wie das nun sei mit der Marktwirtschaft, die sich doch ohne Staatseingriffe aufs Beste selbst reguliere. Camdessus (der damalige IWF-Direktor) und Clinton waren nichts anderes als die Geiseln der Logik des Kapitals, denn auch die Broker und Spekulanten selbst können das System nicht mehr lenken. Inzwischen hängen an der Blase so viele Schicksale (denken wir nur an unsere Pensionskassenvermögen – inzwischen 400 Milliarden Franken in der Schweiz –, an befreundete Kleinaktionärinnen!), dass niemand sie mehr gefährden will, ja dass niemand auch nur daran denken will, sie als Wahngebilde zu sehen.

Die Blase ist zur Lebenslüge des Planeten geworden, zum absoluten Tabu. Ihr werden mühsam erkämpfte soziale Errungenschaften geopfert. Wir nehmen heute Lohnsenkungen, längere Arbeitszeiten, Kürzungen von Sozialleistungen bei steigenden Unternehmensgewinnen hin, nur um nicht die Renditen zu gefährden, die als «unsere Renditen» erscheinen. Wir unterwerfen uns staatlichen Sparprogrammen, nur um den Unternehmen die Steuern zu ersparen. So fordern heute unsere Pensionsfondsmanager den Abbau unserer Arbeitsplätze, um die Börsenkurse nach oben zu treiben und schädigen damit jene Belegschaften, deren Altersversorgung sie sichern sollen. Dieses Verhalten ist nicht so paradox, wie es scheint, denn die Gewinne durch Finanzspekulationen übertreffen heute jene aus produktiven Unternehmungen. Jeder Betrieb, der nicht wenigstens annähernd mit den Renditen der Blase konkurrieren kann, wird folglich geschlossen. Dieses Rennen ist praktisch aussichtslos, denn welches Nichtfinanz-Unternehmen im Norden kann schon 15 oder 30 Prozent Gewinn machen? (Selbstverständlich sind Betriebe im Süden mit zehnmal niedrigeren Löhnen noch rentabel – womit das Rätsel der durchschnittlichen globalen Rendite gelöst ist! Die Finanzspekulation ist de facto eine Mehrwerttransfermaschine für den Norden, für uns.) Sogar grosse Industrieunternehmen machen heute ihre ausschlaggebenden Gewinne mit finanziellen Nebengeschäften oder Immobilientransaktionen; die materielle Produktion ist bereits quersubventioniert, kaum mehr als ein Hobby zur Imagepflege. Die Opfer an die Finanzblase verschlingen die reale Wirtschaft. Das Kapital ist, nachdem es immer arbeiterfeindlich war, nun auch unternehmerfeindlich geworden. (So dass man Arbeiterinnen und Unternehmerinnen heute oft gemeinsam demonstrieren sieht – auch in Seattle!) Alles, was den Menschen im Leben nützt, wird unbezahlbar. Was vor 200 Jahren als Wohlstandsmaschine gedacht worden war, ist heute zur Elendszentrifuge geworden. Vielleicht sollte man die Unternehmer wieder einmal an Adam Smiths Ratschlag erinnern: «Dort, wo die Löhne hoch sind, finden wir daher die Arbeiter immer fleissiger, gewissenhafter und auch schneller bei der Hand als dort, wo sie niedrig sind.» (Smith 1776; 71) Er verstand unter dem «Wohlstand der Nationen» ausdrücklich jenen der Unternehmer *und* der Arbeiter.

Wie konnte es dazu kommen? Schon die Grundidee des Kapitalismus – scharfe Abtrennung der Arbeitszeit von der Lebenszeit, extreme Arbeitsteilung, intensive Massenproduktion, individuelle Abrechnung – geht an den Realitäten vorbei. Der Mensch ist nicht einfach ein isolierter *Homo oeconomicus*, er lebt und arbeitet immer in gesellschaftlichen Zusammenhängen, er ist eine höchst willkürliche «Abrechnungseinheit». Die individualistische Reduktion wischt so viel Realität unter den Teppich, dass immer wieder riesige Neben- und Spätkosten entstehen. Kapitalismus mag unter reinen Anfangsbedingungen ökonomisch rational sein, realistisch ist er nicht. Die asoziale Maschine, die nach Adam Smith entstanden ist, hatte einen Geburtsfehler, der sich erst heute in seiner ganzen Monstrosität zeigt. (Er selbst war sich dieser Gefahr übrigens durchaus bewusst, und es gibt Anzeichen dafür, dass er den *Wohlstand der Nationen* als Negativutopie auffasste, ganz im Geiste von Jonathan Swift, der in seinem *A Modest Proposal,* 1729, vorschlug, überzählige irische Babys als Braten für die englische Oberschicht zu vermarkten.) Karl Polanyi (1944) weist darauf hin, dass der Hauptschock, den der Markt erzeugt, nicht unbedingt rein ökonomisch ist. Die Verelendung beruht viel mehr auf der Zerstörung gesellschaftlicher Strukturen, also der Selbstachtung der Menschen. Das kann sogar mit einer Steigerung des monetären Einkommens einher gehen. (Wie es auch der neuste Armutsindex der UNO beweist.) Zerreisst man den gesellschaftlichen Kontext allzu sehr, wird ein «gutes Leben» immens kostspielig, eigentlich unbezahlbar. Die Gesellschaft wird zur teuren Intensivpflegestation. Es braucht endlose Dienstleistungen, künstliche Aufmunterungen und Kompensationen, um die

Arbeitsbereitschaft überhaupt erst zu ermöglichen und um die Arbeitenden fit zu halten. Die extreme Aufspaltung der Lebensfunktionen überfordert Menschen und Natur. Oft gelingt noch das Aufspalten, aber das Zusammenfügen nicht mehr, wie zum Beispiel im Fall der Atomenergie, der Abfallbeseitigung, der wuchernden Vorstädte, des kriselnden Gesundheitswesens, der zerfallenden Loyalitäten. Die «soziale Inklusion» (Richard Sennett, 2000) gelingt nicht mehr. Es entstehen immense Transport-, Kommunikations- und Regelungskosten, um die vereinzelten Individuen und ihre Lebensfetzen zusammenzubringen. Vorläufig sind es gerade soziale Atomisierungskosten, die als Telekommunikations- und Internetboom der Finanzblase ein Scheinleben einhauchen. Unsere Atomisierung ist somit die Bedingung des wirtschaftlichen Wachstums. Während die Kommunikation mit wirklich anwesenden Menschen ein Opfer des immer hektischeren Arbeitslebens und der alle sozialen Verbände zerzausenden Mobilität wird, erlauben Mobiltelefone und Internet gerade noch einen minimalen Informationsaustausch, der das System vor dem Kollaps rettet. Während die Menschen sich immer fremder werden, laufen wenigstens die Dinge zwischen ihnen noch weiter.

Die durch diese Flexibilisierung verursachten Verluste werden inzwischen immer gravierender. Symptome eines gesellschaftlichen Zerfalls häufen sich. In der Stadt Zürich musste sogar eine spezielle Truppe (Sicherheit-Intervention-Prävention, SIP) geschaffen werden, die nichts anderes tut, als im öffentlichen Raum zum Rechten zu schauen. An Abfallsammelstellen müssen Videokameras eingerichtet werden. Was früher jede Bürgerin selbstverständlich tat, muss heute als Dienstleistung bezahlt werden. Niemand schaut mehr hin.

Die Zerfallsgeschwindigkeit sozialer Einheiten nimmt zu. Jede zweite Ehe wird geschieden, 50 Prozent der Haushalte in Zürich sind Einzelhaushalte, Durchschnittshaushalte in der Schweiz bringen es noch auf 2,1 Personen. Das Nachbarschaftsleben zerfällt, wenn es nicht völlig inexistent ist. Wahl- und Stimmbeteiligungen erreichen selten 50 Prozent. In anonymen öffentlichen Räumen herrschen Vandalismus, Kleinkriminalität und Gewalt, vor allem gegen die Schwächsten. Die allgemeine Gereiztheit wird ausgenützt für fremdenfeindliche und neofaschistische Umtriebe, die den

selbstzerstörerischen Kern des Kapitalismus zum Programm machen. Der hypostasierte Individualismus, der alles Glück nur im Selbst finden kann, führt zu Überforderungen, die sich in Sucht, Sekten, Selbstmord, psychischen Krankheiten und Risikosportarten äussern. Unsere Gesellschaft zeigt alle Symptome eines kollektiven Burnout, der durch eine permanente Scheineuphorie überdeckt wird. Sie bewegt sich am Rande des Zusammenbruchs und ist damit das Spiegelbild der Finanzblase.
Der Überhitzung der Finanzspekulation und des Alltagslebens entspricht die globale Erwärmung, die zu einer Zunahme klimatischer Katastrophen geführt hat. Die Natur ist überfordert von den Emissionen, mit der wir ihre Kreisläufe belasten. Auf den Überschwemmungssommer folgt der Lawinenwinter, dann der Orkan «Lothar» – was kommt als nächstes? Jeder Tag bringt seinen vergifteten Fluss, seine lecke Deponie, seine kleine (völlig ungefährliche) radioaktive Wolke, seine Erdöltankerhavarie, seinen Lebensmittelskandal hervor. Wasserknappheit, Wüstenbildung und Bodenerosion breiten sich gleichzeitig aus. Im gleichen Mass, wie die Auswahl an Nahrungsmitteln zunimmt, wird ihre Qualität dubioser. Sicherheit und Gesundheit werden der Umlaufgeschwindigkeit des Kapitals geopfert – was früher in einem Jahr getan wurde, muss heute in einer Woche erledigt werden. Die Operateure und Kontrolleure – sofern es sie überhaupt gibt – sind überfordert. Stichproben werden zwischen zwei Katastrophen genommen. Erst produzieren, dann Fragen stellen. Paradoxerweise schaffen all diese Schadenfälle Arbeit und erhöhen damit das Sozialprodukt, das je länger desto weniger den realen Wohlstand misst und immer mehr zu einem Gradmesser des rationalisierten Wahnsinns wird. Etwas wächst da, aber was genau, das wissen wir nicht.

Seit 1973 haben sich tatsächlich Wachstum und Zuwachs an Reichtum entkoppelt. Während das Bruttosozialprodukt (BSP) weiter stieg, begann das reale wirtschaftliche Wohlergehen (ISEW, Index of Sustainable Economic Welfare) zu sinken. Oder anders gesagt: je mehr wir arbeiten, umso schlechter geht es uns. Nicht nur ist unser Wirtschaftssystem riskant, ungerecht und umweltschädlich, es wird auch noch immer ineffizienter. Die Behebung der von ihm verursachten Schäden ist inzwischen die wichtigste Wachstumsbranche. In den USA werden von den 9 Billionen Dollar (BSP), die ausgegeben werden, 2 Billionen verschwendet für:

Verkehrsunfälle (150 Mrd.), verstopfte Strassen (100 Mrd.), Buchführung und Steuerberatung (250 Mrd.), Verbrechensbekämpfung (450 Mrd.), Giftmüllbeseitigung (500 Mrd.), Medikamentenmissbrauch (52 Mrd.), unnötige medizinische Leistungen (250 Mrd.) usw. (Hawken 2000; 94)

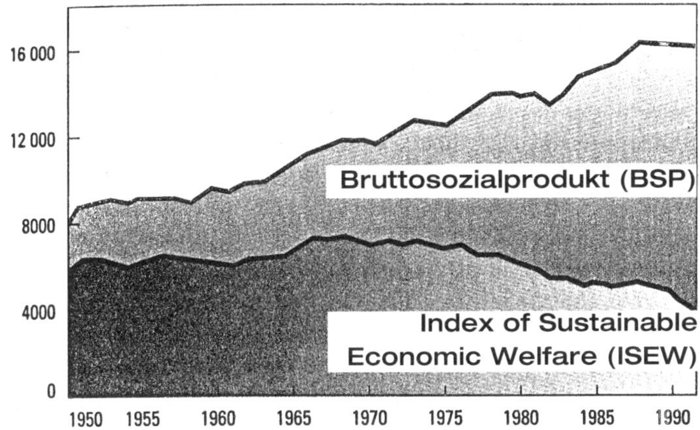

Wirtschaftswachstum und Wohlstand laufen in den Industrieländern auseinander, wie hier am Beispiel USA in $ gezeigt wird.
(Graphik: Weizsäcker; 303)

Wenn man sich fragt, wie es überhaupt zu dieser widersinnigen Entwicklung kommen konnte, dann greift man zu kurz, wenn man nur auf Adam Smith und den Beginn des Industriekapitalismus zurückgeht. Die mit der Staatsmaschine kombinierte Arbeitsmaschine, die im 18. Jahrhundert geschaffen wurde, war ihrerseits nur eine Antwort auf Herrschaftsprobleme, die im Spätmittelalter entstanden waren. Im Laufe des Mittelalters waren die Handwerker, die Städte, zum Teil auch die freien Bauern und Dörfer zu einer Bedrohung der aristokratischen Herrschaft (Adel und Kirche) geworden. Der absolutistische Militärstaat, der im Dreissigjährigen Krieg unter dem Vorwand von Religionskonflikten geschaffen wurde, war eine Kriegsmaschine gegen europaweite Aufstände, die sich gegen die Ausbeutung mittels Steuern, also gegen die Einkommensgrundlage der

Herrschenden, richteten. Wie es Robert Kurz aufzeigt, war die daraus hervorgehende Französische Revolution nicht prinzipiell gegen den Adel gerichtet, sie besiegelte vielmehr die Allianz von Adel und Unternehmertum, die in der Folge Demokratie genannt wurde. Die Revolution überzeugte den Adel davon, dass er nur mit dem Kapitalismus zusammen eine Zukunft haben würde. Der Bürger-Kaiser Napoleon und seine Nachfahren Hitler, Stalin und Mao haben die Französische Revolution richtig interpretiert. Der Kapitalismus war die logische Flucht nach vorn der bedrängten Eliten zu Beginn der Neuzeit.

Woher kam aber dann der Adel? Woher kamen die reichen Kaufleute, die später zu industriellen Unternehmern wurden? Ich will hier nicht die ganze Geschichte aufrollen, doch es ist klar, dass die verschiedenen Herrschaftsformen allesamt Varianten einer patriarchalen Herrschaft sind, die wiederum auf die Zeit der ersten Imperien in Mesopotamien, Ägypten oder China zurückgeht. Damit später der *Homo oeconomicus* entstehen konnte, musste er zuerst einmal von der *Femina oeconomica* abgetrennt werden. Mit der Machtübernahme durch die Männer wurde der erste grosse Riss durch die Gesellschaft gezogen. Das Grundmisstrauen, das sowohl unsere gesellschaftlichen wie intimen Verhältnisse durchzieht, geht auf diesen patriarchalen Putsch zurück. Wann genau und in welcher Form er stattgefunden hat, ist schwer zu rekonstruieren, da er sich vor der geschichtlichen Zeit ereignet hat. Aber dass er stattgefunden hat – sei es schleichend oder in katastrophalen Schüben – ist gewiss, das erkennen wir an den Folgen. Die Ur-Arbeitsteilung, die die Frauen an Haus und Kinder bindet und den Männern die grosse weite Welt überlässt, musste schliesslich zur Vormacht der Männer und ihrer Bünde (Armeen, Firmen, Parteien) führen. Ob diese Entwicklung nun biologisch angelegt war oder nicht, spielt dabei keine Rolle. Sie war sozial verhängnisvoll, sie war auch jederzeit korrigierbar – und es wurde auch immer wieder versucht. Die Menschen waren immer intelligent genug, um zu verstehen, was sie taten. Wir sind keine Tiere und können uns daher nicht mit der Biologie herausreden, auch wenn das natürlich sehr bequem wäre. Seitdem ist die Geschichte eine Geschichte misslungener Ausstiegsversuche aus dieser Fehlentwicklung. Bisher scheiterten diese Versuche hauptsächlich daran, dass sie nicht genug radikal waren, weil sie den patriarchalen Kern von

Ausbeutung und Unterdrückung nicht zerbrachen. Die bisherigen Rebellionen forderten immer nur eine Wiederherstellung vorangegangener patriarchaler Stufen, waren also defensiv. So paradox es tönt: wenn wir uns «am Ende der Geschichte» nicht mit ihrer ältesten Schicht befassen, dann werden wir mit ihrer modernsten Ausprägung auch nicht fertig werden. Wir müssen sozusagen die ganze Geschichte bis zu ihrem Anfang noch einmal aufrollen und dann ganz anders abspielen (als zukünftige Alternative). Wenn wir zum Beispiel in der Schweiz hoffen, nach der Erledigung der Sammelklagen in Sachen Nazi-Gold endlich Ruhe zu haben, dann täuschen wir uns gewaltig. Die nächsten Sammelklagen betreffen die Rolle der Schweiz als Mit-Ausbeuterin der Dritten Welt, als Fluchtgeldverwalterin von Diktatoren, als Partnerin von Kolonialmächten, dann ihre Söldnerdienste für absolutistische Feudalherrscher (wie viele Massaker haben die Schweizer Regimenter in britischen Diensten in Indien wohl verübt?), dann die Unterjochung von Untertanenländern im Mittelalter, die Teilnahme an Kreuzzügen usw. In der Tat gibt es eine Sammelklage afrikanischer Länder, die von den Industrieländern 377 Billionen Dollar (= das Zehnfache des aktuellen Welt-BSP) an Reparationszahlungen verlangen. (*F.A.Z.* 21.8.1999; in: *Widerspruch* 38, 1999/2000; 149) Dafür werden wir wohl mehr brauchen als nur das bisschen Nationalbank-Gold! Die ganze Geschichte ist eine einzige grosse Sammelklage, und alles wird wieder hochkommen, vor allem aber das Verhältnis von Männern und Frauen. Nichts ist erledigt.

Der Ausstieg aus dem Kapitalismus ist also keine leichte Sache, die mit ein paar Reformen bewerkstelligt werden könnte. Entweder wir versuchen es radikal, oder wir riskieren es, nur eine neue Akkumulationsrunde auf höherer, noch irrsinnigerer Stufe auszulösen. Die Tragik der Arbeiterbewegung besteht darin, dass sie von der radikalen Maschinenstürmerin zur Rationalisierungspartnerin wurde. So kann man die heutige Automatisierung als eine kapitalistische Antwort auf die Streiks der sechziger Jahre ansehen, die mehr Lohn und weniger Arbeit forderten, sonst aber keine umfassenden gesellschaftlichen Alternativen in Gang setzten. Heute haben einige mehr Lohn, andere dafür keine Arbeit mehr. Internet ist vielleicht die Erfüllung des Wunsches: Wir wollen alles, aber subito! Heute bekommen wir alles in wenigen Sekunden, aber es ist nur noch virtueller elektronischer Ersatz, Ramsch. Wir haben also gewonnen, und sind doch betrogen worden.

Die Zukunftsaussichten, die wir heute haben, sind grimmig. Als Kernland des Kapitalismus wird die Schweiz zwar unter den nächsten Crashs und Katastrophen wenig zu leiden haben. Dafür werden jene, die sich heute schon am Rande der Maschine abstrampeln, noch einmal dran glauben müssen, ganz ähnlich wie in Asien, Mexiko oder Russland in den letzten Jahren. Auch die niedrigsten Löhne werden noch einmal halbiert werden können. So sanken die ohnehin schon niedrigen Löhne nach der Krise von 1998 in Indonesien noch einmal um 44 Prozent (*Widerspruch 38*, 22). Die globalen Wohlstandsinseln werden sich nur mit Zwangsmassnahmen, strenger Migrationskontrolle, punktuellen militärischen Einsätzen (wie in Irak, Kosovo, Timor usw.) und ökonomischer Unterwerfung der armen Länder durch Strukturelle Anpassungsprogramme (SAP) aufrecht erhalten lassen.

Die Verwandlung unserer Länder in Festungen wird sich auch gegen innen auswirken. Wir werden ein System von Ausgrenzungen schaffen müssen, das die nutzlosen Armen draussen hält und die brauchbaren Arbeitskräfte hereinlässt, die Sicherheit (des Kapitals, seiner Transaktionen) wird Vorrang vor jeglicher menschlicher Würde bekommen, der Geist rücksichtsloser Konkurrenz, harter Selektion, individuellen Leistungsdenkens wird alle sozialen Beziehungen weiter vergiften. Wir werden auch bereit sein müssen, als Soldatinnen für die Höhe unseres Bruttosozialprodukts, für unsere Shareholder Values, global investierten Pensionskassenvermögen, Volvos, Karibikferien, ebenso weltweit zu töten, wie wir heute in die Ferien jetten. (Vielleicht werden unsere Armeen von TV-Firmen gesponsort werden, die daraus Reality Shows machen: Überleben im Dschungel, live.) Wir selbst werden ein Teil der totalitären Finanzmaschine werden müssen, herumschwirrende Atome in einem leeren Raum, der sich Markt nennt. Es ist kein Zufall, dass neofaschistische Ideologien diesem Zeitgeist ganz selbstverständlich entsprechen. Jede Ausgrenzungslogik ist schliesslich eine Form des Rassismus. Der reale Wahnsinn sucht sich wahnsinnige Rechtfertigungen. Die rechten Demagogen spinnen also nicht, sie können keine Fehler machen, sie drücken nur die Verrücktheit aus, die wirklich herrscht. Es ist eine Illusion zu meinen, mit Logik oder Moral wäre ihnen beizukommen. Je dümmer sie agieren, desto mehr Stimmen bekommen sie. «Arbeit macht frei» für das Überleben der Tüchtigsten. Ohne Faschismus (oder Stalinismus) ist Kapitalismus nicht zu haben. Ein System, das so unsinnig ist, muss letztlich immer wieder mit Zwang von einem starken Staat durchgesetzt werden. Es gibt keinen Widerspruch zwischen Staat und Markt, sie sind auf Leben und Tod verbunden wie siamesische Zwillinge.

Wie kommen wir davon weg?

Seit dem Ende des 19. Jahrhunderts präsentiert sich die Arbeiterbewegung als die grundsätzlich antikapitalistische Kraft, als die gesellschaftliche Alternative. Wer also weg will, braucht sich scheinbar nur Gewerkschaften oder linken Parteien anzuschliessen. Inzwischen ist es für alle sichtbar geworden, dass das explizite oder implizite Programm der Arbeiterbewegung nie über staatliche Garantien im Innern der Arbeitsmaschine hinausging. Im radikalsten Fall (Sowjetunion) war sie fähig, einen Staatskapitalismus zu schaffen, also selbst sowohl Kapital wie Arbeit zu spielen.

Wie Robert Kurz in seinem *Schwarzbuch Kapitalismus* eindrücklich klarlegt, bewegen sich sowohl die staatskapitalistische Linke wie die privatkapitalistische Rechte auf dem gleichen absolutistisch-liberalen Sockel, der im achtzehnten Jahrhundert entstand. Sowohl Links- wie Rechtsliberale sind politischer Ausdruck einer einzigen Arbeitsmaschine, die je nach Konjunktur und Arbeiterwiderstand mit Markt oder Staat zurückschlägt. Historisch entstanden die offiziellen Arbeiterorganisationen aus dem eher staatsorientierten Rand der liberalen Parteien, die neben dem maschinellen auch das humane Kapital besser pflegen wollten. Das waren meist links-liberale Sonntagsschullehrer (wie Kurz sie nennt), besorgte Pfarrer, Lehrer, Ärzte, Polizeichefs, philantropische Unternehmer, die den öffentlichen Anstand durch die «kriminellen Klassen» bedroht sahen. Es ging um Alkoholismus, verwahrloste Kinder, Hygiene, ordentliche Haushaltführung, also um ein braveres Proletariat, das keinen Ärger machte. Marxistisch gesehen vertreten die Arbeiterorganisationen nicht den Ausstieg aus der Akkumulationsmaschine, sondern bloss den etwas weitsichtigeren Umgang mit dem variablen Kapital (ausgedrückt im Lohnanteil des Volkseinkommens). Alle materiellen und medizinischen Fortschritte sind letztlich für das Kapital erzielt worden. Um attraktiv zu bleiben, musste die Linke in der zweiten Hälfte des 19. Jahrhunderts ihre Rhetorik schubweise radikalisieren, bis zu grossspurigen Revolutionsversprechungen.

Doch es nützte alles nichts. Die offiziellen Arbeiterorganisationen haben sich durch ihre Taten immer wieder als Komplizen des Systems diskreditiert, spätestens mit ihrer Bewilligung von Kriegskrediten für den Ersten Weltkrieg. Als ob es sich um peinliche Missverständnisse gehandelt hätte, strichen sie zuerst in den 20er, dann in den 50er Jahren die Paragraphen aus ihren Programmen, die eine Überwindung des Kapitalismus forderten. Später ersetzten sie die roten Fahnen, die Sterne und Sichel und Hämmer durch blaue oder grüne Fahnen, Rosen, Eichen oder Olivenbäume – ein eher sympathischer Wechsel, das muss man zugeben. Welcher Proletarier liebt schon die Werkzeuge seiner Arbeitsqual! Da liegt man lieber faulenzend im Schatten einer Eiche und schnuppert an einer Rose. All das war kein Verrat der Linken, sondern eher späte Einsicht in ihre wahre Natur. Trotzdem erzeugten diese symbolischen Enttäuschungen jedes Mal radikale, oder soll man sagen: nostalgische Abspaltungen. Ebenso unweigerlich wurden diese jedoch zunächst extremistische Partner und taktische Druckmittel der offiziellen Organisationen, danach bestenfalls ihre Nachfolger. Links-Kommunisten, Grüne, Autonome usw. sind heute bloss noch Varianten der ewigen Sozialdemokratie, und kein ernsthafter Mensch nimmt sich heute mehr die Mühe, eine nächste Auflage einer neuen Linken aufzubauen. Einige Unernsthafte versuchen es noch mit einer «Zweiten Linken.»

Der englische Premierminister Blair hat das letzte Kapitel der Geschichte der Linken damit abgeschlossen, dass er verkündete, dass im dritten Jahrtausend niemand mehr von so etwas wie Kapitalismus überhaupt noch reden werde, geschweige denn von Kapitalismuskritik. Im Grunde hat er gar nicht unrecht. Da sich der reale Kommunismus als nachholender Kapitalismus entpuppt hat, und alle Sozialismen nur leicht gemilderte Formen des Liberalismus waren, kann man allerdings sagen, dass es so etwas wie einen besonderen Kapitalismus gar nicht gibt, nur noch «Wirtschaft». Die Blair'sche Sprachregelung drückt nur aus, dass eine Alternative innerhalb der neosozialdemokratischen Linken gar nicht mehr vorstellbar ist, und es innerhalb der Arbeiterbewegung nur scheinbar war. Blair spricht nur aus, dass die sozialistische Ideologie nie mehr als Opium für das Proletariat war. Wir müssen Blair fast dankbar sein für die Klärung. Was uns allerdings nicht davon abhalten muss, eine umso radikalere «Wirtschaftskritik» zu betreiben. Es geht um die Fakten, nicht um das Vokabular. Ob wir nun den Bankrott des Kapitalismus oder den der «Wirtschaft» feststellen, kommt aufs Gleiche heraus.

Der Abschied von den Illusionen der Linken kann uns nur recht sein. Es gibt keine heroischen linken Perioden, denen wir nachtrauern müssten. Die Linke ist heute ebenso links, wie sie es schon vor 150 Jahren war, sie sagt heute nur offener, welches ihre Funktion war und ist. Die Linke hat die Arbeiterklasse in eine historisch unvermeidliche Niederlage geführt. Und ihre wichtigsten Exponenten, von Bernstein über Lenin bis zu Schröder, waren sich dessen auch immer bewusst. Sie ist heute nicht einmal mehr fähig, ihre linksliberale Rolle zu spielen, also die Löhne auf einem gewissen Niveau zu halten. Sie hat sich selbst überflüssig gemacht.

Auf welche revolutionären Traditionen können wir uns überhaupt noch berufen? Die Französische Revolution tastete das Eigentum nicht an, die Pariser Kommune war im Grunde nationalistisch, die Russische Revolution ein staatskapitalistischer Putsch. Brauchen wir überhaupt noch Traditionen? Können wir von dieser Geschichte mehr lernen, als dass sie eine Katastrophe war? Genau genommen müssten wir unser Modell im späten Neolithikum, als es einige lebenslustige matriarchale Kulturen gab, suchen. Aber das macht offensichtlich keinen Sinn. Wäre es nicht besser, einen Strich zu ziehen, eine Alternative zur ganzen patriarchalisch-kapitalistischen Epoche zu formulieren und dann neu anzufangen? Ohne den ganzen linken Krimskrams.

Die Arbeiterbewegung ist heute dermassen schwach, dass ein Teil des Kapitals sogar meint, auf den von ihr mitverwalteten Staat ganz verzichten zu können. Die moderne Staatsmaschinerie, die das liberale Kapital von den absolutistischen Monarchien zur Zähmung des entstehenden Proletariats übernommen hat, verursacht nur noch lästige Nebenkosten, die man lieber direkt in die globale Expansion der Arbeitsmaschine investiert. Die Arbeiterorganisationen, die man zur Verwaltung und demokratischen Legitimation des Staats immer wieder nötig hatte, haben sich selbst ausgespielt. Die Menschen wollten nie Arbeiterinnen werden, jetzt können sie sich nichts anderes mehr vorstellen, also kann man sich die

Unterdrückungskosten sparen. Dazu gehören auch die demokratischen Umtriebe, die nicht mehr nötig sind, wenn die Unterwerfung unter die Arbeitsmaschine schon in den Köpfen verankert ist und gar nicht mehr gespürt wird. Wie Robert Kurz es ausdrückt, sind wir zu perversen «Hausschweinen» geworden, die es ganz normal finden, ja sogar noch stolz darauf sind, wenn sie zu Schinken verarbeitet werden.

Daher ist die gegenwärtige Diskussion, die die Linke als «staatsgläubig» hinstellt, mehr als scheinheilig. Es handelt sich dabei um inner-liberale Familienstreitigkeiten, die man nach dem afrikanischen Sprichwort «Wenn die Elefanten sich streiten, wird das Gras zertrampelt. Wenn sie sich lieben, ebenso,» beurteilen kann. Das Kapital, und vor allem die liberale Rechte, hat nie gezögert, den Staat oder einen starken Mann zu Hilfe zu rufen, wenn die Arbeitsdisziplin als Ganze gefährdet war. Dabei waren sie ideologisch opportunistisch und war es ihnen egal, ob dieser Staat sich nun ein sozialistisches, nationalsozialistisches oder gar kommunistisches Etikett anheftete. Jeder Staat ist ihr Staat. Die USA verstanden sich zuerst mit Hitler genauso gut wie später mit Stalin in Yalta. Hauptsache, es herrschte Ordnung in den Fabriken. Lenins und Stalins Vorbild war Henry Ford, der wiederum ein Hitlerverehrer war. Wie das Beispiel der Operation «Peso Shield» zeigte, ist der Staat plötzlich willkommen, wenn die Finanzmaschine aus dem Ruder läuft. Und welch ein Wunder: sobald es ein paar etwas wildere Streiks und Demos gibt, wie 1995 in Frankreich, wird der dortige neosozialdemokratische Neoliberalismus ein bisschen staatslastiger, holt die Kommunisten in die Regierung, und muss sich Jospin (wenigstens verbal) von Blair und Schröder abgrenzen. (Die Französinnen hängen noch ein bisschen an sozialistischer Rhetorik.) Wie demokratisch ein Staat ist, hat das Kapital nie gross gekümmert. Es kam mit Pinochet, Marcos oder dem Apartheidregime genauso gut zurecht wie heute mit China oder arabischen Scheichs. Es gibt keinen «inneren Zusammenhang» zwischen Marktwirtschaft und Demokratie, abgesehen von Kostenüberlegungen. (Subcommandante Marcos spricht in diesem Zusammenhang von «liberalem Faschismus».) Wenn Demokratie freiwillige Disziplin organisieren kann, kommt sie billiger als teure Polizeiapparate.

Umgekehrt besteht für uns kein Grund zur Euphorie, wenn gewisse Ökonomen das Scheitern der neoliberalen Globalisierung feststellen und wieder mehr staatliche Eingriffe, oder wenigstens «Leitplanken», fordern. Diese Trendwende lässt sich in Russland, Lateinamerika oder spektakulär im neoliberalen Musterland Neuseeland heute schon beobachten. Das Spiel von Markt und Staat *ist* das neoliberale Spiel. Kaum haben wir uns auf den Neoliberalismus eingestellt, droht uns schon der nächste Etatismus. Wann immer die eine Instanz versagt, werden wir zur andern geschickt - und das seit 200 Jahren.

Wenn wir also auf die Arbeiterbewegung nicht mehr zählen können, was bleibt dann noch übrig? Wie schon einleitend gesagt, sind die Bewegungen, die sich heute jenseits der Neosozialdemokratie als kritisch, antikapitalistisch oder alternativ verstehen, äusserst widersprüchlich. Über den gemeinsamen Nenner eines «So kann es nicht weitergehen!» hinaus, besteht wenig Übereinstimmungen bei Aktionsformen, Organisation und Programm.

Wenn wir uns heute umschauen, was für Vorschläge gemacht werden, die aus dem Kapitalismus herausführen sollen, so erkennen wir zwei grosse Kategorien. Die einen bestehen in neuen *Regulationsvorschlägen*, die sozusagen die heutigen Institutionen von innen heraus verändern wollen; die andern schlagen die Schaffung neuer *Institutionen* vor, die sich wiederum intern selbst regeln (Autonomie). Es handelt sich dabei um Vorschläge unterschiedlicher Radikalität, Konkretheit und politischer Präsenz. Ich habe auf der nächsten Seite versucht, die Vorschläge ohne bestimmte Ordnung in zwei Kolonnen aufzulisten, wobei die Regulationsvorschläge links, die Autonomievorschläge rechts figurieren. Da beide Grundmodelle neben Vorteilen auch ihre Risiken haben, habe ich unten einige Stichworte dazu angefügt.

Regulation

garantierter Minimallohn

Energiesteuern

20-Stundenwoche

Bonussysteme

Arbeitszeitmodelle

Lebensarbeitszeit

alternatives Geld

Tauschsysteme

Sozialdienst

Tobin-Tax

Rationierung

Sozialversicherungen

Autonomie

Subsistenz

autarke Gemeinschaften

Grosskommunen

Naturalwirtschaft

Grosshaushalte

Dorfgenossenschaften

«Dritter Sektor»

gemeinsame Nutzungen

Communitys

Gemeinwerk

spontane Hilfe

Risiken und Nebenwirkungen

Zentralismus

Bürokratie

(Welt-)Polizeistaat

Totalitarismus

Partikularismus

Mafiaterror

Tribalismus

Faustrecht

Regulationsvorschläge

Da die Regulationsvorschläge meist als Reformen der bestehenden Staaten formuliert werden, und weil politische Instrumente schon bestehen, beherrschen sie heute die Diskussion. Linke und grüne Parteien, Gewerkschaften, NGOs, Forschungsinstitute, einzelne Persönlichkeiten, vertreten solche Vorschläge. Was sollen wir von ihnen halten?

Der garantierte Minimallohn

Der Vorschlag ist bestechend: jede/r Erwachsene erhält einen lebenskostendeckenden Lohn und arbeitet nur dann, wenn er/sie sich darüber hinaus einen gewissen Luxus leisten will. Im Unterschied zu Milton Friedman (der einen solchen Vorschlag schon in den fünfziger Jahren gemacht hatte) und zu den Vertretern der *Workfare* (Blair, Clinton), die ihn an gemeinnützige Arbeiten oder Ausbildungskurse koppeln, tritt André Gorz (*Arbeit zwischen Misere und Utopie*, Suhrkamp, 2000; 113 ff.) für ein «bedingungsloses Grundeinkommen» ein. Die Menschen sollen wirklich frei wählen können, ob sie nur ein angenehmes Leben führen oder zusätzlich auch noch arbeiten wollen. Dadurch würde sich der Charakter der Arbeit grundlegend verändern und über das kapitalistische System hinausführen. Eine neue Ökonomie würde entstehen, die ein selbst gewähltes Engagement in sinnvolle Tätigkeiten erlaubt. Der so genannte «Dritte Sektor» würde subventioniert und könnte aufblühen. Gemäss Gorz müsste ein solcher Minimallohn nicht bloss 1500 Franken pro Person und Monat betragen, sondern vielleicht 3000 oder 4000 Franken. (Bescheidenere Autoren, wie Hans Ruh, verlangen nur Fr. 1300.-. Ruh; 144) Wenn man bedenkt, dass in der Schweiz das durchschnittliche Prokopfeinkommen (also inklusive Babys und Pensionierte) ca. 60 000 Franken beträgt, dann erscheint das nicht als unmöglich. Der Einwand, dass niemand mehr arbeiten würde, weil man nicht mehr dazu gezwungen wäre, fällt ganz auf die Verteidigerinnen des Kapitalismus zurück, denn man kann ja nur zu etwas Unangenehmem gezwungen werden, und einen zugegebenermassen unangenehmen Zustand zu verteidigen macht keinen Sinn. Der Kapitalismus kann erst beweisen, dass er wirklich Spass macht, wenn es keinen Zwang zum Mitmachen mehr gibt. Im gleichen Mass wie übermässige oder unmenschliche Arbeit verweigert werden kann, sinkt der Teil des Einkommens, den man bisher als «Komfort» (=Trost) dafür brauchte. Jeder wäre fähig, seine eigene Bilanz von Arbeit und Lebensstandard aufzutun, ohne existenzielle Risiken eingehen zu müssen wie heute.

Trotzdem ist das garantierte Einkommen ein Schildbürgerstreich. Es ist eine sich selbst abschaffende Strategie, denn es müsste aus den Steuern bezahlt werden, die natürlich im gleichen Mass sinken, wie die Arbeitslust, bzw. die wirtschaftliche Wertschöpfung, abnimmt. Der durchaus erwünschte Effekt einer schrumpfenden Wirtschaft würde also auch den Minimallohn wegputzen. Der neu entstehende Sektor von freiwilliger Eigenarbeit würde den Markt für handelbare Waren ruinieren, und so das Bruttosozialprodukt und das Steueraufkommen senken. Die sich ausbreitende informelle Wirtschaft oder «Selbsttätigkeit» wäre kaum mehr besteuerbar. Der Vorschlag setzt aber eine langfristig prosperierende Wirtschaft voraus, deren Gewinne besteuert werden können und mit denen ein funktionierender Staat finanziert werden kann, der die Auszahlung des Minimallohns überwacht, Betrügerinnen polizeilich ausfindig macht, vor Gericht stellt und sanktioniert. All das ist sehr teuer und kann ohnehin nur in wenigen Staaten des industrialisierten Nordens verwirklicht werden. Das System setzt zugleich einen disziplinierten Bürger und einen sich von bisherigen Zwängen ablösenden Libertin voraus, den gehorsamen Rebellen sozusagen.

Die systemüberwindende Kraft eines garantierten Minimaleinkommens ist trotz seiner scheinbaren Radikalität mehr als zweifelhaft. Der Unterschied zur heutigen Situation wäre nicht grundsätzlicher Art: heute besteht das garantierte Minimaleinkommen *de facto* schon in der Form von Arbeitslosenunterstützung, Altersversicherungen, Fürsorge usw. Zugegebenerweise sind die staatlichen Sozialsysteme bürokratisch umständlich, die Verfahren entwürdigend und die Beträge nur knapp existenzsichernd. Doch wer ein dickes Fell hat, eine flinke Zunge, sich einen Garten zulegt und die Produkte seiner Eigenarbeit mit Freundinnen austauscht, kann damit ganz gut leben – wie einige Kommunen und

Nachbarschaftsprojekte belegen. Im Vergleich zum heutigen Sozialstaat würde sich mit dem Minimallohn, wohl besser Bürgerlohn genannt, falls er sich nicht vorher selbst abschafft, die Staatsabhängigkeit um einiges verstärken.

Wie sehr das garantierte Minimaleinkommen eine Sackgasse ist, unterstreicht auch die Tatsache, dass es schon einmal gescheitert ist, und zwar als die Regelung von Speenhamland (England, 1795). Dieser Entscheid garantierte allen Engländerinnen ein «Recht auf Lebensunterhalt». Die Zuschüsse wurden von den Gemeinden an alle ausbezahlt, die sie nötig hatten. Die Folgen waren – wie Karl Polanyi es beschreibt (113 ff.) – katastrophal. Die Zuschüsse subventionierten einerseits die zu niedrigen Löhne der Gutsherren und Kapitalisten und ermöglichten es andererseits, die letzten Subsistenzgrundlagen (Landeigentum) zu zerstören. Die Abhängigkeit von den Zuschüssen schuf die Voraussetzung für die Enteignung und Proletarisierung der englischen Landbevölkerung und führte zur Pauperisierung. «Das Speenhamland-System war ein unfehlbares Instrument zur Demoralisierung der Bevölkerung. (...) es war ein Automat zur Zerstörung von Normen jeglicher Art von Gesellschaft», stellt Polanyi fest. (142) Alles in allem war es nichts anderes als das Vorbild für alle heutigen Workfare-Programme, die den Bankrott des Lohnsystems abwenden sollen: «Das ‚Recht auf Lebensunterhalt' hatte sich als tödliche Falle erwiesen.» (ibidem 115)

Während das staatlich verwaltete Minimaleinkommen im Norden höchstens moderne Plebejerinnen züchtet, ist es aus globaler Sicht völlig illusorisch. Ja, die Minimallohnländer müssten ihre Grenzen gegen die übrigen ca. 5,5 Milliarden Bezugswilligen im Süden noch dichter machen, als die DDR das mit Mauer und Todesstreifen je versuchte. Für eine Arbeiterin aus Indien wäre schon der bescheidene monatliche Ansatz von H. Ruh (1500 Franken) ein zehnfaches Jahreseinkommen. Um diese ungeheuerliche Ausgrenzung zu vermeiden, müsste das garantierte Minimaleinkommen also global eingeführt werden. Ein garantierter globaler Minimallohn könnte vielleicht 2000 $ pro Jahr betragen, also die Hälfte des heutigen globalen Durchschnittseinkommens. Das wäre natürlich ein grosser Fortschritt für Menschen in armen Ländern, würde aber, wenn es kostenneutral sein soll, eine völlige Umkrempelung der Lebensweise bei uns (ein mehr als zehnmal geringeres Geldeinkommen) bedeuten. Es wäre absurd anzunehmen, dass eine solche globale Revolution lediglich mit einer bürokratischen Massnahme wie der Einführung eines Minimallohns bewirkt werden könnte. Die plötzliche Monetarisierung könnte zudem in Ländern mit Subsistenzwirtschaft ebenso in die soziale Katastrophe führen, wie es das Speenhamland-Gesetz im England des 18. Jahrhunderts bewirkte. Wirtschaft und Staat, wie wir sie heute verstehen, müssten schon lange kollabiert oder auf Reste geschrumpft sein, bevor eine solche radikale globale Umverteilung denkbar wäre. Und wie sollte am Schluss ein kollabierter Staat unsere Einkommen ausbezahlen und erst noch die Bezugsberechtigungskontrolleurinnen entlöhnen?

Der garantierte Minimallohn ist keine global nachhaltige Lösung der anstehenden Probleme, sondern höchstens eine Reformidee für einige wenige reiche Staaten des Nordens. In seiner ganzen Widersprüchlichkeit ist er unter bestimmten Bedingungen und mittelfristig natürlich eine attraktive Idee. (Wir haben nur unsere Widersprüche – nützen wir sie aus!)

Energiesteuern

Die Vertreter des Minimallohns verbinden ihren Vorschlag oft mit demjenigen einer «ökologischen Steuerreform», die Energie statt Arbeitseinkommen besteuern will. Damit könnten gleich drei Fliegen mit einem Schlag erledigt werden: Erstens der Energieverbrauch wird gesenkt und damit die Umwelt geschont; zweitens der Staat bekommt wieder Geld (zum Beispiel um das Minimaleinkommen zu finanzieren); drittens weil Arbeit billiger wird, können Arbeitsplätze gerettet werden. Auch diese Idee erledigt sich durch sich selbst, wie Saral Sarkar (*eco-capitalism*; 156) schlüssig berechnet hat. Im gleichen Mass wie nämlich die Steuer ihren Zweck, die Senkung des Energieverbrauchs, erreicht, schwindet auch das Steuersubstrat. Die Steuer wirft, auch wenn der Satz laufend erhöht wird, immer weniger ab und schliesslich muss der Bürger aufgerufen werden, mehr Auto zu fahren, damit sein Minimallohn ausbezahlt werden kann, den er wiederum grösstenteils für massiv verteuertes Benzin ausgeben muss. Er gleicht damit jenen modernen Altruisten, den Kettenrauchern, die sich ihre Lunge ruinieren, damit mit den Tabaksteuern Arbeitsplätze für all diese netten Suchtpräventionsspezialisten finanziert werden können. Schliesslich sind alle Steuer- und Bonussysteme so lange Nullsummenspiele, als sie nicht Geld von den Gewinnen der grossen Finanzunternehmen abzwacken können. Und damit muss man vorsichtig sein, weil diese im Gegenzug ihr Steuerdomizil nach Lichtenstein oder in die Karibik verlegen. Gegen die reale Erpressung durch die globalen Multis helfen letztlich keine regulativen Tricks zwischen verschiedenen Kassen und Konten, sondern nur eine Veränderung der Machtbalance. Immerhin könnte eine Energiesteuer in der Anfangsphase dem ausgehungerten Staat etwas Geld bringen und die Energieverschwendung zum Beispiel im Transportsektor etwas mildern. Sobald ihre Wirkung verpufft ist, wird man wieder andere Vorschläge machen müssen. Eine langfristig wirksame Ablösungsstrategie ist sie allerdings nicht.

Arbeitszeitmodelle

Andere Regulationsideen betreffen Arbeitszeitreduktionen, zum Beispiel die 20-Stunden-Woche, das 20 000-Stunden-Leben, Arbeitszeitmodelle wie die Viertagewoche mit Lohnreduktion, Arbeitszeit à la carte usw. Kombiniert mit einem garantierten Minimaleinkommen ergäbe das eine Art allgemeines Workfare-System, wie es André Gorz früher vorgeschlagen hat. (Jede/r muss arbeiten, aber nicht sehr viel.) Die bessere Verteilung der immer knapper werdenden Arbeit auf möglichst viele (offenbar arbeitswillige) Hände ist sicher vernünftig, vor allem solange Einkommen an Arbeitsplätze gebunden ist. Es ist ja heute so, dass einige wenige sich zu Tode arbeiten, während andere missmutig oder gelangweilt ihre Zeit totschlagen. Wie alle Regulationsvorschläge, nur noch im grösseren Mass, setzen Arbeitszeitmodelle einen starken, kontrollierenden Staatsapparat voraus. Dieser hat heute schon Mühe Schwarzarbeiter aufzuspüren und die Einhaltung von Normalarbeitszeiten, Ruhezeiten usw. zu überwachen. Nur ein stalinistisches System mit (computerisiertem) Arbeitsbuch, Arbeitskontrolleuren, drakonischen Strafen usw. könnte eine faire Verwaltung gewährleisten. Allgemeine Arbeitsmodelle setzen überdies regelmässig anfallende, planbare Arbeitsaufkommen voraus, also eine perfekt durchorganisierte Wirtschaft. Das Arbeitsleben soll ja langfristig planbar sein: Wenn ich zwei Jahre voll durcharbeite, um anschliessend für zwei Jahre auszusetzen, dann möchte ich nicht, dass mir dann ein Konjunktureinbruch einen Strich durch die Rechnung macht, und der Lohn nicht ausbezahlt werden kann. Wer kann eine solche Stabilität garantieren? Oder sollen wir darauf setzen, dass die Eintrittsgeneration beschliesst, erstmal eine arbeitsfreie Periode vorzubeziehen, und dann (gerade deswegen) unverhofft die Wirtschaft zusammenbricht und diese Generation verblüfft feststellen muss, dass sie *gar nie mehr arbeiten muss*? Alle andern würden sich natürlich betrogen fühlen, aber was solls!

Arbeitszeitmodelle mit kürzeren Perioden (zum Beispiel bei VW, wo 150 verschiedene Arbeitszeitmodelle möglich sind) wiederum entlassen uns nicht aus der Tretmühle, ja führen in der Regel noch zu erhöhter Arbeitsintensität. Wie Gorz berichtet, hat «die Arbeitszeitverkürzung von 20 Prozent bei einer Einbusse an Nettoeinkommens von 16 Prozent schon im ersten Jahr bei VW eine so wesentliche Produktivitätssteigerung gebracht, dass sich dieses Vorgehen für die Gruppe als sehr gewinnbringend erwiesen hat.» (Gorz 2000; 136) Unter heutigen Bedingungen werden Unternehmen immer auf kostenneutralen oder sogar profitableren Arbeitszeitmodellen bestehen. Und während wir dabei sind, herauszufinden, wie sie uns wieder hereingelegt haben, vergehen wertvolle Lebensjahre. Arbeitszeitreduktion ist immer erwünscht, doch kann sie allein uns nicht von der Maschine wegführen. Wir brauchen andere Verfahren, um zunächst zu bestimmen, was überhaupt Arbeit ist (wie stehts mit der Hausarbeit?), und wieviel wir mit wem, wann, davon unter welchen Bedingungen leisten wollen. Sicher hindert uns das nicht, grundsätzlich für die 20-Stunden-Woche zu sein. Je mehr Zeit wir der Maschine entreissen können, umso besser. Gerade auf dem Gebiet der Arbeitszeitverkürzung zeigt es sich allerdings, dass die Fortschritte äusserst langsam, und in gewissen Ländern (zum Beispiel in den USA) sogar rückläufig, sind. Der Achtstundentag, der einmal als fast revolutionäre Forderung erhoben wurde, hat nach seiner Einführung zu keinem massenhaften Ausbruch aus kapitalistischen Verhältnissen geführt. Fünftagewoche und längere Ferien wurden von der Konsumindustrie problemlos aufgefangen. (Robert Kurz würde sagen, dass die Arbeiterinnen schon so «verhausschweint» waren, dass es ihnen nicht einmal im Traum einfiel, die Wochenenden zur revolutionären Organisierung umzufunktionieren. Bestenfalls wanderten sie gruppenweise in roten Socken in den Gebirgen herum.)

Währungspolitik, Tobin-Tax, Verbesserung von WTO, IWF

Während es schon schwierig ist, alternative Regulationen in gut organisierten Rechtsstaaten einzuführen, erscheinen globale Re-Regulationen noch aussichtsloser. Die Tobin-Tax setzt eine funktionierende Weltorganisation voraus, die mit ihren Computern jede Finanztransaktion kontrolliert und dann zum Beispiel 0,1 Prozent vom Gewinn abzieht. Damit kämen Steuererträge in dreistelliger Milliardenhöhe zusammen, mit denen verschuldeten Ländern geholfen werden könnte. Sicher ist das eine gute Sache und sogar technisch machbar. Aber warum nicht gleich eine Welt-Kapital-Gewinnsteuer einführen oder alle Milliardäre enteignen? Die Frage stellt sich, warum eine solche Steuer in absehbarer Zeit weltweit eine Chance haben soll. Nur schon die UN-Mitgliederbeiträge werden nicht zuverlässig einbezahlt, namentlich von den USA, dem potenziellen Weltpolizisten und voraussichtlichen Steuereintreiber. Es ist nicht vorstellbar, dass irgendwelche globalen Steuern gegen den Willen der USA eingeführt werden können. Bis heute schöpfte das US-Kapital jedenfalls *seine* Weltsteuer von 200 bis 220 Mrd. $ pro Jahr mit Hilfe der Manipulation des Dollars als Leitwährung ab, ohne jemandem davon etwas abzugeben. (Lietaer 1999; 15) Die Tobin-Tax ist allerdings nicht einfach eine Gewinnsteuer, sondern sie gleicht mehr einer Massnahme gegen die allzu disruptiven Währungsschwankungen auf dem Weltmarkt, unter denen gerade global operierende Unternehmen leiden können. Während der IWF die Feuerwehr darstellt, wäre die Tobin-Tax eine Art präventiver Brandverzögerer. Auch ein minimer Steuersatz würde eine grosse Menge von Transkationen nicht mehr rentabel machen. Es würden weniger Transaktionen durchgeführt, das Volumen würde reduziert, ebenso die Geschwindigkeit, die allgemeine Volatilität würde vermindert, die Handelsstätigkeit würde berechenbarer. Vor allem die noch materiell produzierenden Unternehmen, die langsame Güter (und nicht nur Elektronenimpulse) herumschieben, sind daher durchaus an einer solchen

Bremssteuer interessiert. Die Tobin-Tax gehört also zu jenen Vorschlägen, die versuchen, die inneren Widersprüche des Kapitals für Reformen auszunützen. Der durchaus konstruktive Ansatz der Tobin-Tax hat dazu geführt, dass ein Vorstoss dazu im EU-Parlament im Januar 2000 mit nur gerade 6 Stimmen scheiterte, und zwar der französischen Trotzkistinnen, die sich nicht an einer «Rettung des Kapitalismus» beteiligen wollten. Man kann sich also fragen, ob nicht manchmal ein bisschen Volatilität in den Finanzmärkten nicht auch Spielräume für Bewegungen öffnen könnte. Sind wir wirklich so sehr daran interessiert, dass die kapitalistische Maschine wie geschmiert läuft? Die Finanzkrise in Indonesien hat sicher dazu beigetragen, dass eine demokratische Protestbewegung entstand, die die Suharto-Diktatur hinwegfegte. Verlängern realistische Reformen den Kapitalismus, indem sie ihn erträglicher machen?

Was für die Tobin-Tax gilt, gilt auch für alle Vorschläge, die WTO, den IWF oder die Weltbank sozialer und ökologischer zu machen. Die Zumutungen dieser Organisationen, zum Beispiel mit Strukturellen Anpassungsprogrammen (SAP), haben in vielen Ländern zu Protesten und Revolten geführt. Wenn nun mit Hilfe der NGOs versucht wird, diese Programme etwas zu mildern, so ist es nicht sicher, ob daraus ein Fortschritt entsteht oder nur eine endlose Verlängerung des Übels. Wäre es nicht erfolgversprechender, aus den Protestbewegungen heraus radikale Alternativen zu entwickeln? Aber welche?

Wenn wir es ganz illusionslos betrachten, sind heute die militanten Demonstranten kaum mehr als nützliche Idioten der NGOs und diese wiederum nützliche Idioten des globalen Kapitals. Was uns nicht hindern soll, an den nächsten Demos teilzunehmen und an die Grillpartys der Attac zu gehen

Tauschsysteme, Alternativgeld

Oberflächlich gesehen stellt sich die Ausbeutung durch das Kapital als Zinsknechtschaft dar, wird also durch den Geldkreislauf realisiert. Warum also nicht eigenes, zinsloses Geld schaffen und diesem täglichen Raubzug entgehen? Tauschsysteme aller Art, auch LETS (Local Exchange

Trading Systems) oder SEL (Systèmes d'échange locaux) genannt, sind in den letzten Jahren in vielen Ländern (siehe Seite 155 ff) entstanden und funktionieren unter gewissen Bedingungen recht gut. Der Nachteil dieser Systeme besteht darin, dass sie eine gut eingespielte Bürokratie, eine zentrale Buchhaltung und eine gewisse Kontrolle über das Verhalten der Beteiligten erfordern. Dieser Aufwand muss bezahlt werden und erzeugt so doch wieder eine Art Zins in Form hoher Transaktionskosten. Die Tatsache, dass getauscht wird, ändert ausserdem nichts am Status der isolierten Produzenten, er wiederholt nur eine frühere Stufe des Kleinkapitalismus. Wer hat, dem wird auch in alternativem Geld wieder gegeben. Der Vorschlag des «freien Geldes», oder des Free Banking, ist darum nicht zufälligerweise eine der Lieblingsideen der extremen US-Rechten, die eine Art von sozialdarwinistischem Anarchismus vertritt und hinter den Zentralbanken eine jüdisch-freimaurerisch-marxistische Weltverschwörung wittert. Die Austauschform verändert noch nicht die Gesellschaftsform. (Höchstens besuchen schlaue Mütter aus den ärmeren Kreisen 4 und 5 in Zürich die Kinderkleidertauschbörsen des reicheren Zürichbergs, wo die Sachen modischer und besser erhalten sind.) Eine gute Illustration dafür ist die in den dreissiger Jahren gegründete schweizerische WIR-Bank, deren innere Währung wie jede andere in Schweizer Franken umgetauscht werden kann (ein WIR-Franken entsprach zeitweise 0,6 Fr.). Tausch schafft keine neue Formen gesellschaftlicher Zusammenarbeit, er kann den normalen Kapitalismus höchstens ergänzen. Schlimmstenfalls zerstören Tauschsysteme sogar die spontane Nachbarschaftshilfe und unterminieren die *intrinsischen Motivationen*, indem sie jeder Tätigkeit einen Gegenwert zuordnen. Während jemand zum Beispiel bisher Einkäufe für eine gebrechliche Nachbarin einfach aus Freundlichkeit erledigt hat, macht er nun stattdessen einen Tausch «Kuchen für Einkaufen» im Tauschnetz. Tausch ist immer nur eine Notlösung für jene Situationen, wo Zusammenarbeit an Ort und Stelle nicht möglich ist. Doch geht es ja gerade darum, diese lokalen Synergien wieder herzustellen.

Trotz ihrer inneren Widersprüche haben Tauschgeldinitiativen dazu beigetragen, dass Menschen zusammenkommen und grundsätzlich über ihre wirtschaftliche und soziale Situation diskutieren. Als ein Beitrag zur Basisorganisation im Alltag sind sie sicher nützlich.

Regulationsvorschläge setzen ganz selbstverständlich voraus, dass die soziale Atomisierung eine Tatsache ist, hinter die wir nicht zurück können. Zweihundert Jahre Individualisierung haben dazu geführt, dass wir uns das Soziale nur noch als ein Netz von Regeln, die schliesslich vom Staat garantiert werden, vorstellen können. Der direkten Kommunikation und Kooperation in lokalen Zusammenhängen wird praktisch keine Chance mehr gegeben. Wir müssen in unser Glück hineinreguliert werden. Doch schliesslich ist die regulierte Gesellschaft eine Sackgasse. Das gilt auch für solch kühne, durchaus logische und gerechte Vorschläge, wie etwa eine allgemeine weltweite Rationierung der Güter, um eine globale Gleichheit herzustellen. Jedes Baby wird schliesslich mit den gleichen Rechten auf ein gutes Leben geboren – warum erhält es nicht den gleichen Scheck auf Ressourcen in die Wiege gelegt? Die Idee ist gut – doch mit Schrecken blicken wir einer Weltrationierungsbehörde entgegen und fragen uns, wer sie kontrollieren soll. Woher soll die reale Macht der Bezügerinnen kommen, wenn sie sich als isolierte Atome nicht einmal kennen? Wer soll all die kleinen und grossen Patriarchen daran hindern, ihren Frauen und Kindern die Bezugskarten oder die bezogenen Güter wegzunehmen, weil sie doch selbst Haushaltvorstand, Bürokratie und Polizei sind? Auch die schönsten Regulationsträume müssen einmal platzen.

Der Ausstieg aus einer individualisierten, anonymen Lebensweise ist ungeheuer schwierig, für viele nicht einmal vorstellbar. Die meisten von uns sind froh, wenn sie mit niemandem etwas zu tun haben. Wir operieren ja aus einer Situation der Entfremdung heraus, sind abends müde und höchstens noch zu Konsum fähig. Anonyme Regulationen und Kreisläufe, am einfachsten mit Geld, erscheinen als entlastend. Wir bevorzugen bürokratische Lösungen, die jemand, zum Beispiel nette Politikerinnen, für uns einrichten. Der Preis, den wir dafür bezahlen, ist allerdings sehr hoch. Wir werden gerade den Staat, ohne den der Kapitalismus nicht leben kann, nicht mehr los. Wir regulieren uns im Kreis herum, während die Regulationsmechanismen immer mächtiger werden, und die letzten Reste unserer Alltagssouveränität dahinschwinden.

Es hat sich erwiesen, dass immer mehr Aspekte des gesellschaftlichen Lebens nicht mehr auf neue Regulationen reagieren. Eine Art regulatorische Überreizung tritt auf. Die Probleme sind inzwischen so komplex und spezifisch geworden, dass zwischen Realität und ihrer Regulation immer grössere Inkongruenzen entstehen. Zwar werden zu allen möglichen Problemen laufend neue Gesetze verabschiedet, doch sie greifen immer weniger. Die Kosten des Gesundheitswesens, die Zersiedlung der Landschaften, der lärmende, rüttelnde und stinkende Automobilverkehr, die Verödung des öffentlichen Raumes – all das geht weiter trotz aller neuen Gesetze, Planungen und Bauzonen. Die gesellschaftlichen Entwicklungen bewegen sich sozusagen an den Regulationen vorbei, die nur hinterherlaufen. Schon gar nicht hat sich die kapitalistische Expansionsdynamik durch sie beherrschen lassen – ein Faktum, das jede Möchte-Gern-Stadtplanerin bestätigen wird. Eine wirksame gesellschaftliche Kommunikation über den Umgang mit endlichen Ressourcen, dort, wo sie verbraucht werden, findet nicht mehr statt. Die Welten der Akteurinnen und der Regulatorinnen entfernen sich immer weiter voneinander, während die Dinge ihren Lauf nehmen. Wie schliesslich eine völlig individualisierte Gesellschaft, die nur noch auf Regulation vertraut, aussieht, können wir in den USA beobachten, wo jedes Wort und jeder Schritt zuerst mit einem Rechtsanwalt abgesprochen werden müssen. Die Kosten der Regulation sind damit oft grösser als jene der durch sie regulierten Aktion. Für einen normalen menschlichen Umgang fehlt in einem konsequent kapitalistischen System *objektiv* die Vertrauensbasis.

Autonomievorschläge

Veränderungen, die wirklich von der Arbeitsmaschine wegführen, müssen also viel tiefer ansetzen. Sie müssen unsere Umgangsformen im Alltag, unser soziales Verhalten, unseren Haushalt neu definieren. Ein neues Vertrauen kann nur aus einer neuen Lebensweise entstehen. Solche Veränderungen rücken uns direkt auf den Pelz – und darum haben wir Angst vor ihnen. Diese Angst vor einem Rückfall in intime Abhängigkeiten ist berechtigt, doch sie kann überwunden werden, wenn wir die Entwicklung autonomer Lebensformen illusionslos und kühl angehen.

Träumen und Rechnen müssen zusammengehen. Sogar Adam Smith's Lektion in ökonomischer Rationalität darf nicht vergeblich gewesen sein. Wie steht es also mit Vorschlägen, die eine autonome Organisation des Lebens in Gang bringen wollen?

Die Subsistenzperspektive

Seit gut zwanzig Jahren vertreten die Frauen des Bielefelder Kreises um Maria Mies, Claudia von Werlhof, Veronika Bennholt-Thomsen und Vandana Shiva die sogenannte *Subsistenzperspektive.* (Mit Subsistenz meinen sie nicht ein absolutes Minimum, sondern ein nachhaltiges Optimum.) Sie gingen ursprünglich von Erfahrungen von Bäuerinnenbewegungen in Venezuela und Indien aus, die sie dann auf unsere Situation anwandten. Ihr Ansatz ist grundlegend und einfach zugleich: Wir müssen fähig werden unsere Lebensmittel (im weitesten Sinne) auf unbegrenzt lange Zeit hinaus selbst herzustellen. Wenn wir das schaffen, ergibt sich alles andere wie von selbst.

Die Autorinnen definierten den Subsistenzbegriff 1983 folgendermassen: «Subsistenzproduktion – oder Lebensproduktion – umfasst alle Arbeit, die bei der Herstellung und Erhaltung des unmittelbaren Lebens verausgabt wird und auch diesen Zweck hat. Damit steht der Begriff der Subsistenzproduktion im Gegensatz zur Waren- oder Mehrwertproduktion. Bei der Subsistenzproduktion ist das Ziel "Leben". Bei der Warenproduktion ist das Ziel Geld, das immer mehr Geld "produziert", oder Akkumulation von Kapital. Leben fällt gewissermassen nur als Nebeneffekt an. Es ist typisch für das kapitalistische Industriesystem, dass alles, was es möglichst kostenlos ausbeuten will, zur Natur, zur Naturressource erklärt wird. Dazu gehört die Hausarbeit der Frauen genauso wie die Arbeit der Kleinbauern in der Dritten Welt, aber auch die Produktivität der gesamten Natur.» (Bennholt-Thomsen 1997; 27)

Im Gegensatz zum traditionellen Begriff etwa der «bäuerlichen Subsistenzproduktion», der den Beigeschmack eines isolierten, bescheidenen und prekären Durchkommens hat, verstehen die Bielefelderinnen unter ihrer Subsistenzperspektive die Produktion eines «guten Lebens», das durchaus städtisches Leben und einen industriellen Lohnarbeitssektor zulässt. Subsistenz bedeutet aber neue Prioritäten:

«Die Produktion von Nahrung in der eigenen Region ist wichtiger als die Produktion von Industriegütern. Landwirtschaft ist wichtiger als Industrie, Eigenproduktion wichtiger als Handel. Jede Region soll zunächst dafür sorgen, dass sie, soweit wie möglich, die notwendige Nahrung auf ihrem eigenen Territorium anbaut. Grundnahrungsmittel sollen nicht durch den Welthandel beschafft werden. (...) Die Industrieproduktion muss dem Ziel der Subsistenzperspektive untergeordnet werden, das heisst nach Möglichkeit soll sie lokale Ressourcen, Materialien, Arbeitskräfte benutzen und für lokale Bedürfnisse produzieren. Dabei muss angestrebt werden, dass Produkte ein möglichst langes Leben haben und lokal repariert werden können. Das Axiom, dass Industrieproduktion dauernd wachsen muss, ist als erstes abzulehnen.» (Bennholt-Thomsen 1997; 67/68)

Im Unterschied zu den Konzepten der «lokalen Ökonomie» (Technologie-Netzwerk Berlin; Birkhölzer), des «Dritten Sektors» (Rifkin), des «New Work» (Bergmann) oder der «Krisis»-Gruppe (Robert Kurz) beginnt die Subsistenzperspektive auf dem Land und wird von dort her das Leben in den Städten neu gestaltet. Es wird auch darauf hingewiesen, dass Tauschringe allein diese Umgestaltung nicht bewirken können. (ibidem; 86)

Die Ablösung von der kapitalistischen Industriegesellschaft stellen sich die Autorinnen als eine Vielzahl von lokalen und globalen Initiativen vor, also nicht als politische Revolution, die an einem mythischen Tag X beginnt. Ihrer Meinung nach hat die Entwicklung der Subsistenz überall auf der Welt schon begonnen. Ich zähle nur einige der von ihnen genannten Beispiele auf:

- in Deutschland gab es 1990 800 Food-Coops und 100 Erzeuger-Verbraucher-Genossenschaften;
- die *Urban-Gardening-Initiative* von Detroit hat seit 1994 mehr als hundert Gärten angelegt, in denen Gemüse, Früchte und Kräuter angepflanzt werden;

- die *Yabo-Bauern* in Tokio bauen fünfzig verschiedene Feldfrüchte an, haben Hühner, Schweine und Ziegen. Sie streben keine Autarkie an, sondern anteilige Selbstversorgung. Die haben sie bei Gemüse und Reis zu je 100 Prozent erreicht;
- In Guatemala sind vierzig Siedlungen der *Comunidades de Poblaciòn en Resistencia* (CPR) entstanden. Bei ihnen ist das Land Gemeinschaftsbesitz, und die Arbeit wird nach dem Prinzip der Reziprozität organisiert;
- der *1. Kölner Frauenkartoffelacker* produziert Kartoffeln, Kohlrabi und Salat und beschäftigt 2 bis 3 langzeitarbeitslose Frauen.
- die *Kommune Niederkaufungen.* (Siehe Seite 67)

Die Subsistenz-Frauen stellen sich die Ablösungsbewegung nicht bloss als eine Summe von lokalen Initiativen vor, sondern sie haben sich aktiv an globalen Diskussionen und Aktionen gegen die WTO, die MAI-Verträge, den IWF usw. beteiligt. Ihr Ziel ist die globale Allmende, die gemeinschaftliche und egalitäre Nutzung aller Ressourcen durch alle.

Die Autorinnen unterstreichen, dass es einen inneren und notwendigen Zusammenhang zwischen Community (Gemeinschaft), Subsistenz und A-patriarchat (Feminismus) gibt. Eine gerechte Wirtschaft muss weitgehend auf Selbstversorgung basieren, weil sonst ein überdimensionierter Handel entsteht und dieser jene privilegiert, die Kapitalreserven haben und sich hohe Transportkosten leisten können. (Wer einen langen Schnauf und eine grosse Reichweite hat, zerquetscht alle Konkurrenten auf dem «freien» Markt.) Eine gerechte Lebensweise muss ökologisch nachhaltig sein, weil sie sonst mit den Ressourcen anderer oder Späterer funktioniert. (Gerade diese Späteren haben ja keinen Zugang zum Markt, weil sie noch gar nicht geboren sind!) Eine solche Lebensweise braucht mehr Gemeinschaft, weil nur so Synergien entstehen, und Benutzen statt Besitzen, geringerer Verbrauch bei grossem Lebensgenuss möglich wird. Benutzungs-Gemeinschaften können aber nur spannungslos bestehen, wenn alle die gleichen Beteiligungsrechte haben, namentlich Frauen und Männer. Dazu brauchen die Frauen eine Verfügungsgewalt über eigenes Land. Umgekehrt setzen sie voraus, dass die Männer ihre Haushaltpflichten erfüllen und daher ihre männerbündlerischen Unternehmungen (militärische und wirtschaftliche) aufgeben. Sonst werden Gemeinschaften nur zum Schauplatz von Hahnenkämpfen und verwandeln sich dann in Unterdrückungsstrukturen. Erst wenn der patriarchale Grundmechanismus, die Aussenorientierung der Männer, ihre «Flucht ins Machen», der schliesslich zum Kapitalismus geführt hat, aufgehoben wird, hat eine Alternative eine Chance. Da gemeinschaftliche Nutzungen zugleich die Wirtschaftsschrumpfung erlauben, wird der patriarchale Wachstumsdrang sowieso unterlaufen. Das Notwendige ist auch das Wünschbare. Der kapitalistische Knoten hat sich gelöst. Der *Homo oeconomicus* kann verabschiedet werden.

Die Subsistenzperspektive ist die logische Alternative zur kapitalistischen Arbeitsmaschine. Sowohl theoretisch wie praktisch ist die Subsistenzperspektive gut abgestützt, und man wundert sich bloss, warum sie so wenig bekannt ist. Allerdings fällt auf, dass alle Theoretikerinnen der «alternativen Ökonomie oder des Dritten Sektors» etwa dieselben konkreten Projekte als Beispiele zitieren, also Ökodörfer, Kommunen, Stadtteilinitiativen, Frauenorganisationen, Tauschringe usw., um zu beweisen, dass ihre Konzepte realisierbar sind, ja sogar schon funktionieren. Rifkin zitiert zum Beispiel das Centro de Investigaciòn para la Acciòn Feminina in der Dominikanischen Republik (207). Gorz mag neuerdings Tauschringe und «New Work» (die Subsistenzautorinnen aber nicht). Die teilweise Aufhebung der Lohnarbeit als einzigem Einkommen wird auch von Ulrich Beck gefordert, der sie mit Bürgerarbeit komplementieren will. (Beck 1999; 11)

In dieser bunten Szene der Alternativen zur Arbeitsgesellschaft erscheint die Subsistenzperspektive nur als eine unter vielen. Ein Grund für ihre mangelnde Attraktivität dürfte darin bestehen, dass sie die Stadt trotz aller Beteuerungen und Begrünungen als «Parasiten» (*Die Stadt – ein Parasit*; 139) sehen. Sie zitieren wohlwollend Trainer, der *Klein*stadte von 10'000 Einwohnerinnen als ideal für die Selbstversorgung ansieht (Bennholt-Thomsen 1997; 156). Zwar betonen sie, dass sie gerade die Grossstädte des Südens als lebendige Laboratorien für Subsistenzinitiativen betrachten, doch wie das Zusammenspiel zwischen Stadtleben und Landwirtschaft, zwischen Industrie und Selbstversorgung, zwischen

Natural- und Geldwirtschaft aussehen soll, wird noch zu wenig klar. Es kann ja nicht mit Stadtgärten sein Bewenden haben. Sicher sind die bisherigen Städte parasitär, patriarchal strukturiert und grosse Umweltverschmutzer. Es gab jedoch auch matriarchale Städte (zum Beispiel im vorminoischen Kreta, in Anatolien), und die eigentliche Naturzerstörung findet heute viel extremer im halbländlichen Siedlungsbrei statt, wo die PendlerInnen in ihren Autos unablässig zwischen Einfamilienhäusern, Shoppingcenters und Arbeitsplätzen zirkulieren. Wie ich zeigen werde, ist die hochverdichtete, vielfältige Stadt geradezu eine Bedingung für einen nachhaltigen Lebensstil in unseren Breiten, und darunter braucht das Land nicht zu leiden.

Ein anderes Problem, das die Subsistenztheoretikerinnen haben – zu Unrecht, so wie ich sie persönlich kenne –, ist der asketische Unterton, der in diesem Begriff mitschwingt. Zwar wollen sie das *gute Leben*, doch so richtig genussvoll geht es nicht zu und her. Ist es amoralisch angesichts des Elends der Welt von Genuss zu reden? Ich glaube, ein *gutes Leben* ist sogar wichtiger als blosses Überleben, auch in der ehemaligen Dritten Welt. Mit Konsumverzicht ist jedenfalls die Welt nicht zu retten. Es gibt eine Ökologie des Genusses.

Die Subsistenzperspektive ist das unverzichtbare Prinzip eines Gesamtkonzepts einer planetarischen Alternative, ihr Herzstück. Was noch fehlt, sind Vorstellungen, wie der Umbau politisch und organisatorisch mit den heute vorhandenen Mitteln und gesellschaftlichen Kräften in Gang gebracht werden kann. Die Vervielfältigung der zitierten Projekte allein kann das sicher nicht bringen. Es genügt vielen Menschen, die zum Beispiel von lebenswichtigen Medikamenten abhängig sind, nicht, zu wissen, dass die Industrie der Landwirtschaft untergeordnet wird und dass sie lokal sein soll. Die Subsistenzautorinnen haben gute Gründe, auf die Kreativität der Menschen zu vertrauen, wenn die Zwänge der Arbeitsgesellschaft erst einmal überwunden sind. Manche Menschen möchten aber doch mehr über die Details erfahren. Die Subsistenzbewegung hat keine Vorstellungen zu einer Bewegung anzubieten, die über Einzelinitiativen hinausgeht, sie setzt sich zu wenig mit den heutigen politischen Gegebenheiten auseinander. (Sollen wir linke Parteien und die Gewerkschaften einfach ignorieren?)

Der «Dritte Sektor»

Für alle irgendwie nützlichen Unternehmungen, die weder von der Wirtschaft noch vom Staat getragen werden, hat sich der Sammelbegriff «Dritter Sektor» eingebürgert. Er wird von Rifkin, Beck, Liepitz, Revelli und anderen in verschiedenen Schattierungen (Gemeinwirtschaft, Non-Profit-Sektor, Solidarwirtschaft, Bürgerarbeit, informeller Sektor) gebraucht. Er umfasst Freiwilligenorganisationen, NGOs (Nichtregierungsorganisationen), Hilfsorganisationen aller Art, Kirchen, Alternativbetriebe, kulturelle Initiativen, Nachbarschaftsnetze, Arbeitslosenprojekte usw. Rifkin geht so weit, den Dritten Sektor für unsere «letzte, grösste Hoffnung» zu halten, wenn Staat und Wirtschaft sich dereinst gegenseitig ruiniert oder vom Leben zurückgezogen haben werden. Um zu unterstreichen, dass der Dritte Sektor keine blosse Fata Morgana ist, führt er folgende Fakten an:

- Grossbritannien: 350 000 Organisationen, 17 Mrd. £ Umsatz, 4% des BSP;
- Frankreich: 43 000 Organisationen, 6% der Arbeitsplätze;
- Deutschland: 300 000 Organisationen, 4,3% der Erwerbstätigen (1987), 2% des BSP;
- Japan: 270 000 Gemeindeorganisationen, *jichikai*, 90% der Haushalte, je 180 bis 400 Haushalte;
- 35 000 Freiwilligenorganisationen in den Entwicklungsländern;
- Brasilien: 3 Millionen Menschen in 100 000 kirchlichen Gemeinden;
- Burkina Faso: 2800 *Naams*, Gemeindeorgansationen, die Gräben ausheben, Wassertanks bauen, kleine Dämme anlegen, sich um die Gemeindewälder kümmern, Alphabetisierungsprogramme durchführen und Entbindungskliniken, Apotheken, Schulen und Gemeindekrankenhäuser errichten. (Rifkin 1995; 199 ff.)
- In den USA arbeiten 6,8% der Beschäftigten im Non-Profit-Bereich (hauptsächlich im Gesundheitsbereich) und erwirtschaften 6,3% des BSP. (Revelli 1997; 168).

Den Unternehmungen des Dritten Sektors ist gemeinsam, dass Arbeit unentlöhnt, nur teilentlöhnt oder wenigstens ohne resultierenden Profit verrichtet wird. Die Beteiligten haben entweder eine andere Erwerbsarbeit, eine Rente, oder sie werden durch Spenden von Lohnarbeiterinnen entlöhnt. Er gleicht damit ökonomisch der ebenfalls sehr nützlichen, aber unbezahlten Hausarbeit der Frauen. Oft dient er als Humus für das Entstehen eines profitablen, privaten Wirtschaftssektors. «In der Dritten Welt entwickelt sich der private Sektor in grossem Massstab aus dem Dritten Sektor heraus.» (Julie Fisher; zitiert in Rifkin 1995, 209) Er hat also eine ähnliche Funktion wie die Grameen-Bank in Bangladesh, die mit einem strikt überwachten Regime von Kleinkrediten ein kapillares Ausbeutungssystem für die Anfangsakkumulation einer kapitalistischen Entwicklung in Gang bringen will. Diese Monetarisierung von dörflichen Strukturen erschliesst sie dem mehrwertgierigen Weltkapital. (Den Grameen-Frauen können nun finnische Nokia-Handys verkauft werden, damit sie ihre Geschäfte effizienter tätigen können.) Eine ähnliche Perspektive haben Arbeitslosenbeschäftigungsprogramme in Europa, die Arbeitslosen helfen, Betriebe zu gründen, die dann später profitabel wirtschaften können. In den erwähnten Workfare-Programmen in Frankreich, Grossbritannien und den USA ist die Tätigkeit im Dritten Sektor eine Bedingung für den Bezug von Sozialleistungen. Das Gleiche gilt auch für den garantierten Lohn der Stadt Genf, der den Nachweis einer nützlichen Betätigung erfordert. Das Arbeitsethos des Dritten Sektors trägt hier dazu bei, den unkontrollierbaren Sumpf des «Social Beat» auszutrocknen, aus dem in den letzten Jahrzehnten so viel unerwünschte Kreativität und Rebellion genährt wurde.

Beck stellt sich vor, dass wir alle «ein Bein in der Erwerbsarbeit haben» (33), während wir uns nebenbei in «künstlerischer, kultureller und politischer Bürgerarbeit» engagieren, die rentenwirksam anerkannt werden sollte. Andere Autoren schlagen vor, dass diese Arbeit mit Zeitgutschriften oder Time-Dollars verrechnet werden kann. Ruh betrachtet seine Grundsicherung (1300 Franken) als eine flankierende Massnahme für die Ermöglichung solcher Arbeit und möchte zusätzlich einen Sozialdienst (3 Jahre, mit «Wiederholungskursen») einführen (145). Er erkennt das Problem der Konkurrenzierung von Erwerbsarbeit: «Der Sozialdienst darf nicht zur Konkurrenzierung einiger Berufe, wie der Sozialarbeit und der Krankenpflege, führen. Es muss etwas wie eine

‚Opfersymmetrie' angewandt werden: möglichst viele Bereiche sind zu berücksichtigen, wobei schon die soeben erwähnte Bestimmung, wonach es um Leistungen geht, die heute nicht erbracht werden, eine Barierre darstellt. Im Vordergrund stehen Leistungen im ökologischen Bereich, weil sich hier besonders schwerwiegende Defizite zeigen.» (146) Weshalb dieser heilige Respekt vor der Erwerbsarbeit? Man erinnere sich an Speenhamland!

Zum Dritten Sektor können heute eine Fülle von privaten oder staatsinduzierten Initiativen gerechnet werden. Dazu gehören: Nachbarschaftshilfsnetze, Mittagstische allein erziehender Mütter, Kompostgemeinschaften, Quartiercafés, Kulturvereine, Filmklubs, Sportvereine. Solche Vereine gibt es allerdings oft schon mehr als hundert Jahre und sie haben dem Kapitalismus kaum sichtbar zugesetzt. Oft enden Quartierprojekte sogar in einer Art von Katzenjammer und führen zur Resignation, wenn wieder eine Generation von Aktiven ausstirbt. Nach einem anstrengenden Arbeitstag bleibt kaum genug Energie für gemeinschaftliche Unternehmungen. Die Konsumangebote von Fitness bis Wellness werden solchen Engagements vorgezogen – der Dritte Sektor stirbt einen stillen Tod.

Anders wäre der Fall bei Teilzeitarbeitenden oder Arbeitslosen. Die Energie hätten sie wohl, doch es fehlt oft der Glaube – beim ersten Konjunkturaufschwung wandern die Pionierinnen wieder in die Erwerbsarbeit ab. Es stellt sich heraus, dass hier der Dritte Sektor nur eine politisch schonende Lagerhaltung einer Reservearmee war, ein Konjunkturpuffer.

Es gibt keine für den Dritten Sektor typische Organisationsform. Genossenschaften, Kirchgemeinden, NGO-Sektionen, Stiftungen und Vereine aller Art kommen in Frage. Viele dieser Konzepte bevorzugen jedoch die Form von Netzwerken, die eine Art Wunderrezept zu sein scheinen. Die *Existenzmaximum*-Autorinnen schreiben:

«Zwar gilt es nach wie vor, zerstörerische Mechanismen der Weltwirtschaft aufzudecken und nach Möglichkeit zu bekämpfen, doch in den ‚Niederungen' der Dörfer und Siedlungen geht währenddessen das Leben weiter. Um dieses Leben menschenwürdig zu gestalten und auch jenen eine Chance zu geben, die Opfer der Deregulierung werden, ist das Selbsthilfenetz der Nachbarschaft zentral.»

Unter dem Titel «Netze fördern Selbstbewusstsein» nennen sie konkrete Projekte:

«Weitere mögliche Projekte sind die Belebung eines Hinterhofs in Eigenarbeit, die Einrichtung einer kleinen Werkstatt zum Bau von Sonnenkollektoren für eine ganze Häuserzeile (daraus könnte ein Kleinunternehmen entstehen) oder die Einrichtung einer Gemeinschaftsküche, die einmal täglich eine günstige Mahlzeit anbietet. Solche sozialen Netze könnten, wenn sie Quartiere, ganze Städte und Dörfer überspannen, eine taugliche Ergänzung, schliesslich auch eine Alternative zum löchrigen Sozialnetz werden.» (154) Und auch hier werden wieder «Abfälle verwertet».

Sie sehen auch die Perspektive einer Zusammenarbeit mit Bauernbetrieben, wodurch die für eine ökologische Wirtschaft nötigen geschlossenen Kreisläufe entstehen. Für diese schlagen sie alternative Währungen (zum Beispiel das *Talent*) oder die schon erwähnten LETS vor. Dies weist also schon über einen bloss ergänzenden Dritten Sektor hinaus und auf eine Abkoppelung von der formellen Wirtschaft und dem Staat hin, auf eine echte Subsistenzperspektive. Die Frage bleibt offen, wie das Verhältnis zwischen der geschlossenen ökologischen Wirtschaft und dem global organisierten Kapitalismus gestaltet werden kann, so dass die erste nicht vom zweiten ausgebeutet und der zweite von der ersten kontrolliert werden kann. Wenn allerdings die ökologischen Netze sich massenhaft ausbreiten, dann müsste der Kapitalismus mangels Nachfrage nach Waren schon bald in ernste Schwierigkeiten geraten. Man könnte sich hier also eine «Auflösung der Arbeitsmaschine von unten» vorstellen. Allerdings denken die Autorinnen nicht konsequent in diese Richtung weiter.

Ein überzeugendes Beispiel eines Projekts im Dritten Sektor (falls sie dazu gehören wollen) ist die *Sozialistische Selbsthilfe Mühlheim*, die 1999 ihr 20-jähriges Bestehen feierte. Am 3. November 1979 wurden die Häuser und Hallen der Düsseldorferstr. 74 besetzt und darin Werkstätten und Wohnungen eingerichtet. «Die Lebensweise des SSM bot für hilfsbedürftige Menschen eine Alternative zu Gefängnis, Psychiatrie oder Strasse.» (*20 Jahre SSM*, 1999; 4) Das Projekt wurde auch mit einem Bauernhof verknüpft, und im Stadtteil wurde die Selbstversorgung mit Möbeln, Kleidern und handwerklichen Leistungen aufgebaut, so dass eine echte Subsistenzstruktur entstand. Die SSM bezieht sich auf Karl Polanyis Kritik am Kapitalismus als einer «entbetteten Ökonomie». Im Gegensatz zu «alternativen Betrieben» wird nicht bloss die Erwerbsarbeit selbstverwaltet organisiert, sondern die Arbeit als solche verändert. Sie soll nicht auf «aufgeschobener Belohnung» basieren, sondern in sich als sinnvoll erfahrbar sein und eben in einen gesellschaftlichen Zusammenhang eingebettet sein. «Leistungen erhält das SSM-Mitglied nämlich nicht auf Grund seiner Arbeit, sondern auf Grund der Tatsache, dass es Mitglied ist. Als solches aber ist es zur Arbeit verpflichtet.» (9) Der SSM kennt trotzdem eine Trennung von Arbeit und Freizeit. «Der SSM ist keine Kommune. Das gemeinsame Fernsehen am Abend oder der gemeinsame Joint finden nicht statt, und wenn, dann gehört es jedenfalls nicht zur Arbeit. Es gibt separate Wohnungen, ausser der privaten Zeit also auch den Privatbereich. Es wird ein für jeden gleicher Geldbetrag ausgezahlt, wenngleich dieser auch gering ist.» (8) Zur Verbreitung ihres Konzepts hat die SSM das Institut für Neue Arbeit, Köln-Mülheim, gegründet, das Veranstaltungen aller Art durchführt.

Die Erfahrungen im Dritten Sektor sind so vielfältig, dass sie von keinem der genannten Autoren für sich reklamiert werden können. Er hat darunter genuin autonom organisierte Initiativen, aber auch blosse Gerüstkonstruktionen zur Ankurbelung einer kleinen Warenproduktion. Wenn der Dritte Sektor nur dazu dienen soll, den Dreck der Profit-Industrie wegzuräumen (wie bei Ruh) oder die Löcher des Sozialstaats zu stopfen und damit Steuern zu sparen, dann ist seine Rolle eher dubios. Die Rückkehr zur privaten Fürsorge und Philantropie ist einer der nur allzu durchsichtigen Vorschläge der neoliberalen Rechten, um den Sozialstaat abzubauen. Autonome soziale Netze könnten dessen Funktion höchstens dann unternehmen, wenn zuerst ausgiebig in sie investiert würde – doch von Finanzierung ist bei diesen Modellen selten die Rede. Eine Gemeinschaftsküche mit Kleininventar kostet – wenn man eine einfache Restaurantküche als Vergleich nimmt – kaum unter 100 000 Franken. Die «Faszination der Netze» wiederum kann sowohl neue Formen der Synergie bedeuten, aber auch die Flucht in anonym kontrollierte Klein-Regulationen, die eine autonome Organisation von Menschen an Ort und Stelle umgehen soll. Immerhin ist die kapitalistische Wirtschaft auch nichts anderes als ein Netz der Geld– und Warenzirkulation. Schliesslich werden wir nicht in Netze oder Rhizome («Wurzelgeflechte», ein Modebegriff aus den 70er Jahren) ausweichen können, sondern uns in die Hölle der direkten sozialen Organisation in erster Person Plural begeben müssen. Wir werden Entscheidungsmechanismen zwischen Delegation und Konsens hinterfragen und aufbauen müssen – die anonyme Zirkulation, die alte liberale Selbstregulation, ist eine Selbsttäuschung. Netze garantieren weder Gleichheit noch Demokratie, sie verlängern nur die Herrschaft jener, die es immer schon vermocht haben, sich informell, mafiamässig oder in Seilschaften durchzusetzen.

Der Dritte Sektor kann eine Ablösung vom Kapitalismus, aber auch seine Verewigung beinhalten, je nach Konzept. Was haben ein Kloster, die Krebsliga, eine Beizengenossenschaft, eine geschützte Werkstätte und Greenpeace wirklich gemeinsam? Es ist nicht klar, wie etwas Eigenarbeit neben der fortdauernden Ausbeutung im Weltmassstab die Arbeitsmaschine wirklich stoppen könnte. Viel eher deuten diese Konzepte auf eine Ausdehnung der unbezahlten Hausarbeit auch auf arbeitslose Männer, Jugendliche, Alte oder Produktionsmittellose (Dritte Welt) hin, also auf eine Bewältigung der Mehrwertkrise des Kapitals. Allerdings zeichnen sich alle noch unter der Herrschaft kapitalistischer Bedingungen realisierbare Projekte durch ihren Doppelcharakter aus: Sie sind Deals, die sowohl der Opposition wie dem Kapital dienen, sie nützen dessen innere Widersprüche aus. Nur darum haben sie auch eine unmittelbare Realisierungschance. Je nachdem muss im Einzelnen darauf geachtet werden, ob aus den Netzen echte Begegnungen entstehen können, ob Nachbarschaftsinitiativen Autonomieaspekte haben. Das bedingt aber, dass es kritische Kräfte gibt, die den Dritten Sektor überhaupt benützen können. Wo ist die Gesamtbewegung, die eine Strategie entwickeln und bewusst umsetzen kann?

Gemeinschaftsprojekte, Siedlungen, Kommunen

Die Geschichte der Gemeinschaftsprojekte ist eine Geschichte gescheiterter sozialer Experimente. Die meisten der im 19. Jahrhundert von Cabet, Fourier, Saint-Simon, Owen, Weitling und anderen angeregten Siedlungen sind letztlich auseinander gebrochen, und zwar nicht aus wirtschaftlichen Gründen. Viel häufiger wurden sie gerade Opfer ihres wirtschaftlichen Erfolgs. Die utopistischen Kolonien in den USA waren oft wirtschaftlich so effizient, dass die Mitglieder es vorzogen, den neu erworbenen Reichtum zu privatisieren. Einzig religiös definierte Gemeinschaften, wie die der Hutterer, Shakers oder Mennoniten, oder auch die israelischen Kibbuzim, haben während längerer Zeit oder bis heute überlebt, allerdings eben zum Preis monokultureller Selbstverstümmelung. Dasselbe gilt im Prinzip auch für christliche oder buddhistische Klöster. Fast all diese Siedlungsexperimente waren landwirtschaftlich orientiert und isolierten sich absichtlich vom Rest der Gesellschaft. Aber auch die wenigen städtischen Beispiele, wie etwa der Marx-Hof in Wien oder diverse Einküchenhäuser haben ihre gemeinschaftlichen Strukturen immer wieder verloren.

Das Problem besteht also nicht darin, dass Gemeinschaftshaushalte nicht funktionieren (das tun sie sogar nur zu gut), dass sie finanziell in Schwierigkeiten geraten oder ihren Mitgliedern zuwenig Freiheiten lassen. (Gerade die «unfreien», sektenartigen Gemeinschaften halten sich am längsten.) Das Scheitern lässt sich nicht auf eine einzige Ursache, sozusagen einen Geburtsfehler, zurückführen, sondern auf ein Bündel von Problemen, ja auf fehlendes Problembewusstsein. Dazu gehören: Isolation (kein Kontakt mit der Nachbarschaft), Abkoppelung vom Mainstream, schlechter Mix von kollektiven Strukturen und Privatsphäre, fehlende biografische Offenheit (Erneuerung der Bewohnerschaft, Ablösung der Gründergeneration usw.), zu wenig soziale «Kühle» (unklare Regelungen, zuviel Freiwilligkeit, zuviel «Solidaritätsdruck»). Sowohl zu grosse Anpassung als auch zu grosse Entfernung vom Normalen können ein solches Projekt zum Scheitern bringen. Es handelt sich also um eine Gratwanderung, vor allem in einer Situation, wo es noch wenige Gemeinschaftshaushalte gibt und man sich nicht gegenseitig stützen kann.

Letztlich sind alle Gemeinschaftsprojekte zum langsamen Untergang verdammt, solange es nicht eine globale Veränderung der Lebensweise gibt. Die ersten utopischen Siedlungen in den USA mussten schliesslich scheitern oder verkümmern, weil sie patriarchalisch und rassistisch waren. Sie waren – wie auch die Kibbuzim – genauso kolonialistisch wie der Kapitalismus selbst. Es sind nicht die Fehler der Siedlungspionierinnen, die sie zerstören, sondern es ist der Stand der Gesamtbewegung.

Es gibt inzwischen viele rein kommerzielle Siedlungsprojekte, die kollektive Elemente enthalten. Kaum eine Überbauung entsteht, die nicht Gemeinschaftsräume, Mittagstische, Kinderhorte, Spielplätze usw. aufweist. Oft wird auch wieder kompakt um einen Hof herum gebaut, so dass zumindest eine bolo-ähnliche Ambiance entsteht. Das Bedürfnis, vom blossen Wohnen zu gemeinschaftlichen Lebensformen zu kommen, ist allgemein verbreitet und am Zunehmen. In den USA entstehen neo-traditionelle Nachbarschaften, die allerdings kaum mehr als mittelständische, rassistische Trutzburgen im suburbanen Dschungel von Anonymität und Kriminalität sind. Nach dem Rückzug aus den Innenstädten in die Suburbs ist dies nur die neuste Fluchtbewegung der verängstigten Mittelklasse. (vgl. T.C Boyle, *The Tortilla Curtain*)

Wohngenossenschaften oder Quartierorganisationen essen oder grillieren seit Jahrzehnten regelmässig gemeinsam, veranstalten Feste, bestellen Nahrungsmittel, hüten Kinder, machen Ausflüge. Es ist durchaus denkbar, dass solche Ansätze sich unter veränderten Bedingungen als wertvolle Ausgangspunkte für autonom organisierte Subsistenzgemeinschaften herausstellen könnten.

Bisherige Erfahrungen zeigen, dass zum Beispiel das Bestehen von «Gemeinschaftsräumen» noch keineswegs garantiert, dass diese auch genutzt werden. Wenn alle Wohnungen schon über eine volle Infrastruktur verfügen, und es keine Initiativgruppe gibt, die effektiv notwendige und nützliche Programme in solchen Räumen durchführt, dann stehen sie bald leer und vergammeln. Wer einfach auf einen «Gemeinschaftssinn» vertraut, und die realen Bedürfnisse der Bewohnerinnen nicht abklärt, riskiert eine herbe Enttäuschung. (Wer allerdings darauf wartet, dass diese

Bedürfnisse sich von selbst einen Raum suchen, wird auch enttäuscht werden. Es braucht durchaus Fantasie und Initiative!)

Wer zum Beispiel in Zürich architektonisch attraktiv und ökologisch einigermassen verantwortbar bauen will, kann kaum eine 4-Zimmer-Wohnung unter 1700 Franken anbieten. Eine einfache Mahlzeit kostet auch gemeinsam gekocht noch um die 6 Franken, dazu kommen die normalen Ausgaben für Versicherungen, Kleider, Verkehr usw. Das bedeutet, dass Bewohnerinnen mit schlechten Jobs voll arbeiten müssen und nur die besser entlöhnten sich Teilzeit und somit alternative Gemeinschaftsaktivitäten leisten können. Das heisst: die Spirale von Kosten und nötiger Arbeit zwingt die Bewohnerinnen in die gewöhnliche kapitalistische Tretmühle und ihre sozialen Spaltungen zurück. Einen Ausweg bieten nur Bereiche wirklich gemeinsamen Hauswirtschaftens, die sowohl Geld wie Zeit sparen. Es ist jedoch schwierig, diese aus der Lebenskostenfalle heraus aufzubauen, denn dazu braucht es zuerst einmal freie Energien!

Die Kommune Niederkaufungen ist in dieser Beziehung ein leuchtendes Vorbild, weil es ihr wirklich gelingt, sowohl Arbeitszeit als auch Lebenskosten zu senken. Andere, noch radikalere Kommunen mit gemeinsamer Ökonomie und Selbstversorgung schaffen es sogar, mit 150 Franken pro Person und Monat auszukommen! Das sind dann echte Alternativen!

Ich möchte hier einige Projekte anführen, die versuchen, einige Schritte weiter zu gehen. Sie sind von unterschiedlicher Grösse (immer etwas zu klein, um cool zu sein), haben verschiedenste Entstehungsgeschichten, Rechtsformen und philosophische Hintergründe. Die Auswahl erfolgte nicht, um das «richtige Modell», sondern um eine Palette von Möglichkeiten vorzustellen. Gemeinschaftsprojekte können aus illegalen Besetzungen entstehen, aber auch durch geschickte finanzielle Investitionen. Viele Projekte verschwinden nach endlosen Diskussionen, andere kommen ohne diese Phase zu Stande oder überleben sie auf wunderbare Weise. Auch langwierige Grundsatzdebatten sind also noch kein Warnzeichen für den sicheren Untergang. Manchmal entsteht trotzdem etwas.
Eine Siedlung für einige hundert Menschen aufzubauen ist heute sofort (in drei, vier Jahren!) machbar. Ob das aber eine Ablösungsstrategie vom

Kapitalismus sein kann, ist fraglich. Dieser verträgt sehr viele Gemeinschaften in Nischen. Die Gemeinschaftsprojekte können also höchstens ein wichtiges illustratives Element einer breiteren Bewegung sein, die es noch zu definieren gilt. Gegenüber den etwas diffusen Projekten des Dritten Sektors haben die Gemeinschaftsprojekte den Vorteil, dass sie autonom bestimmte Räume bieten, eigentliche Kerne alternativen Lebens. Postkapitalistische Umgangsformen können hier ohne äussere Regulation zumindest teilweise erprobt werden. Ihr Nachteil besteht darin, dass die Eintrittsschwelle für viele Menschen zu hoch ist, also viele draussen bleiben, die zwar irgendwie möchten, aber nicht können. Den Mitgliedern von Gemeinschaftsprojekten ist oft gar nicht bewusst, dass die Wahrnehmung von aussen eine solche von abgeschotteten Sekten ist. Natürlich trägt die Mainstream-Propaganda zu diesen Vorurteilen nur zu gerne bei.

Einige der vorgestellten Gemeinschaften sind in halbländlichen Situationen entstanden. Die Hauptaufgabe, die uns bevorsteht, ist aber die Umwandlung gewachsener, urbaner Nachbarschaften. Immerhin können Nischenprojekte Inspirationen für diese Hauptaufgabe liefern. Die meisten dieser Gemeinschaften sind gerne bereit, Führungen für Interessentinnen zu machen oder über ihre Erfahrungen zu reden. Der Schritt von der Theorie zur Praxis erfolgt wohl am besten durch einen Besuch bei einem bestehenden Projekt. (Weitere Gemeinschaftsprojekte werden vorgestellt in: *Das KommuneBuch*, Göttingen, 1996; und in: *Eine Kuh für Hillary*, München, 1997)

Die Kommune Niederkaufungen

Im Dorf Niederkaufungen in der Agglomeration von Kassel besteht seit 1986 die Kommune Niederkaufungen, die 1999 70 Mitglieder hatte. 1983 wurde in Hamburg ein erstes Grundsatzpapier verfasst, das ein 100-Leute-Projekt vorsah. In ihm sind die wesentlichen Grundzüge der Kommune schon enthalten. Es folgten lange Diskussionen mit immer wieder neuer personeller Zusammensetzung, bis ein passendes Objekt gefunden wurde. Oft sah es so aus, als ob nur wieder einer dieser folgenlosen Diskussionszirkel entstanden wäre. Durch Zufall konnte ein Haus in

Niederkaufungen erworben werden. Die Kommune hat dann im Dorfkern allmählich zusätzliche Häuser gekauft und sanft umgebaut. Sie besteht aus mehreren Wohngruppen, hat eine Schreinerei, eine Schlosserei, einen Bauernhof, ein Architekturbüro, eine Näh- und Lederwerkstatt, ein Tagungszentrum, eine Kindertagesstätte. Eine eigene Pensionskasse befindet sich im Aufbau. Die Mahlzeiten werden in einer grossen Küche gekocht und in einem gemütlich gestalteten Gemeinschaftsraum eingenommen, der auch als Bibliothek dient. Jedes Mitglied schliesst mit der Kommune einen Vertrag ab, der die Rückzahlung von eingebrachtem Vermögen regelt. Alle Einkommen und die Erlöse aus den Betrieben gehen in eine gemeinsame Kasse, aus der die Mitglieder Geld je nach Bedarf entnehmen können (auch für Ferien auf Kreta), wobei über Beträge von über 200 DM diskutiert werden soll. Einmal pro Woche findet eine Versammlung statt, die nach dem Konsensprinzip funktioniert: jedes der 70 Mitglieder kann also jede Entscheidung blockieren. Gefasste Entscheidungen unterliegen zudem einem einwöchigen Moratorium, treten also erst nach einem eventuellen Rückkommensantrag in Kraft. Dieses Konsensprinzip ist natürlich eine Bedingung für das Vertrauen, auf dem das Wirtschaften in die gemeinsame Kasse beruht. Für die Leistungen im Innern – Wohnen, Waschen, Essen, Autobenützung usw. – zirkuliert kein Geld. Es gibt zehn Autos, die gemäss einem flexiblen Verteilplan benutzt werden. Jedes Auto hat einen Paten, der für seinen Unterhalt sorgt und unsorgfältige Benützerinnen ermahnt.

Die Kommune funktioniert seit zehn Jahren recht gut, auch wenn es manchmal zu heftigen Diskussionen über die gemeinsame Ökonomie kommt. Vor allem die Integration des Bauernhofs scheint Mühe zu machen, weil die Arbeit mit den Tieren nicht so flexibel verteilt werden kann wie zum Beispiel Hausarbeiten oder die Feldarbeit. Nicht jede/r hat das Talent, mit Vieh umzugehen, und so lastet die Verantwortung dafür auf einigen wenigen Mitgliedern, die sich dann übermässig ausgenützt fühlen. Gäbe es mehr begabte Viehbetreuerinnen, könnten mehr Kühe gehalten werden, und die sehr begehrten Milchprodukte erzielten einen höheren Erlös für die Kommunenkasse. Einige Mitglieder finden auch, dass der Lebensstil der Kommune schon zu luxuriös geworden sei und dementsprechend zu hohe Arbeitsleistungen und -einkommen erfordere. Sie haben bereits begonnen, sich für eine bescheidenere Grosskommune in Süddeutschland zu organisieren.

Trotz ihrer intimen Organisationsform – Vertrauen ist unabdingbar – besteht in der Kommune Niederkaufungen ein offenes, unsektiererisches, selbstkritisches Klima. Es herrschen keine restriktiven Lebensvorstellungen, es wird auch Fleisch gegessen, geraucht, Alkohol getrunken, es werden Chandler-Krimis gelesen und Fernsehserien angeschaut. Im Büro stehen Computer. Der Lebensstandard entspricht dem gewöhnlichen mitteleuropäischen. Ihre Mitglieder nehmen an politischen Aktionen aller Art teil, laden auch immer wieder zu Treffen und Diskussionen ein. Sie sind gut ins Dorf integriert – dessen Kinder den Kindergarten besuchen.

Als ich Niederkaufungen im Herbst 98 besuchte, herrschte eine lockere, zufriedene Stimmung. Einige Mitglieder wunderten sich nur, dass es so wenige Grosshaushalte wie sie gebe, wo es ihnen doch so gut gehe und es keine Hexerei sei, einen einzurichten. Sie können sich auch nicht über neue Interessentinnen beklagen.

Kommune Niederkaufungen
Kirchweg 1
D-34260 Kaufungen
Telefon 05605 80070, Fax. 800740
kommune@t-online.de

Exodus

Das Exodus-Kollektiv entstand 1992 in Luton, nördlich von London. Es finanziert sich seinen Lebensunterhalt durch mobile Raver-Partys. Dazu werden ausgemusterte Armeelastwagen, Busse usw. eingesetzt. Anlässlich einer Raver-Party wurde 1992 die Long Meadow Farm, eine verlassene Schweinefarm, besetzt, instand gestellt, ausgebaut und wieder in Betrieb genommen. 1993 wurde ein leer stehendes Spital besetzt und als Wohnraum für 46 Bewohnerinnen und 12 Gäste umgebaut, die meisten von ihnen Arbeitslose. Da der Stadtrat von Luton die Nützlichkeit des Projekts anerkennen musste, liess er sich dazu bewegen, den Exodus-Leuten das Gebäude für eine symbolische Miete von einem Pfund pro Jahr zu überlassen. Farm und Wohngebäude wurden mit einem autonomen Kulturzentrum, *The Ark*, ergänzt, das der ganzen Bevölkerung von Luton zugute kommt.

Exodus definiert seine Philosophie wie folgt:
«Die Philosophie, die uns bewegt, ist eine sehr einfache spirituelle Vision, die wir in unserem Alltagsleben zu realisieren versuchen. Grundsätzlich glauben wir, dass das Wesen einer spirituellen Existenz einfach darin besteht, andern Gutes zu tun, denn dies gehört zu einem Glauben an eine 'Ganzheit'. Diese Gesellschaft hingegen, die wir Babylon nennen, funktioniert gerade umgekehrt, weil sie, um 'Fortschritte' zu machen, uns zwingt, miteinander in Wettstreit zu treten, also andern nichts Gutes zu tun.»
(aus: Inura, *Possible Urban Worlds*, Birkhäuser, Basel, 1998; 40 ff.)

Gemeinschaft Hard

Die Gemeinschaft Hard ist das grösste Gemeinschaftsprojekt in der Schweiz und darum besonders interessant, weil sie die Rechtsform einer «genossenschaftlichen Aktiengesellschaft» gewählt hat. Dabei übernehmen die Benützerinnen Aktien gemäss dem Wert der von ihnen benützten Räume. Ein Aktionärsbindungsvertrag stellt sicher, dass über die Aktien und das damit verbundene Stimmrecht wirklich nur Personen verfügen, die auf dem Areal wohnen und/oder arbeiten. Zudem wird keine Dividende ausgeschüttet. Diese Form der AG ist somit demokratischer und erst noch sozial verantwortungsbewusster als jene der Genossenschaft. Da Aktien an Nachfolgerinnen auf dem Areal weiterverkauft werden müssen, kann die Gemeinschaft nicht einfach finanziell ausgeblutet werden. Unter diesem Aspekt sind Genossenschaften, wo auch Nichtmitwohnende mitbestimmen und dem Projekt jederzeit Geld entziehen können, geradezu undemokratisch und asozial.

Die Gemeinschaft Hard (GeHa) wurde 1986 gegründet und übernahm das Areal einer alten Textilfabrik im Westen von Winterthur, an der Töss. Die Gründerinnen waren 40 Aktionärinnen (meist aus links-alternativen

Gemeinschaft Hard

Kreisen), die für je 50 000 Franken Aktien zeichneten. In den Umbau wurden ca. 20 Millionen Franken investiert. Ca. 7500 m2 (62%) werden für das Wohnen, ca. 4500 m2 (38%) werden für das Arbeiten genutzt. Dazu kommt ein biologisch-dynamisch betriebener Bauernhof von 17 ha. Die GeHa besitzt auch eine eigene, historisch bedeutsame Wasserkraftanlage, die pro Jahr 1 452 400 kWh Elektrizität produziert und einen Ertrag von 249 085 Franken abwirft.

Für das vorsichtige und pragmatische Vorgehen der Härdlerinnen spricht, dass sie erst 1992, also fünf Jahre nach dem Einzug, einen Gemeinschaftsraum mit Kafi («Schnabula-Rasa»), eine Grossküche mit Essbereich und einen Mehrzwecksaal (90 m2) einbauten. Dieser Saal wurde 1998 für 18 grössere Veranstaltungen genutzt. Dazu kamen Geburtstage, ein Mittagstisch (nur Mittwoch und Donnerstag), Tanzabende, Discos, Kranzbinden...

Ende 1998 wohnten 124 Personen (davon 51 Kinder!) auf dem Areal, wo auch 141 Arbeitsplätze bestehen (ein Drittel der Bewohnerinnen hat dort auch einen Arbeitsplatz).

Auf dem Areal gibt es insgesamt 49 Betriebe, die meisten davon Einzelfirmen, doch auch Genossenschaften, AGs, Vereine und GmbHs. Die

Tätigkeiten umfassen: Schreinereien, Architekturbüros, Sanitär- und Elektrobetriebe, Grafikbetriebe, eine Edelsteinschleiferei, Reisebüros, Treuhandbüros, Ateliers, eine Motorradwerkstatt, Verlage usw. Im Unterschied zur Kommune Niederkaufungen wirtschaften all diese Betriebe von der Gemeinschaft unabhängig, was aber jedoch nicht bedeutet, dass diese isoliert für sich bestehen. Zwischen den Betrieben bestehen vielfältige Synergien. Alle Härdlerinnen leisten pro Jahr 20 Gratisarbeitsstunden zum gemeinsamen Nutzen. Schliesslich wird ein grosser Teil der Infrastruktur gemeinsam benutzt: Plätze, Gärten, Park, Sportwiese, Gemeinschaftsräume usw. Es gibt also soviel Unabhängigkeit und soviel Gemeinschaft, wie die Beteiligten es gerade wünschen. Der Versuchung, diese Entwicklung mit ideologischen Vorgaben gewaltsam anzutreiben, haben die Härdlerinnen widerstanden.

Die rechtliche Struktur der GeHa erscheint auf den ersten Blick als sehr komplex. So ist zum Beispiel die Elektrikergenossenschaft Aktionärin und Mieterin in einem Gewerbehaus einer Immobilien-AG, die Baurechtsnehmerin der GeHa ist. Diese Finanz-Architektur schützt die GeHa vor allfälligen Konkursen von eingemieteten Firmen. Kompliziertheit macht das Leben also oft einfacher als oberflächliche Einfachheit, die nur über die Komplexität des wirklichen Lebens hinwegtäuscht.

Die Gemeinschaft Hard ist ein realistischer, modellhafter Approach zu neuen Lebensformen, der nicht auf Subventionen, Staatsgeldern oder finanzieller Schummelei beruht. Selbstverständlich gelten noch die gewöhnlichen kapitalistischen Regeln, doch *de facto* besteht auf dem Areal eine reichhaltige «neue Welt», die verschiedenste weitere Schritte in Richtung alternativer Lebens- und Wirtschaftsformen erlaubt. Zusammen mit dem Bauernhof und dem Kraftwerk würde sie einen Crash mit wenigen organisatorischen Retouchen leicht überleben können, ist sie also zukunftstauglich. Aus dem kapitalistischen Ei könnte jederzeit ein LMO-Küken schlüpfen.(LMO: siehe Seite 136 ff.) Auf Grund des isolierten Vorprellens hätte dies jedoch heute kaum Überlebenschancen. Nur schon die erwähnten Betriebe sind mit der übrigen Wirtschaft eng verflochten: eine LMO-Gemeinschaft Hard allein bräuchte wohl nicht zwei Reisebüros.

GeHa AG / Gemeinschaft Hard AG
Hard 6
8408 Winterthur.
Telefon 052 / 222 72 04 / Fax 052 / 222 00 51

Karthago

Die Genossenschaft Karthago ist ein «städtischer Grosshaushalt» von 57 Personen (davon 13 Kinder) an der Zentralstrasse 150 in Zürich. Das Projekt ist hervorgegangen aus einer Hausbesetzung 1984. Später entstand zusammen mit weiteren Aktivistinnen die Gruppe Karthago, die statt der geplanten (und inzwischen gebauten) Geschäftsüberbauung ein Gemeinschaftsprojekt für 100 Bewohnerinnen verwirklichen wollte. Der Abbruch wurde für sechs Jahre verhindert. Danach versuchte Karthago in Zürich Altstetten auf städtischem Land ein kleineres Projekt zu realisieren, das jedoch ganz knapp an einem Referendum der Schweizerischen Volkspartei SVP (eine rechts gerichtete Partei) scheiterte.

Schliesslich konnte die Genossenschaft Karthago in einem umgenutzten Bürogebäude mitten in der Stadt doch noch einen Grosshaushalt verwirklichen. Am 1. Juli 1997 war Einzugstermin. «Nach zweieinhalb Jahren haben sich die BewohnerInnen gut eingelebt. die Wohnform Grosshaushalt hat sich bewährt.» (*Karthago*; 2000, 1)

Karthago besteht aus verschieden grossen Wohngruppen von 3 bis 7 Personen, die auf einem Stockwerk sanitäre Anlagen, eine kleine Teeküche und einen Aufenthaltsraum teilen. Der Wohnbereich verteilt sich über fünf Stockwerke. Pro Woche werden fünf Abendmahlzeiten im grossen Essraum im Parterre (80 m2) eingenommen. Dafür wurde eine Teilzeitstelle für einen Koch geschaffen, dem Bewohnerinnen im Turnus zur Seite stehen. Eine Mahlzeit kostet 8 Franken. Karthago verfügt dazu über einen Tangoraum (70 m2), eine Dachterrasse, einen Hofraum, einen Kiosk. Die Bewohnerinnen (zugleich Genossenschafterinnen) bezahlen einen in die Miete integrierten Beitrag an diese Infrastruktur, der 20% ausmacht. Der Genossenschaftsbeitrag beträgt 20 000 Franken, die Miete 750 Franken pro 17 m2. Für Personen, bei denen die Miete einen Drittel des Einkommens übersteigt, besteht die Möglichkeit einer Mietzinsreduktion von maximal 300 Franken.

Da der grosse Esssaal tagsüber leer steht, ist die Infrastruktur eher unternutzt und daher finanziell eine Belastung. Die Karthagerinnen denken deshalb daran, einen Mittagstisch für Quartierbewohnerinnen einzurichten.

Karthago scheint ein überzeugendes Angebot zu sein, denn es melden sich viele neue Interessentinnen, so dass an einen Ausbau (Karthago 2) gedacht wird. So könnte am Schluss doch noch das ursprünglich geplante, «grosse» Karthago entstehen. Karthago erklärt sich ausdrücklich bereit, Interessentinnen für ähnliche Wohnprojekte Unterstützung zu gewähren.

Karthago
Zentralstrasse 150
8003 Zürich

Wie stehen unsere Chancen?

Es gibt heute eine Vielzahl interessanter Projekte und Initiativen, die Alternativen zum Kapitalismus entwickeln wollen. Weder die Vorschläge der Regulatoren noch jene der Autonomen können allerdings als Basis einer breiten Bewegung dienen oder gar als mehrheitsfähig gelten. Der Lauf der Dinge nimmt von ihnen kaum Notiz. In keinem Land ist die baldige Einführung eines garantierten Minimaleinkommens geplant, und Gemeinschaftsprojekte lassen sich an einer Hand abzählen. Der Dritte Sektor bleibt angesichts eines ausgetrockneten Arbeitsmarkts eine Randerscheinung. Mit der *New Economy* hat die Arbeitsmaschine einen weltweiten Aufschwung genommen und gewisse Ökonomen stellen fest, dass der Kapitalismus erst jetzt richtig begonnen habe, die Welt zu erobern, dass wir also an seinem Anfang und nicht am Ende stehen. Es gibt keinen Grund zum Optimismus. Die Opposition zum Kapitalismus ist lächerlich schwach, vielleicht endgültig gescheitert, wie Robert Kurz meint:

«Am wahrscheinlichsten ist es gegenwärtig allerdings, dass die Zukunftsmusik wirklich ausgespielt hat, weil der ‚Bewusstseinssprung' nicht mehr vollzogen werden wird, der für eine neue soziale Emanzipationsbewegung erforderlich wäre.» (791)

Auch Saral Sarkar sieht die reale Möglichkeit einer neuen Barbarei:

«Obwohl die Notwendigkeit eine öko-sozialistische Anpassung erfordern mag, könnte es den menschlichen Gesellschaften misslingen, sich anzupassen. Eine Gesellschaft nach der andern könnte zusammenbrechen; viele brechen heute schon zusammen und versinken in Chaos und Barbarei.» (277)

Vielleicht bleibt uns nur noch eine «Kultur der Verweigerung» und «Dienst nach Vorschrift» übrig. (Oder will uns Robert Kurz mit seiner gemütlichen Resignation zu einem letzten Aufstand nach dem Motto: «Wir haben keine Chance, nutzen wir sie!» provozieren?)

Die gegenwärtige Depression der Linken hängt wohl damit zusammen, dass die Kämpfe der *männlichen Lohnarbeiter im reichen Westen* sich tot gelaufen haben. Einerseits können sie nicht mehr kämpfen, andererseits müssen sich auch nicht mehr. Wenn wir von 200 Jahren Kapitalismus reden, müssen wir aufpassen, dass wir nicht in einen allzu billigen Miserabilismus verfallen. Nicht alles ist einfach schlecht. Paradoxerweise hat ja gerade der fantasievolle Widerstand gegen die kapitalistischen Zumutungen auch Dinge hervorgebracht, von denen wir gar nicht weg wollen. Zudem ist der normale menschliche Fortschritt auch unter der Fuchtel des Profitterrors weitergegangen. In den Bereichen Medizin, Städtebau, Verkehr, Hygiene, Gastronomie, Musik usw. gab es wissenschaftliche und kreative Errungenschaften, ohne die wir in keinem möglichen System mehr leben wollten. Selbstverständlich kommen nur ca. 600 Millionen privilegierte Erdenbürgerinnen im industrialisierten Norden voll in den Genuss dieser modernen Errungenschaften und die Gesamtbilanz ist und bleibt katastrophal negativ. Ein anderer, sanfter und umfassender Fortschritt wäre möglich gewesen, hat aber nicht stattgefunden. Die traditionelle Arbeiterklasse gehört nun einmal zu den planetarisch Privilegierten und hat begriffen, dass es für sie kaum mehr weitere Fortschritte geben wird, die irgendwelche militanten Risiken rechtfertigen würden. Ihr defensives Verhalten ist zumindest kurzfristig rational. Doch neue Risiken sind absehbar und nur diese machen einen Ausbruch aus der «Depression» zu einer Option. Zumindest im reichen Norden brauchen wir keine miserabilistische Argumentation. Es genügt zu sagen: Es geht uns heute ganz gut, warum aber sollte es uns nicht besser gehen? Die kapitalistische Konsumgesellschaft ist eine von vielen möglichen Lebensweisen. Wir haben es nun gesehen, warum machen wir nicht mal etwas ganz anderes. Es wird allmählich langweilig. Warum nicht die Lust auf ein anderes «gutes Leben», und diesmal für alle, an die Stelle der angestrengten Verteidigung von fad gewordenen Errungenschaften setzen? Es gibt verschiedene Arten vorwärts zu gehen. Und wenn das neue «gute Leben» zugleich bedeutet, dass alle in seinen Genuss kommen, dann umso besser.

Welche realen Handlungsmöglichkeiten haben wir noch? Wenn wir das «Menü» möglicher Verweigerungsformen gegen das Kapital durchgehen, sehen wir, dass der traditionelle Klassenkampf am Ende zu sein scheint, weil die Verteidigungsstellungen des Kapitals sich perfektioniert haben.

– Bewaffneter Kampf:
Die letzte grosse Schlacht gegen das vereinigte Weltkapital war der Golfkrieg. Was immer man gegen Saddam Hussein haben kann, er hat tatsächlich die Militärmaschine der kapitalistischen Vormacht USA herausgefordert. Was hat das irakische Proletariat davon? Gar nichts! Die Kosten einer militärischen Aufrüstung gegen das Kapital sind so immens, dass sie sich nicht auszahlen kann. Zum einen wendet sich die notwendige Militarisierung gegen innen, erzeugt einen hierarchischen Apparat, bringt die übelsten Schlächter an die Spitze und drückt die Lebensverhältnisse auf das tiefste Niveau. Zum andern können offene Schlachten gegen eine computerisierte Militärmaschinerie nicht mehr gewonnen werden. Auch die zapatistische Guerilla von Chiapas hat das erkannt: Militärischer Widerstand kann nur noch halbsymbolisch geleistet werden, unterhalb der Schwelle entscheidender Schlachten, als Auftakt zu Verhandlungen. Seit «Stalins Tanks» nicht mehr (wenigstens symbolisch) auf unserer Seite stehen, ist die bewaffnete Option gestorben. In den Metropolen stossen

bewaffnete Aktionen nur noch auf elastische Strukturen und ersetzbare Exponenten, verpuffen also im Leeren. Allenfalls führen sie noch zu einem «Standortnachteil» gewisser Regionen – das Kapital ist mobil geworden und weicht nach Vietnam oder China aus.

– Politische Machtübernahme:
Sie ist heute im Wesentlichen eine Übernahme von zu verwaltenden Staatsdefiziten. Linke Regierungen erben einfach die Dossiers bürgerlicher Vorgänger. Durch effizientere Verwaltung, Fantasie und Verlagerungstaktiken können sie allenfalls Zeit gewinnen, bis auch sie wieder finanziell ausgehungert sind. Das Kapital behält gegenüber jeder linken Regierung eine reale ausserparlamentarische Veto-Macht, zum Beispiel als Investitionsstreik. Die Neosozialdemokraten können nichts anderes tun als dem Volk das Grosse Nein des globalen Kapitals möglichst schonend zu vermitteln. Jospin, Schröder und Blair haben schon ihr Verfallsdatum. Auch hier spielt die globale Taktik des Kapitals jede nationale Politik aus.

– Streiks:
In Zeiten der langfristig schrumpfenden Nachfrage nach Arbeit sind Streiks stumpfe Waffen. Der eigentliche industrielle Sektor ist zudem minoritär geworden, also nicht mehr das Zentrum oder die Speerspitze des Klassenkampfs. Die Auflösung massenhafter Lohnarbeitsverhältnisse in Myriaden von pseudoselbständigen Kleinbetrieben macht die Organisation unmöglich, den Adressaten unfassbar. Das Manager-Proletariat der *New Economy* ist diffus geworden und hat den Widerspruch von Lohnarbeit und Kapital in sich selbst hineingenommen. Wer wird gegen seine eigene Start-up-Firma streiken? Die Kreisläufe des internationalen Finanzkapitals sind weitgehend immun gegen lokale Aktionen. Schon eine mittlere Börsenbaisse oder ein Internet-Virus richten mehr Schaden an als ein grosser Streik. Streiks sind auf jeden Fall nur konjunkturabhängig effizient. Wenn sie am nötigsten wären, sind sie am schwierigsten zu organisieren.

– Strasse:
Die Zeit der grossen Demos ist vorbei. Die Probleme sind nun endgültig bekannt. Hilflose Demonstrationen richten sich an hilflose Regierungen, die immer öfter mit den Demonstrantinnen sympathisieren. Es ist ein

Leichtes, den «Kampf auf die Strasse zu tragen»: nur bleibt er dort einfach liegen, wie Abfall. Die wahren Adressatinnen sind nicht mehr physisch fassbar: wie soll man gegen Kapitalflucht oder die Devisenspekulation demonstrieren? Etwa vor den Börsengebäuden?

– Blockierung von Transportsystemen:
Die wenigen erfolgreichen Streiks oder Blockaden der letzten Jahre fanden im Transportbereich statt, denn die neuen Produktionsweisen des Just-in-time sind dort sehr verletzlich. So haben die französischen Lastwagenfahrer gewonnen, auch die UPS-Angestellten in den USA und – gelegentlich – Fluglotsen, Bodenpersonal usw. Leider betreffen diese wenigen «Siege» nur einen kleinen Teil der Arbeiterklasse und können nicht verallgemeinert werden. Mehr als «schön für sie!» können wir anderen, deren Löhne sinken, kaum sagen.

– Computersabotage:
Eigentlich die logische Kampfform in einer Zeit, wo das Kapital stark von Kommunikation und hoher Zirkulationsgeschwindigkeit abhängt. Statt Strassen müssen heute Informations-Highways blockiert werden. (vgl. Critical Art Ensemble, *Electronic Civil Disobedience*, Autonomedia, NY, 1996) Allerdings ist diese Kampfform abhängig von wenigen Hacker-Genies, die selbst nicht nur von Bits and Bytes leben, also leicht von ihren potenziellen Opfern gekauft werden können. Das «I Love You»-Virus befiel 600 000 Computer und hat Schäden von elf Milliarden Franken verursacht. (*Sonntagszeitung*, 14.5.2000; 20 Mrd. DM gemäss *Der Spiegel* 20/2000) Wo bleibt der politische Effekt? Zwar ist das Kapital besorgt über Internetkriminalität, doch da den Kämpfern der soziale Zusammenhang fehlt, bleiben sie in heldenhaften Episoden isolierte Robin Hoods.

– Aussteigen:
Die Drohung mit dem Verlassen des Systems – aufs Land, in Kommunen, in den Social Beat, in die Kriminalität, in neotribale Strukturen oder zu den Mafias – schreckt heute das Kapital überhaupt nicht mehr. Es ist sowieso darauf aus, immer grössere Massen zu marginalisieren und deshalb fast froh um alle, die «gehen». Wer nur seine eigene Armut verwaltet, hat ohnehin keine Macht gegen das Kapital. Und mehr als Armut lässt es

nicht mehr übrig. Ist es noch etwas verletzlich durch Computerkriminalität, so schlagen andere Formen von Kriminalität nur auf die Arbeiterklasse selbst zurück.

Zum Trost muss gesagt werden, dass all die genannten Kampfformen in bestimmten Situationen und kurzfristig durchaus etwas «bringen» können. Man hat sich den relativen Erfolg der französischen Lastwagenfahrer und Staatsangestellten (1995), den Anfangserfolg der EZLN in Chiapas, die Demos gegen den Sozialabbau usw. «gemerkt». Die Demonstrationen in Seattle in Washington haben eine überraschend grosse Aufmerksamkeit erregt. Sogar in der Schweiz wird wieder von Streiks und Generalstreik geredet, und es gibt kleinere Aktionen der Bauarbeiter und Drucker. Ein Streik der Gepäckarbeiter im Flughafen Kloten (März 2000) war erfolgreich. Aber im Grossen und Ganzen ist die Verhandlungsmacht einer vorstellbaren alternativen Kraft global gesehen zum Verzweifeln klein. Das Kapital wird immer schneller, die Menschen bleiben langsam. Es herrscht ein Gefühl von Ohnmacht, ja Depression und Defaitismus.

Selbstverständlich heisst das nicht endgültige, bleierne Harmonie. Das Kapital hat seine inneren Widersprüche, selbst seine Verteidigerinnen geben das gerne zu und loben es als offenes System (mit einem offenen Rachen). Da ist etwa der bekannte Grundwiderspruch, der gewissen Gewerkschaftsbossinnen so am Herzen liegt: dass wer weniger verdient auch weniger kaufen kann und dass dann (leider, leider!) auch weniger profitiert werden kann. Die Arbeiterinnen sind nicht nur ein lästiger Kostenfaktor, sondern ihre Löhne bestimmen eben auch die Nachfrage. Was als «Fortschritte des Kapitalismus» wenigstens für eine kleine globale Minderheit erscheint, ist hauptsächlich der Tatsache zu verdanken, dass er sich kein Arbeitsvieh ohne Konsumvieh halten kann. Die Aufgabe des Staates (und der Linken) besteht darin, die Kapitalisten an diese Tatsache zu erinnern. Jeder Sozialabbau ist zugleich ein Nachfrageabbau. Jedes gewonnene Lebensjahr ist ein gewonnenes Konsumentinnenjahr. Hat nicht die japanische Regierung jüngst Einkaufsgutscheine an ärmere Pensionierte ausgegeben, um die innere Nachfrage anzukurbeln? Die Unternehmerseite redet nicht gerne über diese Tatsache, weil ja keiner der Dumme sein will, der seine Arbeiter mit der Kaufkraft versorgt, die sie dann für importierte Produkte der Konkurrenz ausgeben. Der Appell an das Gesamtinteresse des Kapitals läuft immer ins Leere, weil dort niemand ist. Das Gesamtinteresse des Kapitals wird gerade durch den Widerstand gegen es hergestellt. (Man hört nur dann von ihnen, wenn man ihnen Ärger gemacht hat.) Es ist daher keine Instanz denkbar, die über diesem Prozess steht, weil alle Partei sind. Doch der Kampf für höhere Löhne, die dann auch mehr Arbeit garantieren, ist eigentlich nichts anderes als die Verteidigung einer Tretmühle, die an sich nichts mehr bringt. Vielleicht ist das der Grund für die seltsame Resignation und den schwindenden gewerkschaftlichen Organisationsgrad der Arbeiterinnen seit den siebziger Jahren.

Ein anderer innerer Widerspruch des Kapitals besteht darin, dass gerade sein endgültiger Sieg ihm unerträglich scheint, denn es lebt ja eigentlich vom Risiko. Woher aber soll das echte Risiko kommen, wenn der einzige grosse Risikofaktor, das Proletariat, so beunruhigend machtlos ist? Ausdruck dieser ärgerlichen Zukunftssicherheit sind niedrige Zinsen, also niedrige Risikoprämien, niedrige Gewinnspannen, die zu immer hektischeren Spekulationsbewegungen führen. (Was die relative Menge nicht bringt, kann nur Masse + Umlaufgeschwindigkeit bringen.) Daher wird heute auch von Kapitalexponenten ein Mangel an Visionen, Utopien und Perspektiven beklagt. Was etwa hat ein Bill Gates zu bieten: bloss mehr vom Gleichen. Was sollen wir mit all den Informations-Superhighways, wenn es bloss immer mehr MacJobs gibt, mit denen man sich kaum einen Big Mac kaufen kann? Was ist so spannend daran, Waschmittel über E-Commerce zu kaufen? (Die ersten E-Commerce-Firmen machen im Jahr 2000 schon wieder Pleite.) Sicher leben wir in einer Informationsgesellschaft, doch was gibt es so Interessantes zu erfahren? Die meistbesuchten Websites sind bloss die alten pornographischen. Von der Information über das Leben kann niemand leben. Die kapitalistischen Entwicklungsperspektiven habe ihren Glanz verloren. Der gegenwärtige Rückfall in die Produktion absoluten Mehrwerts (das heisst längere Arbeitszeiten) ist nicht typisch für eine echt kapitalistische Entwicklung, sondern höchstens knapp verhüllte Sklaverei. Leichtlohngruppen (ein Nazi-Begriff!), Workfare (arbeiten für nichts!): Erpressung mit der Armut! Eine schöne Zukunft. Ein «gutes Leben» kann nur noch ca. 10

Prozent der Weltbevölkerung, einer Elite von Symbolanalytikern, versprochen werden. Und selbst diese klagen über Sinnverluste. Wie kann eine solche «Vision» verkauft werden? Wenn das Kapital ausser dem Rückfall in sklavereiähnliche Formen keine echten Deals mehr anzubieten hat, wird eine latente Bereitschaft zum Ausstieg wachsen, die schliesslich doch noch zu einer echten Bedrohung werden könnte (wieder in Analogie zur damaligen massenhaften Republikflucht aus der DDR via Ungarn). Die Frage stellt sich also, wie diese Weltflucht aus dem Kapital mit Kämpfen, die den Rücken decken, und klaren Vorstellungen für andere Formen gesellschaftlichen Stoffwechsels (um das Wort «Wirtschaft» einmal zu vermeiden) verbunden werden kann. Nur eine Strategie, die eine Art zweiten DDR-Kollaps, diesmal global und ergänzt mit klaren Umstiegsvorstellungen, inszenieren könnte, hat eine reale Chance.

Der Haken dabei ist nur: wie kann das organisiert werden? Gibt es Organisationsformen, die global sind und trotzdem lokal wirken? Denn dass nationale Revolutionen nicht mehr möglich sind, zeigen Albanien, Saddams Irak, Somalia usw. Sie werden alle nur Fälle für abgestufte Interventionsformen von UNO bis NATO. Wir müssen uns damit abfinden, dass die Welt nur noch aus Provinzen des US-Imperiums besteht – es gibt nur noch Weltinnenpolitik. Das ist gar nicht so schlecht – es macht die Dinge sogar einfacher.

Die internationalen Gewerkschaftsorganisationen, die natürlichen Kandidaten für eine globale Arbeiterorganisation, sind allerdings noch völlig durch ihre nationalen oder regionalen Interessen gelähmt. Bei globalen Lohndisparitäten von 1:100 bleibt die Solidarität der Lohnabhängigen ein leeres Wort. Statt globale Streiks zu organisieren, perfektionieren sie die nationalen Verteidigungslinien. (Das ist auch einer der Widersprüche in der Bewegung gegen WTO usw.) Logischerweise muss der «kämpferische Umstieg» ohnehin im Zentrum des Imperiums, in den USA, beginnen und von dort aus die Welt mit sich reissen. Wenn Rom fällt, werden auch die Provinzen kippen. Wie könnte ein solches Szenario aussehen? Streiks in der Computerindustrie, im Transportwesen, in den Spitälern, stillgelegte Glasfaserkabel und «verwirrte» Computer, eine nicht allzu repressive Regierung, die nicht sofort schiessen lässt, durch Demos angesteckte und demotivierte Polizistinnen, gut vorbereitete Brückenköpfe von alternativen Auffanggesellschaften. Ist dies der Cocktail, der einen weitgehend friedlichen Übergang garantieren könnte? Wo bleiben die Akteurinnen?

Solange Bill Gates jede seiner Mitarbeiterinnen zur Aktienmillionärin machen kann, wird es zwischen den schon ausreichend frustrierten MacJobbern oder gar den Arbeiterinnen in chinesischen Sweatshops und der zukunftstrunkenen Symbolanalytikerelite kaum eine reale Allianz geben können. Wer beim Börsengang der fünf führenden Internet-Unternehmen (AOL, Yahoo!, Amazon, AtHome und e-Boy) nur jeweils 1000 Dollar investierte, war am 9. April 1999 Dollarmillionär. (*Le Monde diplomatique*; April 2000) Ein heftiger Börsencrash könnte allerdings die Gleichheit im Innern des Proletariats über Nacht wiederherstellen. Fiktive Millionen sind schnell wieder einmal verpufft. Vielleicht war der Zusammenbruch in Ostasien, wo der Standortvorteil «niedrige Löhne» in den Standortnachteil «zu wenige Shopper» umgeschlagen hat, ein kleiner Vorgeschmack dazu.

Bisher ist noch kein gesellschaftliches System an seinen Widersprüchen zu Grunde gegangen. Im Gegenteil: Widersprüche sind belebend. Daher genügt es nicht, einfach darauf zu warten, dass der Kapitalismus an seinen Widersprüchen zerbricht. Würde er das, so läge er schon längst in Scherben, denn Widersprüche gibt seit den Anfängen des Kapitalismus. Schon Marx erwartete den Zusammenbruch für die 50er Jahren des 19.Jahrhunderts. Die periodischen Krisen und Crashs haben den Kapitalismus nur noch stärker gemacht Die Arbeitsmaschine hat nicht einfach ihre inneren Widersprüche, es sind Menschen, die sie machen. Nur wenn die Arbeiterinnen sich wehren, entstehen innere Widersprüche. Wenn alle auf die Krise warten, gibt es keine. Die asiatische Krise von 1998 war nicht eine Systempanne aus heiterem Himmel, sondern die Folge ausgedehnter Streikbewegungen in Südkorea, Thailand und Indonesien ab 1995. (Siehe die Chronologie in *Midnight Notes* 12; 11) Die daraus resultierenden Lohnerhöhungen (Hyundai 5,6%; Nike 10,7% usw.) haben dann das Vertrauen der internationalen Investoren erschüttert und zu einer Überreaktion der Finanzmärkte geführt. Apokalyptischer Millenarismus wirkt nur einlullend. Es kann alles noch viel schlimmer werden, bevor das System endlich einmal zusammenkracht. Seine dramatischen inneren Widersprüche garantieren lediglich, dass nicht der ganze Koloss bewegt werden muss, sondern, dass das in labilem Gleichgewicht befindliche System mit einem gezielten «Schubser» zur rechten Zeit umgestürzt werden kann. Worin könnte nun aber ein solcher Schubser bestehen?

Eine singuläre, zentrale Aktion (analog zum Sturm auf den Winterpalast 1917) ist heute kaum noch erfolgversprechend, denn das System bildet ein kopfloses Geflecht von Puffern, Übertragungsmitteln, mehrfachen Sicherungen und Auffangnetzen. Es spürt sicher den Gesamteffekt der Widerstände – von Leistungserschlaffung bis Konsumunlust – aber diese «Kampfformen» erreichen eben keine kritischen Spitzenwerte, sondern können über längere Zeiträume hinweg behandelt und ausgeglichen werden. Spritzigere Aktionen – wie zum Beispiel über Internet induzierte Finanzcrashs – erzeugen zwar grosse momentane Ausschläge, fallen aber wie Luftblasen in sich zusammen, wenn nicht gleichzeitig substanzielle Einbrüche in der materiellen Produktivität erfolgen. «Tödliche Konjunkturen», etwa Verbindungen von allgemeinem Leistungszerfall und punktuellen Katastrophen, sind denkbar. Doch wenn kein Subjekt da ist, das heisst real sozial organisiert ist, um mit diesem Geschenk etwas anzufangen, kann der kapitalistische Zyklus einfach bei Null wieder beginnen. Die Arbeitsmaschine ist kein Geldsystem, sondern eine gesellschaftliche Organisationsform. Sie *ist* letztlich unser Verhalten. Crashs sind keine Revolutionen. Konjunkturschwankungen keine Systemkrisen. *Das Problem ist nicht so sehr, diesen Zyklus des Kapitalismus enden zu lassen, sondern den nächsten für immer zu verhindern*

Andersherum können wir davon ausgehen, dass auch in einer entwickelten kapitalistischen Gesellschaft nur etwa 30 Prozent der realen Lebenszeit von der wirtschaftlichen Logik bestimmt wird. Nur 6 – 12 Prozent der Lebenszeit wird mit Lohnarbeit verbracht. Das Leben war immer schon grösser als das Kapital, das als Krake den Profit aus dem Leben heraussaugt. In unserem Alltag leisten wir Tausende von Dingen, die weder mit Geld noch Profit etwas zu tun haben. Zwar finden die systembestimmenden Interaktionen zwischen Kapital und Proletariat statt, doch ein Mehrfaches dieser Interaktionen spielt sich im Innern des Proletariats ab, allein schon durch die Zahl der Akteurinnen (ca. 90 Prozent der Bevölkerung) bedingt. Dank dieser allgegenwärtigen gesellschaftlichen Selbstorganisation und Selbstheilungskraft kann das Kapital als wesentlich destruktive Kraft überhaupt überleben. Nur so kann es seine sozialen und ökologischen Kosten externalisieren. Seinen eigenen Kreisläufen überlassen, hätte es sich längst selbst zerstört. In dem Masse nun, wie das Kapital mit Menschen weniger anfangen kann, das heisst, wie die verfügbare Erwerbsarbeit schrumpft, werden diese auf ihr Alltagssubstrat von Beziehungen und kleinen Tauschakten zurückgeworfen. Der Krake kappt sich selbst die Arme, mit denen er sein Beutetier festhält. Wenn es gelingt, diese Alltagsgesellschaft ganz unspektakulär und kapillar auszubauen und ihr Zugang zu Ressourcen zu verschaffen, dann wird zuerst die Erpressung mit den MacJobs unterlaufen, rutschen also weitere Krakenarme ab. Wenn aber die Aussaugung von Gratisarbeit (hauptsächlich Hausarbeit) nicht mehr gelingt, also der Konsum gegen Geld zusammenbricht, löst sich das ganze Netz bis hinauf zu den hochbezahlten Symbolanalytikern auf, und sie fallen auf ihren Hintern, das heisst sie müssen sich direkt um die Reproduktion ihres Lebens kümmern (=Gummistiefel, Schoppen, Spaten). Verraten und befreit von «ihrem» Kapital können sie Verbündete der Ex-Macjobber werden. Das Ende der Klassenspaltung ist dann notwendigerweise das Ende des Kapitals und der Arbeitsmaschine. Nur geschieht all dies nicht, weil allgemeines Massenverhalten nicht organisierbar ist.

Egal wie wir uns das Ende der Arbeitsmaschine vorstellen, wir kommen zu zwei Grundszenarien: ein schnelles, crashartiges oder ein allmähliches, sich beschleunigendes Ende. In beiden Fällen ist der alternative Organisationszustand entscheidend, so dass wir den Crash als untergeordneten Fall, sozusagen als besondere Chance, behandeln können. Während wir also vernünftigerweise auf einem allgemeinen Ab- und Umbau der kapitalistischen Maschine hinwirken, können sich die Widersprüche in einer Aufschaukelbewegung so zuspitzen, dass der Laden plötzlich scheinbar «von sich aus» zusammenbricht. Man rechnet heute mit einem *Systemrisiko*, das pro Jahr um 15 bis 25 Prozent zunimmt – und das schon seit einigen Jahren (Lietaer 1999; 206). Gut möglich, dass der Grosse Crash schon überfällig ist, dass die *New Economy* bereits der nächste Kapitalismus nach einem stillen Crash der *Old Economy* ist, den bloss niemand wahrgenommen hat. Ein Crash wäre jedoch nicht notwendigerweise ein Glücksfall. Wenn niemand da ist, um ihn gegen das System zu wenden, wird die Chance ungenützt vorbeigehen. Statt einer Alternative zum Kapitalismus würden dann nur Unannehmlichkeiten, womöglich sogar totalitäre Rückfalle, resultieren. Alle Regierungen haben in der Tat Katastrophenpläne, Rationierungssysteme und kommandowirtschaftliche Organigramme in den Schubladen, die keinen Spielraum für autonome, alternative Lebensformen zulassen würden. Grossbanken haben Melt-Down-Szenarien vorbereitet und Crash-Krisenstäbe in Bereitschaft. Was wir jetzt nicht vorbereiten und praktisch beginnen, wird sich an einem Tag X nicht spontan entwickeln können.

An Vorbildern für Crashs fehlt es nicht: 1929, 1973, die DDR, die Peso-Krise, die Asien-Krise, die Russland-Krise usw. All das waren jedoch (mit Ausnahme von 1929) regionale Zusammenbrüche, die durch die gesunden Ökonomien in den USA und Europa aufgefangen oder wenigstens auf Kosten peripherer Arbeiterklassen bewältigt werden konnten. Die Gesamtkrise der Arbeitsmaschine wurde so in den neunziger Jahren nach Asien, Afrika und in die Ex-Sowjetunion ausgelagert. In der Tat besteht das beunruhigende «Wunder» in Staaten wie der Ukraine oder Russland darin, dass noch keine allgemeine Hungersnot ausgebrochen ist. Es lässt sich mit 20 $ pro Monat offensichtlich leben. Die Bevölkerung hat sich trotz Mafia und alten Bonzencliquen verblüffend gut durchgewurstelt. Und das, obwohl Subsistenzstrukturen nur sehr unvollkommen und zufällig aufgebaut wurden. Es ist kaum vorstellbar, was möglich wäre, wenn die Einnahmen aus dem Erdölgeschäft – dem einzigen noch «profitablen» Sektor Russlands – in den Aufbau von Stadt-Land-Selbstversorgungsgemeinschaften gesteckt würden. Insgesamt aber ist die Bilanz der bisherigen Crashs ernüchternd: Es ist nichts Alternatives entstanden, sondern eher eine Kombination der bisherigen Übel mit zusätzlichen neuen.

Der «Grosse Crash» müsste die ganze Finanzblase hinwegfegen, also praktisch alle Aktienvermögen liquidieren, den Dollar als Leitwährung wie einen Teppich unter allen anderen wegziehen, Europa voll treffen (auch der Euro hat den Dollar als Reservewährung!), die Währungen abstürzen lassen, eine Flucht in Sachwerte auslösen, dann: Massenentlassungen, Pleiten, keine Lohnauszahlungen, Unfähigkeit der Mieterinnen, Mieten zu bezahlen, keine Steuereinnahmen, allgemeiner Lieferstopp im Grosshandel, leere Gestelle in den Supermärkten usw. Die Hauptwirkung im Alltagsleben würde aus dem Unterbruch der Erdöllieferungen entstehen. Fast alles, was sich heute bewegt, hängt am Erdöltropf.

Für mehr als die Hälfte der Weltbevölkerung ist allerdings das obige Schreckensszenario schon lange Realität, allgemeine Lebensbedingung. (vgl. Latouche, 1998) Also könnten wir den Kollaps auch als eine Rückkehr zur globalen Normalität betrachten. Er würde auf einen Schlag jene nachhaltige Lebensweise erfordern, zu der wir ohnehin gelangen müssen. Wir stünden nicht dem Ende der Welt gegenüber, sondern hätten es nur mit einer etwas drängenderen Anpassung zu tun.

Wie steht es also mit unserer Organisation? Wo sind unsere Krisenstäbe, unsere Melt-down-Szenarien, unsere inneren Kommunikationsstrukturen? Wer sind wir überhaupt noch? Wie auch immer wir eine Ablösung vom Kapitalismus schaffen wollen, wir sind auf bestehende Kräfte angewiesen. Dabei dürfen wir allerdings nicht Realität und «Papierform» verwechseln. Die Suche nach einem Bruch mit der Arbeitsmaschine hat heute in vielen gesellschaftlichen Kreisen und Organisationen begonnen. Es ist eine eigentliche Anti-Globalisierungsbewegung entstanden, die ihre rein defensive Haltung zu überwinden beginnt.

Man könnte sagen, dass wir heute darum keine Organisationsfrage mehr haben, weil sie schon vielfach beantwortet ist. Seit den 60er Jahren ist zwar nicht die «Grosse Antikapitalistische Weltpartei» (mit Hauptsitz in Houston, Texas) entstanden, dafür haben wir ein ganzes Bündel sehr effizienter Organisationen, die sich mit allen möglichen problematischen Bereichen befassen.

Die «Zweite Linke»

Es gibt in Europa eine «Zweite Linke» (hoffentlich auch die letzte), die aber nicht überall als formelle Organisation auftritt. Im Wesentlichen handelt es sich dabei um ein Zusammenspiel von radikalen Gewerkschafterinnen, «neuen» sozialen Bewegungen, feministischer Organisationen, abtrünnigen Neosozialdemokratinnen, enttäuschten Grünen, Überresten der alten Neuen Linken (AL, Basta!, Solidarités, in der Schweiz; Rifondazione Comunista in Italien; PDS in Deutschland; Trotzkisten in Frankreich), prominenten Intellektuellen (Bourdieu, Gorz), soziokulturellen Gruppen und Aktionskomitees aller Art. Auch übrig gebliebene Abstimmungskomitees wie die GSOA können zur «Zweiten Linken» gezählt werden. Parteien der «Zweiten Linken» erreichen bei Wahlen zwar nur Stimmenanteile von 2 bis 10 Prozent, doch ihr Einfluss ist grösser, da er weit in die Neosozialdemokratie und in gewisse Gewerkschaften hineinreicht. Auch die Medien der «Zweiten Linken» (TAZ, WoZ, Il Manifesto, Le monde diplomatique usw.) sind weit verbreitete Kommunikationsmittel über die links-alternative Szene hinaus.

Diese Organisationen der «Zweiten Linken» sind sicher sehr nützlich, doch bleiben sie im Rahmen von Meinungsbewegungen und können höchstens als Lobbys oder Druckmittel gegenüber der «Ersten Linken» dienen. Zudem ist ihre Ausrichtung oft rein defensiv, zum Beispiel «gegen den Neoliberalismus und für die Verteidigung der sozialen Errungenschaften». (Wobei diese Errungenschaften nur jene der *westlichen* Arbeiterklassen sind.) Ihre Themen sind also die traditionell linken: für Sozialstaat, Antirassismus, neokeynesianistische Staatsintervention, öffentliche Dienste, gegen Privatisierungen. Sofern sie formell politisch aktiv sind, bleiben sie Wahl- und Abstimmungsvereine und spielen höchstens einmal die Rolle eines Züngleins an der Waage zusammen mit der Neosozialdemokratie. Die «Zweite Linke» bleibt gefangen im alten liberalen Spiel zwischen Wirtschaft und Staat, indem sie auf den letzteren als mögliches Emanzipationsinstrument setzt. (So zum Beispiel Bourdieu mit seiner Bewegung «für einen europäischen Staat».) Fast scheint es, dass auch der «Zweiten Linken» der Glaube an ein Leben jenseits der Arbeitsmaschine abhanden gekommen ist, vielleicht deshalb, weil sie immer noch dem gescheiterten Realsozialismus nachträumt. Die «Zweite Linke» ist noch nicht jene öko-sozialistische Bewegung, von der Saral Sarkar (227 ff.) spricht. Ein weltweit ökologisch nachhaltiger Sozialismus lässt sich mit dem heutigen Lebensstandard nicht verwirklichen, wie ich im Kapitel *Wo wollen wir hin* nachweisen werde. Eine ökosozialistische Partei müsste die erste sein, die den Arbeiterinnen *weniger* verspricht, und damit politischen Selbstmord begehen.

Die militanten NGOs

Alle Umfragen in Europa zeigen, dass heute die einzigen Organisationen, die bei der Jugend ein gewisses Vertrauen geniessen, aktivistische NGOs sind, wie Amnesty International, Greenpeace, der WWF, die Erklärung von Bern oder Solidaritätsgruppen wie die Chiapas-Komitees. Im Kontrast zu den alten NGOs (wie dem Roten Kreuz) sind diese nach 1968 als eine Mischung von militanter Organisation und Geldsammelinstitut entstanden. Vor allem Greenpeace hat die Aktionsformen der 60er Jahre wie Sit-in, symbolische Sabotage, Menschenketten, Störaktionen usw. übernommen und auf die Umweltproblematik angewandt. Obwohl das Schwergewicht sich zunehmend in die Lobby- und Verhandlungsarbeit verlagert hat, haben diese Organisationen immer noch eine aktivistische Infrastruktur, die gegebenenfalls mobilisiert werden kann. Ihre Macht soll nicht unterschätzt werden, was sich zum Beispiel im Fall der Bohrplattform «Brent Spar» gezeigt hat, als der Multi Shell innert weniger Tage in die Knie gezwungen werden konnte.

All diese NGOs machen selbstverständlich eine unersetzbare Arbeit, doch sind sie kaum mehr als Feuerwehren gegen die vom System angerichteten Schäden. Wo sie «Lösungen» anbieten (wie Greenpeace das tun will), handelt es sich meist bloss um technologische Gadgets (Kühlschränke, Autos). Politisch erscheinen sie bei Abstimmungen bestenfalls als Teil der «Zweiten Linken». Sie wollen und können keine Programme vertreten, die eine planetarische Alternative beinhalten, wenn sie nicht ihre Spendenquellen verlieren wollen. Wenn wir diese wollen, können wir vielleicht mit ihrer Unterstützung rechnen, müssen uns aber anderweitig organisieren.

Alternative Zentren

Während und nach den urbanen Rebellionen der frühen 80er Jahre (Berlin, Amsterdam, Zürich usw.) sind überall in Europa alternative Kulturzentren entstanden, die sowohl kulturelle Rückzugsgebiete wie auch politische Organisationsbasen für Demonstrationen, Hausbesetzungen und Aktionen aller Art waren. Sie richteten sich oft in durch die Deindustrialisierung frei gewordenen Fabrikarealen, Lagerhäusern, Kraftwerken oder sogar Gaskesseln ein. Manchmal gelang es auch, bisherige staatliche Gemeinschaftszentren mit alternativen Inhalten zu füllen. Die Frauenbewegung hat ein dichtes Netz von Frauenzentren und Frauenhäusern aufgebaut, von denen einige dabei sind, sich zu Frauengewerbezentren umzubauen. Nach der Zerschlagung, Zersplitterung und kommerziellen Resorption der 80er-Bewegung blieb immerhin ein europaweites Netz kultureller Zentren übrig, wo heute noch Veranstaltungen zum Beispiel der «Zweiten Linken», der militanteren NGOs, von Solidaritätskomitees, von Stadtinitiativen usw. stattfinden können. Diese Kulturzentren sind oft mehr als reine Unterhaltungsorte, sie enthalten Restaurants, Kindergärten, Läden, Werkstätten, Druckereien. Ihre Anschlagbretter und Zeitschriften tragen zur Kommunikation zwischen verschiedensten Initiativen und Organisationen bei. Auch im Rahmen der Anti-Globalisierungsbewegung spielen diese Kulturzentren eine wichtige Rolle, weil dort Versammlungen und vorbereitende Diskussionen stattfinden können.

Die Kulturzentren (oder Centri Sociali) bilden heute die letzten Möglichkeiten für eine alternative Organisation. Sie *sind* jedoch keine Organisation, sie agieren nicht, sie bieten höchstens Foyers für Menschen, die sich zusammentun wollen. Sobald sie nicht mehr benützt werden, gibt es nichts, das sie vor dem endgültigen Abdriften in das Unterhaltungsbusiness oder in die staatlich konzessionierte Komplementärkultur retten könnte.

Läden, Kneipen, Cafés

Ein Teil dessen, was ich als Dritten Sektor bezeichnet habe, könnte auch als ein mögliches Netz alternativer Organisationen angesehen werden. Viele der alternativen Betriebe, die schon in den 70er Jahren entstanden sind, sind in der Tat zugleich wichtige lokale Kommunikationszentren für urbane Bewegungen gewesen. Aktionen gegen AKWs, gegen Verkehrslärm, Stadtzerstörung usw. wurden oft in solchen Läden oder Kneipen organisiert und kommuniziert. Bioläden, Buchläden, Dritte-Weltläden, Cafés, Kneipen, ehemals besetzte Häuser und ihre «Volksküchen» spielen vor allem in kleineren Ortschaften und in den Stadtteilen eine wichtige Rolle als informelle Treffpunkte und Informationsquellen. Oft sind es die versprengten Mitglieder einer «Zweiten Linken», die wiederum die alternativen Kneipen oder Kulturzentren am Leben erhalten und dank ihrem Zugang zu staatlichen Geldern periodisch vor dem Untergang retten. Die Triade «linke SP-Sektion/Genossenschaftsbeiz/Bioladen» ist für ländliche Gegenden in der Schweiz fast typisch. Es gibt durchaus eine lose europaweite Vernetzung dieser Betriebe, doch auf sie als die Organisationsbasis einer alternativen Welt zählen zu wollen, wäre allzu blauäugig.

Eine neue Genossenschaftsbewegung?

Vor allem in der Schweiz und Deutschland ist das neben Partei und Gewerkschaft dritte Standbein der alten Linken, die Wohngenossenschaft, noch sehr stark. Wohngenossenschaften besitzen in gewissen Städten gegen einen Viertel des Wohnungsbestandes und sind wegen ihres Immobilienbesitzes um einiges «reicher» als Parteien oder Gewerkschaften. Owens Vision einer genossenschaftlich organisierten Produktion und Konsumation ist zwar nicht Wirklichkeit geworden, aber ältere und neuere Genossenschaftssiedlungen bilden schon von ihrer Struktur her autonome und kompakte kleine Welten, die eine ganze Palette von gemeinschaftlich genutzten Infrastrukturen bieten können: Kindergärten, Wäschereien, Küchen. Mit ihren geschützten Innenhöfen gleichen sie antikapitalistischen Trutzburgen, wie zum Beispiel der Marxhof in Wien. Visionen einer gesellschaftlichen Alternative sind trotzdem den meisten heutigen Wohngenossenschaften fremd, denn sie wurden lediglich mit dem Ziel gegründet, um der Wohnungsnot zu Anfang des 20. Jahrhunderts abzuhelfen. Sie sind denn auch völlig auf die Funktion möglichst ruhigen Wohnens ausgerichtet, das heisst darauf, jeweils morgens um sieben frische Arbeitskräfte in die Fabriken und Büros zu entsenden. Andere Funktionen, wie Werkstätten oder Dienstleistungen, würden mit ihrem Lärm bloss den kostbaren Schlaf stören.

Viele dieser genossenschaftlichen Wohnsiedlungen sind heute überaltert und wirken verschlafen, muffig und leblos. Es gibt daher innerhalb der Genossenschaftsverbände Bemühungen jüngerer Mitglieder, den Genossenschaften neue Impulse zu geben, indem weitere Lebensbereiche eingegliedert, Gemeinschaftsräume geschaffen und Wohnungen umgebaut werden. Man könnte sich vorstellen, dass diese Neubelebung der Genossenschaften zu subsistenzfähigen, auch als Kommunikationszentren dienenden Gemeinschaften führen könnte. Ähnlich wie die erwähnten Kulturzentren, aber näher am gelebten Alltag, könnte eine weltweite Vernetzung solcher Genossenschaften eine wichtige organisatorische Basis sein. Von einer solchen Perspektive ist allerdings noch wenig Konkretes sichtbar, und es wäre wohl unrealistisch, bei der Verwirklichung einer planetarischen Alternative einfach auf den allmählichen Umbau der Genossenschaften zu setzen.

Welt-AG

Im Unterschied zu uns ist das Weltkapital schon höchst effizient organisiert: warum nicht von ihm lernen? Warum nicht seine offensichtlich erfolgreiche Organisationsform übernehmen? Schon Marx nannte das in Aktiengesellschaften organisierte Kapital eine Art von «kommunistischem Kapitalismus». Pläne und Versuche, ein solches «soziales Kapital» zu schaffen, hat es immer wieder gegeben. Ein gutes Beispiel ist die Migros, der grösste Detailhandelsbetrieb der Schweiz. Ihr ursprünglicher Besitzer, Gottlieb Duttweiler, verschenkte sein Unternehmen in Form einer Genossenschaft seinen Kundinnen, so dass die Migros heute ihren ca. 1,8 Mio. Genossenschafterinnen (das ist fast ein Drittel der Schweizer Bevölkerung) gehört. Wenn man Mitbesitzerin werden will, braucht man sich nur anzumelden, und die Firma schenkt einem erst noch den

Anteilschein von 5 Franken. Im Prinzip könnte man sich die ganze Weltwirtschaft nach Migros-Muster organisiert vorstellen: Jede Erdenbürgerin erhielte den gleichen Anteilschein und hätte damit die gleichen Mitbestimmungsrechte. Diese ökonomisch-soziale Organisation könnte Parteien, Gewerkschaften und Staaten ersetzen, denn sie würde alle notwendigen sozialen Dienstleistungen erbringen.

Eine ähnliche Idee, aber basierend auf Aktien, vertrat in den 30er Jahren King C. Gillette, der Erfinder der Rasierklinge. (vgl. Michel Vinaver, *King*, Babel, Paris, 1998) Nachdem die Depression vorgeführt hatte, dass Konkurrenz nur zerstörerisch wirkt, hatte er die Idee einer «United Company», die alle andern Aktiengesellschaften der Welt übernehmen und eine (mangels Konkurrenten!) auf Kooperation beruhende Wirtschaftsordnung einrichten würde. Jeder Mensch erhielte eine Aktie mit dem Nominalwert von einem Dollar und gleiches Stimmrecht. Die «United» wäre keine Firma unter anderen, sondern das Instrument des Volkes, alle nötigen Güter zu erzeugen und zu verteilen. Es gäbe eine Arbeitspflicht bis vierzig, alle Güter wären rationiert, aber gratis. Gillette arbeitete mit dem Sozialisten Upton Sinclair zusammen, und auch Henry Ford scheint von der Idee begeistert gewesen zu sein. Diese Utopie des auf industrieller Demokratie beruhenden Weltstaates, eine Art Volksfordismus, war wohl die verborgene und gescheiterte Utopie dessen, was später der fordistisch-keynesianische Nachkriegsboom wurde.

Heute lebt diese Strategie der Auflösung des Kapitalismus in Form der Mitarbeitermitbeteiligung durch Abgabe von Aktien weiter. Gewisse Vorschläge gehen dahin, statt Parteien Firmen zu gründen, also sich den Umweg über das Politische, das ohnehin immer schwächer wird, überhaupt zu sparen. Die Idee, sich selbst die Alternative als Kollektiv-Unternehmerinnen aufzubauen, hat tatsächlich etwas Bestechendes und ist unter gewissen Bedingungen durchaus ein gangbarer Weg (siehe Gemeinschaft Hard, Seite 70; aber auch den Aufbau von LMOs, Seite 136). Die unmittelbaren Probleme einer solchen Organisationsstrategie sind allerdings offensichtlich: Wer finanziert die Aktien für die 5 Milliarden Armen auf der Welt? Wie kann man die heutigen Milliardäre dazu bringen, ihre Aktienmehrheiten abzugeben? (Einige hundert von ihnen kontrollieren die Hälfte des Weltvermögens.) Worin unterscheidet sich eine selbstverwaltete Arbeitsmaschine von einer privat verwalteten, wenn die Logik von Mehrwert, Profit und Akkumulation nicht angetastet werden darf? Woher kommt die Kraft, sich gegen diese Logik von innen her zu stemmen? Im Falle der Migros hat es sich gezeigt, dass auch ein genossenschaftlich gewähltes Management sich schliesslich zu einem undurchsichtigen hierarchischen Machtklüngel entwickelt, der feudale Züge annimmt. Wenn niemand da ist, der eine an und für sich demokratische Organisation benützen kann, verkümmert sie zu einem Akklamationsorgan. (An der Urabstimmung von 2000 nahmen nur 21 Prozent der Mitglieder teil. Diese stimmten mit 92.4 - 97.8 Prozent den Vorschlägen der Verwaltung zu. *Brückenbauer*, 20.6.2000) Die Utopie des «sozialen Kapitals» (und auch die dazugehörige politische Ideologie) ist daher im Zynismus gestorben. Sicher kann eine Aktiengesellschaft grundsätzlich demokratisch sein, doch die Tatsache, dass jede ihren Anteilschein besitzt, gibt ihr noch keine reale Mitbestimmungsmacht. Eine Aktiengesellschaft ist noch keine echt kommunizierende soziale Einheit von sich wirklich begegnenden Menschen. Sie erzeugt keine «soziale Inklusion» (Richard Sennett, 2000), sie bleibt a-soziales Kapital. In einer Welt-AG wären wir nur kleine Rädchen eines unkontrollierbaren Getriebes, völlig fremdbestimmt, was nur schon die Lebensmittelerzeugung betrifft.

Allerdings könnte ein Rest-Kapitalismus für bestimmte industrielle Güter (siehe Seite 93) vielleicht die Form einer solchen Welt-AG annehmen. Wir sind ja wirklich Teilhaberinnen an diesem Planeten, und wenn *ein* (gut kontrollierter) Aspekt dieser Teilhabe sich in der Geldform ausdrückt, kann das praktische Vorteile haben.

Dieser kleine Überblick über unsere organisatorischen Möglichkeiten zeigt, dass wir zwar besser organisiert sind als je, dass aber unsere eigentlichen Ziele trotzdem nicht verwirklicht werden können, und dass die Arbeitsmaschine weiter ungehindert alles umbringt, was sich ihr in den Weg stellt. Und doch müssen wir irgendwie etwas tun können.

Subcoma

Wir suchen also eine neue Organisation X, deren Steckbrief etwa so aussehen könnte:

- sie vertritt ein Programm, das mit Subsistenz/Community/A-Patriarchat definiert werden kann: Subcoma;
- sie initiiert oder unterstützt Gemeinschaftsprojekte, Selbstversorgung und alles, was die Macht der Männer vermindert;
- sie ist fähig, sich an der lokalen und globalen Diskussion zu beteiligen;
- sie ist territorial (Quartier, Stadt, Region) aktiv;
- sie benützt bestehende Infrastrukturen;
- sie hat eine Funktion direkt im Alltagsleben;
- sie ist fähig, die Pseudo-Unternehmerinnen der *New Economy*, die *Working Poor*, die Lohnverdienenden, die Hausarbeiterinnen, die von Unterstützungen Abhängigen zu erreichen;
- sie hat personelle Beziehungen (bzw. Mitglieder) zu der «Zweiten Linken», NGOs, Gewerkschaften, Genossenschaften, Unternehmen des Dritten Sektors ihres Territoriums;
- sie ist global vernetzt.

Am ehesten könnten dies also Subcoma-Initiativgruppen auf Quartier-, Dorf-, Talschaftsebene sein, das heisst eine Subcoma-Initiative für 10 000 bis 20 000 Menschen. In einer weiteren Perspektive wären dies zugleich provisorische Gründungsausschüsse jenes kommunalen Bereichs (CA), der eine wichtige Interface-Funktion zwischen Gemeinschaftsprojekten und dem urbanen demokratischen Zusammenleben hat (siehe Seite 136 ff). Die Subcoma-Initiativen wären also Stützpunkte der Zukunft in der Gegenwart.

Es ist offensichtlich, dass eine Neugründung einer zusätzlichen, diesmal «echt» antikapitalistischen Organisation ein unnötiger Umweg wäre. Warum sollte die Tatsache einer solchen «Gründung» plötzlich in Quartieren, Städten und global neue Kommunikationsnetze schaffen? Was nötig ist, wäre vielmehr eine *neue Akzentuierung* der bestehenden

Organisationen von innen, durch aktive Individuen. Die erste Aufgabe einer Subcoma-Initiative bestünde darin, eine erneute Diskussion über die planetarische Alternative, über jene Auswege, die nachhaltig die Arbeitsmaschine überwinden können, zu führen. Erst wenn neue Inhalte es unvermeidlich machen, wird auch eine neue Organisation entstehen oder werden sich bisherige Organisationen verwandeln. Wir brauchen also eine gesellschaftliche Initiative, die alle oben genannten Organisationen sozusagen aus ihrem nur komplementären, nischenhaften Schlaf aufweckt und sie für ihre ursprünglichen Zwecke aktiviert.

Eine Möglichkeit, eine Diskussion anzuzetteln, die zugleich grundsätzlich, global und praktisch ist, könnte die *Simulation* sein. Jede Alternative beginnt tatsächlich mit dem So-Tun-als-ob, mit einer Reinterpretation und dann mit der Veränderung der Wirklichkeit. In einem gewissen Sinn ist die Arbeitsmaschine ja bloss ein Missverständnis unter Menschen, das durch eine schonungslose Aussprache geklärt werden könnte. Sicher wäre es dumm, *nicht* davon auszugehen, dass gewisse Menschen oder Teile von uns selbst ein Interesse daran haben, dieses «Missverständnis» *nicht* aufzuklären. Psychologinnen schlagen daher für ausweglose Situationen folgende Übung vor:

Die Wunderfrage

«Manche Klientensysteme wissen keine Ausnahmen zu berichten, 'nichts' gefällt ihnen mehr an sich, 'alles' ist furchtbar, keinerlei Ausnahmesituationen können ausgebaut werden. Da bleibt allenfalls noch ein Wunder... Und genau nach solchen Wundern kann man sich erkundigen:

- *Wenn das Problem durch ein Wunder über Nacht weg wäre: Woran könnte man erkennen, dass es passiert ist?*

Wichtig ist, das, was *nach* dem Wunder geschieht, genau zu erfragen:

- *Wer würde als erstes erkennen, dass das Wunder über Nacht geschehen ist, und woran?*
- *Was würden Sie danach als erstes anders machen? was als zweites?*
- *Was würden die Menschen um Sie herum danach anders machen?*
- *Wenn Sie etwas anders machen würden – wie würden die*

Menschen um Sie herum darauf reagieren?
- *Wer wäre am meisten überrascht davon?*
- *Wie sähe die Beziehung zwischen Ihnen einen Monat (ein Vierteljahr, ein Jahr, fünf Jahre) nach dem Wunder aus?*

Die Wunderfrage erzeugt zwei Effekte: Zum einen ist sie so unverbindlich (für ein Wunder kann man ja nichts), dass man Veränderungen phantasieren kann, ohne sich gleich schon für deren Herstellung verantwortlich fühlen zu müssen. Zum anderen stellt man häufig fest, dass das, was man nach dem 'Wunder' tun würde, nichts Übernatürliches ist, sondern recht schlichte, handfeste Tätigkeiten. Hat man zuvor schon über Ausnahmen vom Problem gesprochen, entdeckt man oft, dass man nach dem Wunder einfach mehr von dem tun würde, was man heute schon in Ausnahmen hier und da macht – dass also sozusagen das Repertoire für die Zeit nach dem Wunder heute schon vorhanden ist. Je nach Situation ist es dann denkbar, beispielsweise mit einem Klienten abzusprechen, sich für einen bestimmten Zeitpunkt einmal so zu verhalten, als sei das Wunder bereits passiert (zum Beispiel für 10 Minuten am Tag).»
(Aus: Arist von Schlippe, Jochen Schweizer, *Lehrbuch der systemischen Therapie und Beratung*, Göttingen, 1997; 159)

In unserem Fall wäre das Wunder zum Beispiel ein angenommener Mega-Crash der Maschine, eine Art Machtlücke, der uns die Freiheit gäbe, unsere Alternativen zu verwirklichen. Wir würden uns also fragen, was wir unternehmen würden, um unser Leben anders zu organisieren und die Wiederauferstehung der Maschine nachhaltig zu verhindern. Von was würden wir mehr, von was weniger tun? In einem Bioladen, einer Genossenschaftskneipe, in einer Wohngenossenschaft würden wir uns also fragen, wie wir unser Quartier umgestalten würden. In einer Subcoma - Quartierinitiative würden wir davon ausgehen, dass wir eine Art Notstandsplan brauchen für den Fall des Mega-Crash. Woher würden wir unsere Nahrungsmittel beziehen? Wo würden wir kochen? Wie würden wir heizen? (Ich mache ab Seite 136 einige Vorschläge für solche Pläne.) Es ist sofort klar, dass der Quartierplan zu einem städtischen, dann zu einem regionalen und schliesslich zu einem globalen «Plan» führen muss.

Welche Grundelemente hätte ein solcher Notstandsplan?

- Aufsplitterung grossräumiger Märkte (EU, Nafta usw.) in regionale Versorgungsbereiche;
- Wiederaufnahme landwirtschaftlicher Nahversorgung durch Produzenten-Konsumenten-Kontrakte (ersetzen Migros und Coop!);
- Ausweitung der lokalen Selbstversorgung;
- eine «Auffanggesellschaft» übernimmt brauchbare Betriebe;
- interregionale Zweckverbände oder Beteiligungsgesellschaften zur Produktion wichtiger Basisgüter (Medikamente, Bauteile, Laborausrüstungen) übernehmen Betriebe aus der «Auffanggesellschaft»;
- eine globale Industrie– und Ressourcenkonferenz legt einen Verteilungsschlüssel fest;
- für diesen im Vergleich zu heute bescheidenen globalen Austausch wird eine neue globale Währung (*globo*) geschaffen, damit nicht die vielen noch herumliegenden Dollars alles durcheinander bringen.

Nun genügt es jedoch nicht, bei dieser Phase des «Wir basteln uns eine andere Welt» zu bleiben. (Aber nichts gegen das Basteln an sich!) Der nächste Schritt der Simulation würde vielmehr darin bestehen, Teile, auch symbolische, dieser Nach-Maschinen-Zeit zu realisieren, also das So-Tun-als-ob zu einer real verändernden Kraft werden zu lassen.

So kommen wir zu einem Übergangskonzept, das wir ***regulierte Autonomie*** nennen könnten, näher bei der Autonomie, aber doch mit einem funktionierenden Rechtsstaat, mit kollektiven Sicherungen und grossräumigen Regelungen und Vernetzungen. Ist dies das pragmatische Programm, das einen politischen Bruch impliziert, weil sein Inhalt die Ablösung von der kapitalistischen Maschine ist? Was würde es im Einzelnen bedeuten? Zwei Aktionsfelder bieten sich grundsätzlich an:

- eine allmähliche Verwandlung bestehender Nachbarschaften durch Anreicherung mit gemeinschaftlichen Elementen;
- der Aufbau von Experimentalgemeinschaften, wo neue Lebensweisen exemplarisch erprobt und illustriert werden können.

Beide Wege beinhalten Aspekte der Subsistenzperspektive, des Dritten Sektors oder von Gemeinschaftsprojekten. Beide dienen sie der Belebung autonomer Kerne. Beide ergänzen sich: Während die Pionierprojekte die Machbarkeit beweisen, verhindert die Umbaustrategie deren Isolation. Eine reine Basisstrategie würde jedoch schon in ihrer Anfangsphase ersticken, wenn nicht auch die gesamtgesellschaftlichen Rahmenbedingungen geändert werden. Strukturen können nicht von der Basis her verändert werden, sondern erfordern eine breite Diskussion und den Einsatz vorhandener (nicht imaginärer) politischer Instrumente. Hier könnte ein Bündel von Regulationsvorschlägen (garantiertes Einkommen, soziale und ökologische Steuerreform, Änderung von Baugesetzen, Verwaltungsreform usw.) nützlich sein.

Eine durch die Subcoma-Initiativen inspirierte «Erste und Zweite Linke» könnte also auf politischer Ebene (im Falle der Schweiz) folgende Vorstösse unternehmen:

- Auf allen Stufen (Gemeinde, Kanton, Bund) werden ***Fonds*** zur Anfangsfinanzierung für experimentelle Gemeinschaftsprojekte geschaffen, damit interessierte Initiativgruppen solche aufbauen können.
- Geeignete ***Gelände*** (zum Beispiel ehemalige Industrieareale) werden entstehenden Aufbaugruppen für Experimentalprojekte im Baurecht oder gratis zur Verfügung gestellt.
- Der Bund beteiligt sich mit 120 Mio. Franken an einer nationalen Genossenschaft, die auf 12 verfügbaren Industriearealen in allen Landesteilen ***Pilotprojekte*** realisiert.
- Die Behörden unterstützen Initiativen und Projekte, die ***in Nachbarschaften gemeinschaftliche Strukturen schaffen:*** soziale Selbsthilfenetze, Tauschzentralen, Gemeinschaftsküchen, Stadt/Land-Kontakte.
- Der Bund fördert weltweit Gemeinschaftsprojekte durch seine Entwicklungspolitik.
- Es werden ***gesetzliche Rahmenbedingungen*** geschaffen, die Gemeinschaftsprojekte erleichtern (Baugesetze, Steuererleichterungen, neue Rechtsformen usw.).
- Eine ***Verwaltungsreform*** wird durchgeführt, die Gemeinschaftsprojekten eine grössere Selbständigkeit gibt.

- Der ***arbeitsfreie Mittwoch*** wird eingeführt, an dem Projekte zur sozialen Erneuerung in Gang gebracht werden (siehe Seite 101).
- Eine ***nationale, vom Bund mitfinanzierte Organisation*** wird geschaffen, die Gemeinschaftsprojekte durch Know-How, Forschung und mit Finanzierungskonzepten unterstützt.

Es handelt sich hier um Vorschläge, die entweder mit Initiativen, parlamentarischen Vorstössen, Kreditbegehren an Exekutiven oder auch durch die Aktivitäten von Gewerkschaften, NGOs, Genossenschaften und Unternehmen direkt durchgeführt werden können.

Denkbar ist auch eine Initiative für einen öko-sozialen Umbau der Schweiz. Ich verwende hier den Begriff der LMO (*Life Maintenance Organisation* = Lebenserhaltungsorganisation), den ich ab Seite 136 genauer erklären werde; es können jedoch auch andere Wörter, wie zum Beispiel Gemeinschaftsprojekt, verwendet werden.

70 Milliarden für den LMO-Umbau der Schweiz

Es wird ein Programm gestartet, dass den schrittweisen Umbau der schweizerischen Siedlungsstruktur in ökologisch und sozial nachhaltige Nachbarschaftseinheiten erlaubt. Eine nationale Genossenschaft (jede Bürgerin bezahlt 1000 Franken, der Bund legt noch einmal soviel dazu: ca. 16 Mrd. Eigenkapital) sorgt für die Finanzierung. Weitere Mittel können vom Parlament und vom Bundesrat zur Verfügung gestellt werden. In jeder Nachbarschaft wird eine LMO-Genossenschaft oder AG gegründet, die deren Umbau zu einer nachhaltigen Siedlung organisiert. Diese Körperschaften werden von der nationalen Genossenschaft finanziell und organisatorisch unterstützt, um ihre Arbeit durchführen zu können.

Für Erwerb und Umbau von heutigen Immobilien zur Einrichtung von LMOs müssen wir je nach Situation zwischen *20 und 50 Millionen Franken* rechnen. (20 000 m2 à 500.– = 10 Mio.; Gebäude: 10 Mio.; Umbau: 2-10 Mio.) Wenn wir von einem Eigenkapitalbedarf von 10% ausgehen, kommen wir auf 2 bis 5 Mio., verteilt auf 200 Partien ergibt das *je 10 000.- Franken.* Für Mitglieder, die Probleme haben, diesen

Betrag aufzubringen, wird ein besonderer Kapitalfonds eingerichtet. Da es heute möglich ist, dafür die Pensionskassengelder einzusetzen, ergibt sich sogar ein höherer Eigenkapitalanteil, und die Zinsen sind dementsprechend niedriger. Der Einsatz von Pensionskassengeldern für LMOs ist doppelt sinnvoll, weil LMOs ja gerade das Überleben im Alter real sichern. Die Verzinsung des Fremdkapitals macht dann pro Person, Monat und ca. 30 m2 (bei 4% Zins) zwischen *300 und 400 Franken* aus. So kommen wir auf bezahlbare Mieten. Sie können noch niedriger sein, wenn eine Wohngenossenschaft heute schon besteht, wenn eine Mischrechnung zwischen Gewerbe- und Wohnräumen eingeführt wird und wenn sie nach Einkommen abgestuft werden.

Weitere Finanzierungsmöglichkeiten könnten sich aus staatlichen Programmen ergeben, die durch politische Initiativen oder interessierte Parteien durchgesetzt werden.

Insgesamt müssten in der Schweiz nur für den Umbau zu LMOs (14 000) à 5 Mio., das heisst ca. *70 Milliarden Franken* aufgewendet werden. Die Zahl tönt gigantisch, ist aber nur etwa doppelt so hoch wie die Kosten der dann überflüssigen Neat, also der zwei läppischen Löcher durch die Alpen. Verteilt über mehrere Jahre ist dies ein durchaus realistisches Programm, das sowohl der Bauindustrie, wie auch Firmen, die Gemeinschaftstechnologie und Alternativenergiesysteme produzieren, noch einmal sinnvolle wirtschaftliche Impulse geben kann, bevor ein Gleichgewichtszustand ohne weiteres Wachstum erreicht wird.

Dies heisst selbstverständlich nicht, dass nun alle Menschen in LMOs ziehen müssten. Es genügt, wenn ein grosser Teil des Lebens (zum Beispiel 40 Prozent) von diesen Strukturen bestimmt wird und es in den weniger gemeinschaftlich organisierten Quartieren und Dörfern gut ausgebaute netzartige Einrichtungen gibt (vgl. Dritter Sektor). Es ist ohnehin so, dass mit dem Wachsen solcher Strukturen sich das ganze Wirtschaftsleben verändern würde. Es ist möglich, das eine städtische Beratungsstelle im Rahmen der erwähnten Verwaltungsreform zusammen mit der Bevölkerung eine Einteilung in LMOs vornimmt, sie also per Verwaltungsakt zumindest als provisorisches Gefäss festlegt. Wenn man sich die heutigen (a)sozialen Beziehungen in einer Nachbarschaft vergegenwärtigt, würde eine solche Aktion von aussen psychologisch sogar entlastend wirken. Echte Autonomie kann später gerade aus der Opposition zu solchen Einteilungen entstehen. Das ist zwar nicht sehr orthodox, aber ich glaube, dass Autonomie auch aus Heteronomie entstehen kann. Die Geschichte der Demokratie in der Schweiz nach Napoleon wäre ein Beispiel dafür. Auf jeden Fall brauchen wir ein Impulsprogramm, dass die heutige Situation der gesellschaftlichen Lähmung überwinden kann und dann alles weitere der Eigenaktivität der Bürgerinnen überlässt.

Der arbeitsfreie Mittwoch

Neben dem fehlenden Geld ist es auch die fehlende Zeit, die die Ablösung aus den Zwängen der Arbeitsmaschine verunmöglicht. Sicher ist dafür eine Reduktion der gesetzlichen Arbeitszeiten erwünscht. Leider haben bisherige Verkürzungen aber nicht zu mehr gesellschaftlichen Aktivitäten, sondern nur zu Konsum und individuellem Eskapismus geführt. Damit Synergie an Ort und Stelle möglich wird, müsste eine Arbeitszeitreduktion teilweise an allgemeinverbindliche Termine und an ein vorgegebenes Spektrum von Tätigkeiten gebunden werden. Dieses Ziel will der Vorschlag eines arbeitsfreien Mittwochs für alle erreichen. Auch der arbeitsfreie Mittwoch könnte schrittweise eingeführt werden, zuerst nur mit einem frühen Arbeitsschluss (3 Uhr), dann mit einem freien Nachmittag, dann allgemein, aber mit Beschränkungen für gewisse Berufsgruppen.

Alle Erwerbstätigen haben am Mittwoch frei und wirken stattdessen in ihren Quartieren oder auf Bauernhöfen in verschiedenen Projekten mit, beispielsweise:

- Umbauarbeiten zur Einsparung von Energie,
- Abfallbewirtschaftung,
- Gestaltung von Gärten und Begrünungen,
- Pflege und Bau von Spielplätzen, Höfen, Plätzen, Strassen,
- Aufbau von Nachbarschaftszentren (inkl. Foyers, Lebensmitteldepots),
- Mitarbeit auf Bauernhöfen der Region, mit denen Belieferungsabkommen bestehen, je nach Saison,
- Landschaftspflege, Forstarbeiten,

- Erteilung und Besuchen von Kursen zur nötigen Fortbildung für all diese Arbeiten,
- Kochen für Mittwochsküchen,
- Mitarbeit in einem Dienstleistungszentrum (als Schneiderin, Übersetzerin, Malerin, Ärztin, Rechtsanwältin, Elektrikerin usw.),
- Organisationsarbeiten für Car-pools, Share-coms, Spielverleih, Videoverleih, Mediatheken, Dienstleistungsbörsen usw.,
- Sprachkurse für Ausländerinnen und Inländerinnen,
- Renovationen, Reinigungen, Grosswäsche, Umbauten, Reparaturen,
- Betreuung von Kranken, Einsamen, Alten, Drogensüchtigen,
- Gymnastik, Meditation, individuelle Gesundheitspflege,
- Theater, Gestaltung, Lektüre, Information, Planung, Diskussion, Finanzierung zu all diesen Tätigkeiten (Kommunikationsarbeiten).

Trotz der Fülle der Möglichkeiten und angesichts der Dringlichkeit vieler Aufgaben sollte aber der Mittwoch nicht in einen weiteren hektischen Arbeitstag ausarten. Es sollte vielmehr eine *neue Arbeitskultur* erprobt werden, die eine gewisse Entspannung und Besinnung miteinschliesst. Auch als blosser Ruhetag trägt der Mittwoch viel zur Lösung zum Beispiel der Gesundheitsprobleme (Stress) und der sozialen Spannungen (Ausländerinnen/Inländerinnen) bei. Damit er eine Art Zäsur in der Arbeitswoche ist, könnten folgende Massnahmen eingeführt werden (sie gleichen den bestehenden Regelungen für Sonntage):

- reduzierter öffentlicher Verkehr,
- autofrei (ausser den nötigen Materialtransporten),
- Geschäfte geschlossen (oder nur Lebensmittelgeschäfte bis zum Mittag offen),
- öffentliche Verwaltungen geschlossen (ausser Notdienste),
- keine Tageszeitungen.

Während Kinos, Spielsalons usw. geschlossen sein könnten, sind Theater, Konzerte, Tanzanlässe usw. mittwochs besonders erwünscht, vor allem in den Quartieren. Auch sie sind Dienstleistungen an Menschen und aktivieren das gesellschaftliche Leben.

Denkbar ist auch, dass halb- oder vollamtliche Stellen geschaffen werden, um die Mittwochsaktivitäten zu organisieren und eventuell die Teilnahme zu bestätigen, falls finanzielle Abgeltungen erfolgen sollen.

Mein (männlich, 51) arbeitsfreier Mittwoch als ein unverbindliches Beispiel:

8.00	Aufstehen
8.30	die fünf Tibeter (Gymnastik)
9.00	Quartier-Frühstück im Hinterhof
10.00	Kinderhüten
12.00	Vorstellung der Strassentheatertruppe Pipistrello
13.00	Mittagsimbiss und Kaffee
14.00	Mitarbeit beim Umbau leerer Parterre-Laden- und Bürolokale in ein Nachbarschaftszentrum
18.00	Risottata auf der Strasse
20.00	Konzert und Tanz

Der Mittwoch ist seit jeher kein gewöhnlicher Arbeitstag, sondern eine Pause in der Arbeitswoche, die für Begegnungen, Austausch, Gemeinschaftsangelegenheiten, Gerichtstermine, genutzt wird. Er ist der traditionelle Markttag und daher dem Gott des Handels, dem Merkur (franz. mercredi), gewidmet. Merkur oder Hermes selbst ist ein hermaphroditischer Gott, also sowohl Frau als auch Mann. Der Mittwoch ist also ein Tag der Partnerschaft zwischen Frauen und Männern, während zum Beispiel der Dienstag dem männlichen Gott Mars und der Freitag der Göttin Venus (vendredi) gewidmet sind. Für viele Bäuerinnen ist der Mittwoch heute noch eine Art «Untag», an dem man nichts Wichtiges beginnt. In vielen Kantonen ist der Mittwochnachmittag traditionell schulfrei und in vielen Gemeinden haben Geschäfte am Mittwochnachmittag geschlossen. In einigen Städten tagen Parlamente am Mittwoch. Parteien, Vereine, Gremien tagen vorzugsweise am Mittwoch. An all diese Traditionen kann angeknüpft werden.

Der arbeitsfreie Mittwoch würde also sowohl eine Arbeitszeitreduktion als auch mehr Zeit für den Dritten Sektor, den Aufbau von Nachbarschaftshilfe, die Entlastung des Staates, bringen. Er eignet sich sowohl als Thema einer Volksinitiative, aber auch als Vorschlag für private soziale Aktivitäten.

Saucengummelitag

Am Mittwoch, dem 22. 11. 2001, findet der erste (globale?) Saucengummelitag (Saucenkartoffelntag) statt. Dieses Gericht aus dem Behelf 60.6 d, *Kochrezepte der Schweizerischen Armee* (eine wichtige Anschaffung für Mittwochs-Pionierinnen: Bundesamt für Bauten und Logistik, CH - 3003 Bern, Fr. 34.-), eignet sich vorzüglich für das Kochen im grösseren Nachbarschaftsverbund (100 Personen). Überdies ist es ökologisch verantwortbar (fast nur einheimische Zutaten, laktovegetarisch), nahrhaft, ausgewogen (Stärke, Fett, Proteine), religionsneutral (kein Problem für Musliminnen oder Jüdinnen), kulturell anpassbar (Gruyère/Appenzeller, mit Kreuzkümmel, Chili, mehr oder weniger Knoblauch usw.) und auch unter einfachen Bedingungen zuzubereiten:

Saucengummeli (Schwyz)

R 137

Zutaten (für 100 Personen)		**Kosten**
Kartoffeln	20 kg, gewaschen	40.-
Fettstoff	(hier: Butter)0,5 kg	5.80
Zwiebeln	1 kg, feingeschnitten	2.50
Knoblauch	10 Zehen, gehackt	2.80
Rohmilch	8 Liter	12.-
Mehl	0,6 kg	1.10
Käse	2 kg, gerieben	32.-
Schnittlauch	0,2 kg, feingeschnitten	5.40
Salz	1 kg	1.20
Muskatnuss	27 g	0.65
Total		103.45
Pro Person		1.03

Zubereitung

1. Kartoffeln schälen und in dünne Scheiben schneiden.
2. In Kochkessel Wasser salzen und aufkochen.
3. Kartoffeln beigeben, 10 Minuten kochen lassen, abschäumen, anschliessend Feuer entfernen.
4. In zweiten Kochkessel Fettstoff erhitzen, Zwiebeln und Knoblauch dünsten, Mehl beifügen und gut vermischen (= Roux).
5. Dem Roux Milch und etwas Kartoffelwasser beigeben, aufkochen. ***Anbrenngefahr***!
6. Feuer entfernen, den Käse beifügen, abschmecken.
7. Kartoffeln mit der Schaumkelle herausnehmen, abtropfen lassen, in Fassgeschirre anrichten, mit Schnittlauch bestreuen und lagenweise mit der Sauce nappieren.

Anmerkung:

Dieses Rezept kommt hauptsächlich für Küchen mit Holzfeuerung in Frage. In modernen Kochapparaten, mit geringer Anbrenngefahr, können die Kartoffeln direkt in der Milch gekocht und mit dem Mehl gebunden werden.

Das Ziel besteht darin, dass alle 14 000 möglichen schweizerischen (und 160 000 deutschen und österreichischen) LMOs an diesem Tag Saucengummeli essen und von diesem Moment an *etwas* gemeinsam haben.

Merke: für 500 Personen mal fünf rechnen: 100 kg Kartoffeln, 2,5 kg Butter usw.

Ich habe hier aus Gründen der Illustration die Detail-Preise der Migros vom 28.6.1999 eingesetzt; Käse: Tilsiter; wenn bei Denner: -*.89 pro Person;* eine Portion Kopfsalat dazu kostet 0.48 Fr. pro Person (20 Stk., 3 l ital. Sauce; gemäss: Schweizerische Armee, *Kochrezepte*, S. 141/145) Selbstverständlich besteht die Idee darin, dass die Lebensmittel eben *nicht* bei Grossverteilern, sondern direkt bei den Bäuerinnen eingekauft werden.

Wir sind der Mega-Crash

Das Tun beginnt mit dem So-Tun-als-ob, mit der Vorwegnahme des Gewünschten. Der Mega-Crash als Ausgangspunkt erlaubt praktische, ganzheitliche und globale Diskussionen. Selbstverständlich ist er selbst nichts, worauf wir realistischerweise abstellen, er ist nur ein Denkgerüst. Doch die Arbeitsmaschine von ihrem Ende her zu denken, ist eine Voraussetzung dafür, um ihr Ende zu organisieren. Aus dem Spiel kann Ernst werden. Wenn Subcoma-Initiativen in den noch funktionierenden Kommunikationszentren und Organisationen virulent werden und zu Aktionen anregen, dann kann schliesslich die Bewegung entstehen, die zum Crash führt. Wenn die Maschine ihr Selbstvertrauen verliert, weil ihre Alltagsbasis abbröckelt, dann fällt sie in Ohnmacht. Denn Vertrauen ist Kredit, und die gigantische Finanzblase, die die Welt bestimmt, besteht nicht aus Dingen oder gar Werten, sondern aus purem Vertrauen. Unser Vertrauen in sie ist ihr Vertrauen in sich selbst. Es endet hier.

Jeder Versuch, den Weg in den Crash und darüber hinaus Schritt um Schritt bestimmen zu wollen, wäre eine Illusion. Die Welt ist komplex und die Auflösungsbewegung wird genauso komplex sein. Wichtig bleibt es trotzdem, erste Schritte auf diesem Weg zu tun und unsere Visionen zu pflegen und zu vergleichen.

Wir sind der Crash – sorgen wir dafür, dass wir der letzte Crash sind.

Wo wollen wir hin?

Das «gute Leben» und seine Grenzen

Wenn wir einen globalen Minimalkonsens über das «Wohin?» suchen, dann ist das «gute Leben» sicher der wahrscheinlichste. Letztlich geht es nicht um Ökologie, Gerechtigkeit oder andere grosse Worte, sondern um die beste mögliche Lebensqualität für alle. Darüber, was «gut» heisst, werden die Meinungen jedoch drastisch auseinander gehen. Ist es das Leben eines Fanatikers, der sich mit einer Selbstmordbombe auf einem Markt in die Luft sprengt oder jenes eines Liebespaars auf der Frühlingswiese? Ist es das nichtendenwollende spiessbürgerliche Idyll oder ein heftiges, existenzialistisches Abbrennen? Es scheint, dass wir das «gute Leben» nicht auf Grund von individuellen Glücksvorstellungen definieren können. Trotzdem brauchen wir eine globale Verständigung wenigstens über einige Rahmenbedingungen eines «guten Lebens», die es den Individuen dann überlassen, es im Einzelnen zu definieren. Die am einfachsten zu akzeptierende Regel scheint zu sein, dass das Glück des einen nicht auf Kosten anderer gehen darf. Aber sogar diese Grundregel ist nicht unumstritten: denn was ist, wenn der andere zum Beispiel ein «Ungläubiger» oder ein Shareholder ist? Toleranz scheint eine gute Maxime zu sein – gilt sie auch gegenüber Intoleranten? Ist es nicht unfair, fair gegenüber Unfairen zu sein, weil man so ja die Unfairness fördert? Meinungsfreiheit ist gut – doch nicht für Rassistinnen und Holocaust-Leugnerinnen! Oder sollen wir uns auf ein Minimum beschränken: tut was ihr wollt, aber bringt wenigstens niemanden dabei um! Wie stoppt man dann Amokläuferinnen? Warum massen gerade *wir* es uns an, Werte und Regeln aufzustellen? Sind nicht alle Vorstellungen von «gutem Leben» und gutem Verhalten kulturell bedingt, und macht sich nicht jede, die verbindliche Regeln aufstellen will, des Ethnozentrismus oder Kulturimperialismus schuldig?

Damit sind wir mitten in den Debatten über den Zusammenstoss der Kulturen, die multikulturelle Gesellschaft, die Weltminimalethik, die globale Gültigkeit von Menschenrechten, östliche und westliche Werte, die ethischen Grundwerte, vielleicht sogar über die «Natur des Menschen», gelandet. Man hat die grösste Lust, die Diskussion an diesem Punkt zu beenden, indem man sagt: Jeder mache sich selbst die Regeln und dann schauen wir. Das ist in der Tat, was heute geschieht, und es bedeutet ganz einfach: Diktatur der Stärkeren, allgemeiner Zynismus, Neoliberalismus. Der Mythos der Selbstregulation stützt die Herrschaft des Terrors. Ohne einen ethischen Grundkonsens kann es keine alternative globale Gesellschaft geben. Wir müssen uns der Diskussion stellen.

Als ein anerkannter Versuch, das «gute Leben» global zu definieren, kann die Erklärung der Menschenrechte der UNO im Jahre 1948 gelten. Sie war als eine Art Kriegsdividende gedacht und sollte den zutiefst enttäuschten Völkern so etwas wie einen Sinn des grossen Abschlachtens im Zweiten Weltkrieg nachliefern. Ideologisch gesehen hatte sie den Zweck, die damals bewaffneten und ausser Kontrolle geratenen Arbeiterklassen Europas mit einer nochmals kapitalistischen Zukunft zu versöhnen. Krise und Kapitalismus hatten alles kaputt gemacht, der Moment für hehre Versprechungen war gekommen. Im Grunde genommen war sie reine Abwiegelungspropaganda in Zeiten kritischer Klassenkämpfe. Sie enthält daher nur sehr vage Garantien und keine konkreten Instrumente, mit denen sie real verwirklicht werden könnten. Die Gestaltungsmacht bleibt in den Händen der Staaten, die von den Vertretern jener Wirtschaftskreise regiert werden, die kein Interesse an solchen Garantien haben. Immerhin kann man sagen, dass die Menschenrechte, würden sie ernst genommen, eine viel erträglichere Welt bewirken würden. Sie enthalten alle guten Dinge, von der Existenzsicherung bis zur Vereinsfreiheit. Das Gleiche gilt übrigens für die meisten nationalen Verfassungen, etwa auch die neue Schweizerische Bundesverfassung, die eine «nachhaltige Entwicklung» fordert (Art. 2) und weitgehende Sozialrechte (Art. 41) verspricht. Zugleich gewährleistet diese Verfassung aber die «Wirtschaftsfreiheit» (Art. 27), also die Freiheit, andere Menschen als Mittel zum Zweck zu benützen. Wo bleibt da die «Würde des Menschen» (Art. 7)? Der «Mensch» ist ja nicht nur Schweizerin, sondern müsste auch eine mexikanische Landarbeiterin miteinschliessen, die für uns billige Spargeln in Kalifornien ausgräbt. Unsere schöne Verfassung bleibt also die unverbindliche Hausordnung in einer Villa von globalen Profiteuren und Kriegsgewinnlern.

Die Diskussion um eine globale Ethik jenseits der Religionen hat ihren Ursprung im Westen und erreichte ihre bekannteste Form im Slogan der Französischen Revolution: Freiheit - Gleichheit - Brüderlichkeit. Wenn wir mit der Gleichheit, der klarsten Aussage, beginnen, stellen wir allerdings fest, dass es sich dabei nicht um einen Wert, ein Ziel, sondern nur um ein Mittel handelt. Gleichsein an sich macht nicht glücklich. Die Gleichheit soll vielmehr Neid und soziale Spannungen vermindern, dient also dem Wert einer entspannten Geselligkeit. Auch die Freiheit ist kein Wert, da sie schon wegen der Gleichheit nur relativ sein kann. Freiheit bedeutet höchstens, dass es besser ist, so wenig Regeln wie möglich aufzustellen. Auch hier ist der Wert hedonistisch: ein unbeschwertes Leben ohne ewige Schulmeisterei und ellenlange Hausordnungen. Die Brüderlichkeit schliesslich – gegenseitige Hilfe ohne Berechnung – zielt wieder auf den schon erwähnten Lebensgenuss in entspannter Gemeinschaft ab, indem sie den Lebensunterhalt auch dann sichert, wenn man selbst nichts dazu beitragen kann. Im Kern ist also das Wertsystem der Französischen Revolution hedonistisch: Es geht um ein angstfreies, entspanntes Gesellschaftsleben, das endlose Fest. (Schade nur, dass all das nicht eingelöst wurde.) Auch die Demokratie ist hierzu nur ein Mittel, weil sie Konflikte so reguliert, dass alle an den Entscheidungen teilnehmen können, aber trotzdem nicht das ganze Leben mit Sitzungen verplempern müssen. Demokratie (zumindest in ihrer idealen Gestalt) minimiert präventiv den Bedarf an Politik und Rebellion.

Diese «westlichen Werte» sind nur darum im Westen zuerst formuliert worden, weil vom Westen aus, allerdings in der Form von Kolonialismus und Imperialismus, alle Weltkulturen miteinander in Kontakt gebracht wurden. Sie bilden trotz der leidvollen Umstände ihrer Entstehung durchaus ein Welterbe. So ist zum Beispiel der Begriff der Gleichheit eher nicht westlichen Ursprungs, denn Europa war von den antiken Sklavenhaltergesellschaften bis zum Feudalismus immer extrem hierarchisch organisiert. Ein Freier war im Strafgesetz mehr wert als ein Leibeigener, die Herren waren «intrinsisch», durch Geburt, etwas «Besseres». Vieles spricht dafür, dass die soziale Gleichheit bei den amerikanischen Indianerstämmen, zum Beispiel den Irokesen, entdeckt wurde und via die erste US-Siedlerverfassung nach Europa kam. (Das behauptet Robert M. Pirsig in seinem Roman *LILA*, New York, 1991; 55.) Die Gleichheit war eine Konzession der neuen herrschenden Klasse in den USA an die kleinen Siedlerinnen, die sonst zu den «Wilden» desertiert wären («gone native»). Die Freiheit wiederum wurde den feudalen Herren nicht von den offiziellen Vertretern der «westlichen Zivilisation», sondern zuerst von den leibeigenen Bauern, später von den kolonisierten Völkern, abgerungen. Sie bedeutet Beitritts- und Austrittsfreiheit, also Ausbruch aus Clans und vererbten Abhängigkeiten. Die Menschenrechte sind also nicht die «Werte des Westens», sondern das Resultat der Kämpfe gegen die herrschenden Kräfte des Westens, sie bilden eine Errungenschaft *aller* Völker, ähnlich wie zum Beispiel Lohnerhöhungen oder bessere Arbeitsbedingungen solche von Streiks und Kämpfen der Arbeiterinnen sind. (Da sagen wir auch nicht, sie seien Errungenschaften des Kapitalismus.)

Sogar wenn wir uns konkurrierende Wertsysteme, wie zum Beispiel die islamische Shari'a, anschauen, stellen wir fest, dass sie trotz ihres religiösen Pathos hedonistisch sind, also eine entspannte Geselligkeit bei gutem Essen und Trinken vertreten. Das arabische Wort Shari'a selbst heisst «der Weg zur Wasserstelle». Es ist nicht weit hergeholt, wenn man «Wasserstelle» in der islamischen Welt, deren Völker hauptsächlich in Wüsten leben, als Synonym von «gutem Leben» betrachtet. Die Regeln der Shari'a zielen nicht vorrangig darauf ab, Hände zu amputieren oder Ehebrecherinnen zu steinigen, sondern soziale Konflikte so zu bewältigen, dass das normale, entspannte Leben danach wieder weitergehen kann. Der *Qadi* ist kein Bestrafer oder Beamter, sondern ein Vermittler von Deals. Der Islam ist auch dort, wo er Verzicht fordert (Alkohol, Glücksspiel usw.) indirekt hedonistisch, denn das Einhalten der Gebote bringt einen ins Paradies, wo die fröhliche Gemeinschaft der Seligen (Umma) ewig in Wein, Weib und Gesang schwelgt. (Die Frauen werden allerdings mit keinen knackigen jungen Männern beglückt. Und was ist mit den Schwulen? Schliesslich kann man sich auch fragen, was denn Gott in einem solchen Paradies noch soll. Ist er Koch, Barmann, DJ, Hausabwart?) Die Grundidee der Shari'a besteht darin, Konflikte ausschliesslich zwischen den beteiligten Parteien, also ohne Staat und Gefängnisse, zu lösen. Darum sind die vorgeschlagenen Massnahmen möglichst direkt. (Ein «islamischer Staat» ist ein Widerspruch in sich selbst – oder eben ein kapitalistischer Modernisierungsversuch mit religiösem Mäntelchen.) Die Shari'a ergänzt das andere Muster der islamischen Gesellschaften, das permanente sozial eingebettete Handeln und Tauschen. Diese Transaktionen sind also im Unterschied zu den staatlich konzessionierten des Westens immer zugleich soziale Begegnung, ein Wert an sich. Das ist der Sinn des langwierigen Feilschens, bei dem die ganzen Lebensgeschichten der Partner als Argumente ins Spiel kommen. Im Prinzip ist also die Shari'a eine ultra-liberale Utopie: alles ist eine Frage von Deals, es gibt keine staatlichen Garantien, jeder ist Akteur auf dem allumfassenden, sich selbst regulierenden Markt. Bemerkenswert ist nur, dass die meisten islamischen Gesellschaften trotz freien Märkten den Sprung zum Kapitalismus nicht geschafft haben und heute als arm gelten. Vor lauter Spass an der Transaktion bleibt keine Zeit für die Arbeit (wenn nicht die Frauen sie machen). Das beweist, dass zur ursprünglichen Akkumulation der Zwangsapparat eines absolutistischen Staates (entgegen aller liberaler Rhetorik) unentbehrlich ist. Der Mensch ist kein natürlicher Akkumulator und Händler. Oder wie Polanyi sagt: «In Westeuropa wurde der Binnenhandel vielmehr durch das Eingreifen des Staates geschaffen.» (96)

Es gibt in der oft geschmähten Shari'a einige Regelungen, die als Beiträge für einen globalen Weg zum «guten Leben» noch entdeckt werden müssten. Wäre es tatsächlich nicht weiser, neben der reinen Wiedergutmachung als extreme Sanktionen den Pranger, die Prügelstrafe oder die Verbannung vorzusehen, dafür aber auf Gefängnisse und die Todesstrafe zu verzichten? Auch die akkumulationshemmenden Regeln (die Vermögenssteuer *zakat* von 2,5 Prozent) sind bedenkenswerte Beiträge an eine egalitäre Weltkultur. (Auch wenn sie in islamischen Ländern nicht ernsthaft praktiziert werden.) Die fatale Beschränkung der Shari'a besteht allerdings darin, dass diese Regeln zur Aufrechterhaltung *patriarchaler Stammesgesellschaften* geschaffen wurden, also die Gleichheit für Frauen und Andersgläubige nicht gilt. Global wäre die Shari'a also nicht konflikthemmend, sondern ein Anlass zu permanenter Rebellion. Was die Rechte der Frauen betrifft, so ist die Position aller islamischer (wie übrigens auch aller christlicher) Modernisiererinnen und Reformerinnen von vornherein hoffungslos, denn im Koran steht:

«Die Männer sind den Frauen überlegen wegen dessen, was Allah den einen vor den andern gegeben hat, und weil sie von ihrem Geld (für die Weiber) auslegen. Die rechtschaffenen Frauen sind gehorsam und sorgsam in der Abwesenheit (ihrer Gatten), wie Allah für sie sorgte. Diejenigen aber, für deren Widerspenstigkeit ihr fürchtet – warnet sie, verbannet sie in die Schlafgemächer und schlagt sie.» (Sure 4,34; Ruthven 1997; 130)

Allah spricht ohnehin nur mit den Männern – die Frauen werden von der entspannten Geselligkeit (die dann halt nur noch halb so entspannt ist) ausgeschlossen. Da die Shari'a keine Revisionsklausel kennt (Gott kann sich nicht irren), kann sie keine Universalität beanspruchen. Denn leider ist es eine Tatsache, dass andere Gesellschaften wieder andere oder gar keine Götter haben. Der *Jihad* ist global genauso endgültig gescheitert wie die christliche Mission.

Das gilt auch für die so genannten «asiatischen Werte», die sich bei genauerem Hinsehen oft als eine Mischung von Familien- und Clanerhaltungsregeln und Unterwerfungstugenden (Fleiss, Gehorsam, Sauberkeit) entpuppen. Es ist nur zu offensichtlich, dass sie lediglich der Machterhaltung herrschender Cliquen dienen. (Echt asiatisch wäre zum Beispiel der durchaus subversive, leistungsfeindliche Taoismus, von dem aber die autoritären Herrscher von Peking bis Singapur partout nichts hören wollen.) Es ist weder westlich noch asiatisch, für Gleichheit, Demokratie und Befreiung von der Clanherrschaft (dem Terror der biologischen Abstammung) zu sein. (Chinesinnen haben mir das persönlich bestätigt.)

Wenn wir ein Leben in «entspannter Geselligkeit» als zentralen Wert nehmen, dann widerspricht das auch nicht den Definitionen, die von den Autorinnen der Subsistenzperspektive vorgebracht werden. Ihre Ethik basiert auf den «mütterlichen Werten», also der Bewahrung des Lebens. Das «gute Leben» definieren sie als eines, «nach dem man lebenssatt gerne stirbt». Es wirkt auf den ersten Blick etwas befremdend, das «gute Leben» vom guten Sterben her zu definieren. Doch es macht durchaus Sinn: denn das Sterben, das ist ja der Moment der einzig ehrlichen Bilanz, und wenn die nicht stimmt, dann war das Leben nicht gut. Das «gute Leben» ist daher ein Leben ohne Reue, ein vollständiges Leben, unabhängig von seiner Länge. Wie könnten wir uns das globale Menü (jeder Gang ist auch mehrmals wählbar) eines solchen erfüllten Lebens vorstellen? Vielleicht so: eine angstfreie, «wunderbare» Kindheit, eine grosse Liebe, ein gefährliches Abenteuer, eine Leidenschaft, eine ruhige, gemütliche Periode, ein mystisches Naturerlebnis, ein ekstatisches Rauscherlebnis, eine lange Reise, die Betreuung von Kindern während ihrer «wunderbaren» Kindheit, ein grosses Lob, mehrere Festessen, eine Erfindung, eine Einsicht, eine lange Geschichte, lautes Gelächter. Und damit das «gute Leben» nicht zum Stress wird: ein grosser Verlust, eine unverzeihliche Dummheit, eine lange Trauer. Unser Leben ist ja nur ein Entwurf für ein Werk, das nie zur Ausführung gelangt.

Das Menü der Bedürfnisse ist in der inzwischen klassischen, aber auch etwas verstaubten Studie von Maslow (*Motivation und Persönlichkeit*, Olten, 1977; New York, 1954; 74 ff.) einigermassen übersichtlich und vollständig formuliert worden. Eigentlich kommt auch der gesunde Menschenverstand zu den gleichen Resultaten. Zwar meint das Sprichwort, dass ein voller Bauch nicht gern studiert, aber ein leerer studiert überhaupt nicht – ausser über die nächste Mahlzeit. Statt von Werten redet Maslow von Bedürfnissen, was aber auf dasselbe herauskommt, denn nichts kann ein Wert sein, wenn man seine Abwesenheit nicht als Bedürfnis verspürt. Zuunterst stehen die ***physiologischen Bedürfnisse*** (Atmen, Essen, Trinken, Wärme, Schmerzfreiheit usw.). Erst wenn sie befriedigt sind, taucht die nächste Kategorie, die ***Sicherheitsbedürfnisse*** (Stabilität, Geborgenheit, Angstfreiheit, Struktur, Ordnung, Gesetz, Grenzen), auf. Fühlt sich der Mensch satt und sicher, verspürt er das Bedürfnis nach ***Zugehörigkeit und Liebe***. Dazu gehört neben einer Liebesbeziehung auch eine gute Nachbarschaft, Gruppenkontakt, ein Territorium, zu dem man gehört, also «Heimat». Maslow meint: «In unserer Gesellschaft ist die Frustrierung solcher Bedürfnisse der häufigste Kern der Fälle schlechter Anpassung und auch schwerer

Pathologie.» (86) Als nächst «höheres» Bedürfnis führt Maslow jenes nach ***Achtung***, Respekt, Würde, Wertschätzung an, das bis zu Ruhm und Dominanz gehen kann. Es gäbe danach wirklich ein gesundes Bedürfnis nach «Macht» – entscheidend sind die Grenzen (andere wollen ja auch Macht) und ob der Respekt verdient ist. Wer seine Macht, seinen Einfluss, nicht ernst nimmt oder einfach leugnet, ist in der Tat nicht fähig, konstruktiv an demokratischen Prozessen teilzunehmen. Es ist durchaus nicht paradox zu verlangen, dass alle Macht haben. Aber «keine Macht für niemand» ist eine Lebenslüge. Das höchste Bedürfnis ist die ***Selbstverwirklichung***: «Was ein Mensch sein *kann, muss* er sein.» (88) Sie setzt also jene entspannte Gesellschaftlichkeit voraus, die mit Sicherheit, Liebe und Achtung umschrieben werden kann. Dazu gehören künstlerische, wissenschaftliche, kulinarische, philosophische, athletische Aktivitäten. Auch Maslow sieht Freiheitsrechte, Gerechtigkeit, Fairness, nicht als primäre Bedürfnisse, sondern als Voraussetzungen für deren Befriedigung. Selbstverwirklichung als Bedürfnis wiederum ist grenzenlos: es gibt keine definitive Selbstverwirklichung. Das heisst auch, dass ein «gutes Leben» nicht zu Dumpfheit oder einer falschen Bescheidenheit führt, sondern immer neue Dimensionen öffnet. Es schliesst keine Türe, es öffnet unendlich viele. Die These, dass wir eine gewisse materielle Not brauchen, um glücklich oder kreativ zu sein, lässt sich nicht halten. Maslow geht sogar so weit zu sagen, «dass ein Mensch, der in irgendeinem seiner Grundbedürfnisse frustriert ist, einfach als ein kranker Mensch oder zumindest nicht als ein ganzer vollmenschlicher Mensch betrachtet werden muss.» (104) Wenn Armut krank macht, dann haben wir die Pflicht, sie zu beseitigen.

Obwohl es viele Anzeichen dafür gibt, dass wir Menschen im Grunde freundlich und hilfsbereit sind, und die Mediziner sogar herausgefunden haben, dass nette Menschen weniger an Arterienverkalkung leiden und länger leben, empfiehlt es sich doch aus rein methodischer Vorsicht, von einem pessimistischen Menschenbild auszugehen. Wenn man sich auf einen sozial-darwinistischen Standpunkt stellt, wie ihn Richard Dawkins (*The Selfish Gene* 1976; 202 ff.) vertritt, stellt, dann ist das Lebewesen Mensch wie alle andern nur ein Vehikel, um möglichst viel von seinen Genen an seine Nachkommen weiterzugeben, also ein programmierter

Egoist. Doch selbst Dawkins findet beim Durchspielen eines optimal egoistischen Verhaltensmusters des Gefangenen-Dilemmas (Vertrauen/Betrug; Kooperation/Ausbeutung) durch eine Computersimulation heraus, dass sich Vertrauen und Kooperation langfristig am besten auszahlen, und dass Populationen, in denen Misstrauen und Ausbeutung Gesetz sind, zum Untergang verdammt sind. Das optimale Verhalten gleicht ein wenig den Empfehlungen der Shari'a: schenke grundsätzlich Vertrauen und übervorteile niemanden. Sobald dieses Verhalten missbraucht wird, zahle *einmal* mit gleicher Münze zurück, dann kehre zur Kooperation zurück. Übervorteilung soll nicht belohnt und nur zu dem Zweck sanktioniert werden, dass man wieder zum kooperativen Normalzustand zurückkehren kann. Eine gänzlich sanktionsfreie Gesellschaft scheint weder möglich noch nötig, sie wäre ein allzu schwammiges, letztlich unehrliches Idyll. Eine Randbedingung dieses «altruistisch - kooperativen» Verhaltens ist allerdings, dass einigermassen überschaubare soziale Verhältnisse bestehen, dass also die Akteurinnen eine gute Chance haben, einander wieder zu treffen. Wenn die soziale Kommunikation abbricht, wird das nette Verhalten nicht mehr belohnt, die Gesellschaft zerfällt und geht unter.

Für ein «gutes Leben» in guter Gesellschaft brauchen wir also keinen besseren Menschen, ein konsequenter Egoismus genügt. Dawkins galt als ideologischer Wegbereiter des entfesselten Egoismus der Reagan- und Thatcher-Jahre. (Er selbst versteht sich als Linker.) Wenn die Ethik einer Maggie Thatcher (wirklich langfristiger, nachhaltiger, scharfer Egoismus) völlig ausreicht für den Aufbau einer kommunistischen Gesellschaft, was wäre dann die grösste Sünde? Es bleibt nur die Inkonsequenz, also das kurzfristige Ausnützen von nachhaltigen Strukturen, die andere aufrecht erhalten. Das schädlichste Verhalten ist also die kurzsichtige Spekulation, die sich heute in der Volatilität (Flatterhaftigkeit) der Börsen zeigt. Sie erzeugt das grösste Systemrisiko. Dahinter steckt gar kein Menschenbild mehr, sondern die Manipulation des Menschen durch den Zufall. Wenn allerdings der Mensch sich bewusst dem Zufall ausliefert, dann ist er absolut böse.

Wenn man so will, fördert die Natur (die Evolution) kooperatives Verhalten, denn nur wenn die Gen-Vehikel irgendwie belohnt werden, geben sie sich Mühe weiterzuleben und die Gene weiterzugeben. Die

Natur musste also Lust erfinden und eine Lust-Maschine werden. Der einzige Wert, der darüber hinaus postuliert werden muss, ist, dass «Spass wiederholt werden muss», das heisst, dass er nachhaltig ist. (Das ist kein selbst-evidenter Wert, denn warum sollten wir nicht einer Lebensphilosophie folgen, die das Ende des Universums als einzige grosse und tödliche Lustexplosion vertritt? Vielleicht hat das letzte Universum so geendet und jenen Big Bang gezündet, der zu unserem geführt hat.) Die endlose Wiederholung von Genuss impliziert ihrerseits alle sekundären Werte, die uns so am Herzen liegen, wie Mütterlichkeit (die Lustträger müssen repliziert und aufgezogen werden), Gesellschaftlichkeit (ohne sie gehen die Lustträger unter), Gleichheit, Freiheit, Gerechtigkeit, Nachhaltigkeit usw. als Randbedingungen.

Wenn wir eine menschenfreundliche und naturverträgliche Lebensweise wollen, dann brauchen wir also weder religiöse noch humanistische Werte, und keinen besonderen Menschentyp, sondern nur die Bereitschaft, wiederholten Genuss zu wollen. Dieser Grundwert ist nicht ratioanalistisch, wir kommen auch darauf, wenn wir nur auf unsere Gefühle abstellen. Es gibt keinen rationalen Grund, am Leben bleiben zu wollen. Aber mit einer Selbstlustmordethik kann in der Tat keine globale Konzeption eines «guten Lebens» begründet werden. Wir müssen darauf verzichten. Ein aufgeklärter Hedonismus ist die Basis einer globalen Ethik. Wenn wir genau hinschauen, ist er in verdrehter und ins Nichts verschobener Form auch in den meisten Religionen und Ideologien enthalten, als Paradiesvorstellung, ewige Jagdgründe, Walhalla, Nirwana, Utopien. (Vielleicht ist die Bereitschaft, Genuss zu wiederholen der «verborgene Gott» – oder schon eher die «Göttin».)

Das englische Wort «community» (Gemeinschaft; von lat. communis, communitas usw.) enthält die lateinische Wurzel *munus*, die sowohl «Pflicht» wie «Liebesdienst» und «Geschenk» bedeutet. Gemeinschaft, das sind also alle jene, die sich durch Geschenke verpflichtet sind, die nicht rechnen müssen, weil sie wissen, dass alles zurückkommt. Das Geschenk ist die Austauschform mit den geringsten Transaktionskosten und der besten sozialen Einbettung. Es basiert gänzlich auf Vertrauen. Nicht zufällig sind die grössten Feste (Weihnachten, Geburtstage) mit dem

Schenken verbunden. Allerdings ist das Schenken auch die egoistischste Austauschform: es schafft Bindungen, die viel enger sind als Kauf und Verkauf. Ein Beschenkter ist quasi ein hilfloses Opfer des Schenkenden. (vgl. Marcel Mauss, *Die Gabe*, Frankfurt/M, 1984 (1950)) Vielleicht hielten es die ersten Liberalen nicht mehr aus, dauernd beschenkt zu werden und flüchteten entnervt in die Marktwirtschaft. Dann nannten sie ihr Geschenk «Mehrwert» und konnten damit leben.

Die Wiederentdeckung der globalen Ethik («ethos» heisst nicht Moral, sondern lediglich «Verhalten») des Genusses ist eine der Leistungen der sechziger Jahre, und sie hat in der Form der Popkultur (von den Beatles bis zu Madonna) wohl am meisten zur Unterminierung aller repressiven, patriarchalischen, leistungsorientierten Regimes beigetragen. Sie wird unterstützt von den Medien, die sie geschaffen hat, von den Musikkassetten bis zum Internet. Wie auch die Menschenrechte ist die Popkultur nicht bloss westlich. Ihre tiefere Sprengkraft kommt vielmehr aus Afrika, und wurde über den afro-amerikanischen Blues an Elvis und die Rolling Stones weitergegeben. Das grösste Geschenk an die Menschheit (die *communitas*) kam aus Afrika. Wir könnten sagen: wenn die Popethik gewonnen haben wird, werden wir alle wieder nach Afrika zurückgekehrt sein. Dann wird der Kreis der «nordwestlichen» Verirrung sich geschlossen haben. Insofern sind wir alle Rastas ...

Die Ethik des weltlichen Genusses in guter, sich gegenseitig «beschenkender» Gesellschaft hat auch eine Geschichte, eine Kampftradition. Kynikerinnen, die Brüder und Schwestern vom freien Geiste, Beginen und Begarden, Caputiatae, Adamitinnen, Turlupinerinnen, Gescheckte, Zottelige, Karnevalistinnen, Hexen, Ranters, Taboritinnen, Libertinistinnen, Sansculotten, Ludditinnen, Petroleusen, Kommunardinnen, Surrealanarchistinnen, Beatniks, Hippies, Punks, Streetparadistinnen, Ravers, Aus- und Umsteigerinnen aller Art, sie alle vertraten sie gegen Kaiser, Priester, Bosse und Bonzen und bezahlten oft mit dem Leben dafür. Kann es etwas Traurigeres geben, als für das Recht auf Spass als Märtyrerin zu sterben? Falls wir eine Tradition überhaupt brauchen, wäre sie wohl am ehesten in diesen Bewegungen, die zugleich kulturell, anti-ökonomisch und politisch waren, zu finden.

Ein Problem, das wir mit einer lebensbejahenden, gemeinschaftsfreundlichen, kommunistischen (das heisst geschenkorientierten) Ethik noch haben könnten, sind höchstens unsere Depressionen, unsere Anfälle von Missmut, Destruktion, Selbstverneinung, Nihilismus und Überdruss. (Oder Sartres «nausée», der Ekel vor der Existenz überhaupt.) Wir könnten es uns leicht machen und sagen, dass diese Haltungen nur Folgen der verfehlten heutigen Lebensweise sind und daher «danach» verschwinden werden. (Maslow würde sie wohl als «krank» bezeichnen – was wiederum eine Heilung impliziert.) Doch obligatorisches Glück wäre kein richtiges Glück mehr. Eine Ethik, die keine Widersprüche duldet, würde sich selbst ersticken. Das Leben wird tragisch bleiben, denn jede Zivilisation ist eine Entfernung von einem idealen Zustand der völligen Übereinstimmung von Kultur und Natur. Jede Landwirtschaft ist eine Vergewaltigung der Erde, jede soziale Organisation basiert auf Rechten wie Pflichten, also auf Selbstverneinung. Selbstverwirklichung kann bis zur Selbstvernichtung gehen. Negative Haltungen und Wutausbrüche sind unvermeidlich – wir müssen damit leben. Jedoch kann gerade die Toleranz dafür nur von einer Gesellschaft aufgebracht werden, die grundsätzlich bejahend und optimistisch ist. Wir müssen also an den Spass glauben, damit wir den Ekel vor uns selbst und der Gesellschaft ertragen können. Es gibt einen Unterschied zwischen Lebensgefühlen und gesellschaftlicher Ethik. Die Gesellschaft *muss* eine lebensbejahende Ethik vertreten, die Individuen dürfen weiterhin bösartig, abweisend oder gar selbstzerstörerisch sein. Die Ethik muss einen weichen Rand haben.

Als Kulturrevolution hat die Ethik der genussvollen Selbstverwirklichung praktisch schon gewonnen, in der materiellen Umsetzung gibt es noch viele Probleme. So ist die Popkultur selbst zum stärksten Motor der kapitalistischen Arbeitsmaschine geworden: Nur wer mehr arbeitet, kann auch mehr Spass haben. CDs kosten Geld. Die Wette, ob das Ethos des Spasses die Arbeitsmaschine selbst in die Luft sprengen oder sie im Gegenteil retten wird, ist also noch offen. Maslow meint dazu: «Die Forderung nach ‚*Nirwana jetzt!*‘ ist selbst eine wichtige Quelle des Bösen.» (23) Dies einserseits darum, weil sie nicht Rücksicht auf die globalen Bedingungen nimmt, andererseits, weil sie keine weitere Entwicklung zulässt, keine weitere Wahl. Immerhin beginnen viele den Betrug des kommerzialisierten Nirwana zu durchschauen (vielleicht auch Kurt Cobain, als er Selbstmord beging). Eine schöne Ethik allein ist noch keine soziale Realität, wir müssen von den Bedingungen ihrer Realisierung reden. Gleichheit und Gerechtigkeit sind solche Bedingungen. Die jungen Menschen im Süden nehmen die hedonistische Ethik, die aus dem Westen zu kommen scheint, gerne auf, doch wenn sie dann sehen, dass der gleiche «Westen» ihre Verwirklichung verhindert und sie auf niedrigere Bedürfnisstufen zurückwirft, dann kehren sie enttäuscht zu repressiven Wertsystemen zurück und werden «krank». Nur so ist die fundamentalistische Reaktion zu erklären. Religionen sind nichts anderes als Symptome für verratene Ethik. Es gibt nicht nachhaltig Spass für 10 Prozent und Armut für die andern.

Wenn wir von einer möglichen globalen Ethik reden, dann kann es nicht nur um neue Regeln oder jene modischen neuen «Gesellschaftsverträge», von denen alle reden, gehen. Auch eine Minimalethik, die etwa nur besagen würde «Macht, was Ihr wollt, nur bringt Euch nicht um.» kann nicht funktionieren. Regeln werden nicht darum eingehalten, weil sie einleuchtend oder einfach wären, sondern weil die Umstände sie zulassen. Menschen bringen sich nur dann nicht um, wenn sie so leben, dass sie keinen Vorteil davon haben können. Menschen schliessen eigentlich gar keine Verträge, sie verhalten sich einfach auf Grund von Interessen und Erfahrungen, gemäss dem, was sie «sind». Geben und Nehmen ist in einer sozial verwobenen Lebensweise kaum auseinanderzuhalten. Dass es für einen Beobachter so aussieht, als ob Menschen dauernd Verträge schlössen, ist eine typische Fehlinterpretation liberaler Ideologinnen, die sich unser Leben nur als eine Reihe von Tauschhändeln vorstellen können. Erst wenn die Gesellschaft in ihre Atome zerfallen ist, muss sie mit «Verträgen» und «Regeln» notdürftig reorganisiert werden. Was geändert werden muss, ist also die Interessenlage der Menschen, die sich wiederum historisch entwickelt hat. Wir sind das, woher wir kommen. Wir als Kolonialistinnen finden die Regeln gut, die unsere Position als Profiteurinnen der Weltwirtschaft verlängern. Wenn wir zum Beispiel jetzt «fairen Tausch» verlangen, dann bestätigen wir damit nur die grundlegende Fälschung jeden Tauschs seit der Kolonialisierung, auch wenn die neuen Regeln an sich durchaus korrekt aussehen. Ethik heisst also zuerst einmal Anerkennung der Geschichte als Gegenwart, sodann Trauer, Wiedergutmachung und das Beginnen einer neuen Geschichte, die eine Wiederholung nach menschlichem Ermessen ausschliesst. Wir beginnen nicht mit einer Tabula Rasa, sondern mit unzähligen Hypotheken, die abgetragen werden müssen (um hier einmal den liberalen Jargon zu benutzen). Der Aufbruch in eine bessere Zukunft beginnt mit der Schuldanerkennung. Und das tun wir durchaus in unserem Interesse, denn sonst bleibt der Apfel vergiftet.

Schauen wir uns also das Kleingedruckte an. Ohne Wahrheit machen auch Sex, Drugs & Rock ‚n' Roll keinen Spass. Auch wenn Wahrheit bloss eine Sekundärtugend wäre, ein Mittel zur Entspannung, denn Lügen erfordert so viel Wachsamkeit und Arbeit.

Ist ein «gutes Leben» für alle auf der Welt tatsächlich möglich? Wenn wir einmal von der von Maslow vorgeschlagenen Hierarchie der Bedürfnisse ausgehen, dann müssten zuerst überall auf der Welt die physiologischen Bedürfnisse abgedeckt sein. Schon dies ist eine grosse Aufgabe, wenn wir uns in Erinnerung rufen, dass heute immer noch 800 Mio. Menschen unterernährt sind. Dies ist vor allem darum ein Skandal, weil genügend Lebensmittel vorhanden sind. Verschiedenste Schätzungen der *carrying capacity* des Planeten lassen es als wahrscheinlich erscheinen, dass bei vorwiegend vegetarischer Ernährung bis zu 40 Milliarden Menschen ernährt werden könnten (vgl. Joel E. Cohn, *How Many People Can the Earth Support*, 1995). Falls aber alle Menschen so leben wollten wie die Bewohnerinnen der USA heute, wären es höchstens noch 1 Milliarde.

Ein «gutes Leben» basiert jedoch nicht nur auf materieller Bedürfnisbefriedigung, sondern auch auf sozialer Sicherheit, Respekt, Toleranz und einer Kultur, die persönliche Entfaltung zulässt. Diese Software-Aspekte schliessen Dinge wie *good governance*, faire politische Umgangsformen, Abwesenheit von Gewalt, also sekundäre Werte wie Gleichheit, Gerechtigkeit, Transparenz in Entscheidungsstrukturen, das Vorherrschen einer «nicht-theistischen Spiritualität» (Saral Sarkar; 276) gegenüber den notorisch toleranz-unfähigen Religionen usw. ein. Wenn ich mich in der Folge hauptsächlich um die materiellen Voraussetzungen des «guten Lebens» kümmere, dann nicht aus Verachtung für diese Werte, sondern weil eine materielle Existenzsicherung allein heute schon eine genügend grosse Herausforderung ist. Zudem sind die meisten immateriellen Bedürfnisse «kostenlos» und ohne ökologischen Impakt – stellen also eigentlich kein Problem dar. Der Wille zur Herstellung dieser materiellen Existenzsicherung erfordert seinerseits schon eine grosse Veränderung in der spirituellen Haltung der Menschen. Sich dafür einzusetzen, dass alle genug zu essen haben, ist eine Form des menschlichen Respekts. Haltungen wie Askese oder Verzicht aus Einsicht bleiben damit immer noch möglich. Doch ein Asket ist einer, der freiwillig verzichtet und sich damit von der Möglichkeit voller Befriedigung bewusst absetzt – gerade er braucht zu seiner persönlichen Profilierung eine materiell abgesicherte Gesellschaft als Hintergrund.

Hoher Lebensgenuss ist nicht unbedingt abhängig von einer Fülle von Dingen – sie können sogar dem Glück im Weg stehen. «Es gibt zwei mögliche Arten von Überfluss. Bedürfnisse können leicht befriedigt werden, entweder indem man viel produziert oder indem man wenig begehrt... Es gibt also auch einen Zen-Weg zum Überfluss, wenn man von Voraussetzungen ausgeht, die von den unseren verschieden sind: dass menschliche Bedürfnisse endlich und wenig zahlreich sind, die technischen Mittel unverändert, aber im Grossen und Ganzen ausreichend. Wenn sie die Zen-Strategie anwenden, können Menschen einen unvergleichlichen materiellen Reichtum geniessen – mit einem niedrigen Lebensstandard.» (Sahlins, Marshal, *Stone Age Economics*, London, 1974; 1-2; meine Übersetzung) Der «Mensch» braucht also nicht jedes Jahr ein neues Auto und ein neues Computer-System. Steinzeitgesellschaften lebten Hunderttausende von Jahren mit fast der gleichen Technologie – wären sie darüber unglücklich gewesen, hätten sie die Technik wohl schneller entwickelt. Sie waren genau so intelligent wie wir. Wie Marshal Sahlins in seiner Studie zeigt, lebt es sich gut mit zwei Stunden Arbeit pro Tag. Wir können nur darüber spekulieren, was die Steinzeitmenschen mit den übrigen 14 Stunden so Aufregendes anfingen, so dass sie keinen Grund sahen, ein paar Stunden mehr für die Produktion von zusätzlichen Gütern abzuzweigen. Ich tippe auf Sex, Drugs and Rock ‚n‘ Roll. An Rolling Stones kann es nicht gemangelt haben.

Das Programm Öko – Nord

Ein «gutes Leben» für alle auf diesem Planeten ist theoretisch möglich mit zwei Stunden Arbeit pro Tag. Genug zu Essen, genug Energie, genug Ressourcen für alle ist da. Das Problem besteht nur darin, dass uns die losgelassene globale Arbeitsmaschine nicht in Ruhe lässt und dass sie die Welt in zwei Lager gespalten hat, die wir grob gesagt als den verarmten Süden und den in einer Konsumflut erstickten Norden bezeichnen können. Die ökologischen und ökonomischen Ungleichgewichte werden also vom Norden geschaffen und sie müssen auch dort aufgehoben werden. Unsere Lebensweise ist unmöglich, wir müssen die Arbeitsmaschine, die wir auf die Welt losgelassen haben, wieder demontieren. Der Weg zu einer nachhaltigen und gerechten Welt beginnt mit Öko-Nord. Was bedeutet das für uns?

Wenn wir vom normalen Lebensstandard in der Schweiz ausgehen, stellen wir fest, dass wir wortwörtlich auf zu «grossem Fuss» leben. Rechnet man den Ressourcenverbrauch der Schweiz pro Kopf und verfügbaren Flächenanteil an der Erde um (*ecological footprint*), so zeigt es sich, dass wir 6-mal mehr vom Planeten nehmen, als uns zusteht. Es braucht mit anderen Worten sechs «Schweizen», um eine Schweiz so aufrecht zu erhalten, wie sie heute funktioniert. Oder umgekehrt: Wenn wir so leben wollen, dass alle Menschen auf dieser Erde es auch können, müssen wir uns um das Sechsfache einschränken. Das Gleiche gilt übrigens vom Planeten insgesamt: Würden alle Menschen so leben wollen wie wir, bräuchten wir fünf Planeten von dieser Sorte. (*Der Spiegel*, 43/1995) Geliefert wurde aber nur einer.

Unsere Lebensweise ist nicht bloss ein bisschen aus dem Gleichgewicht. Sie kann nicht mit etwas ökologischem Umbau, einigen Sonnenkollektoren und dem 3,5-Liter-Auto wieder ins Lot gebracht werden. Es handelt sich längst nicht mehr um ein «technisches Problem». Wir müssten uns radikal umstellen.

Sustainable Europe setzt den weltverträglichen CO2-Ausstoss (den wichtigsten ökologischen Indikator) pro Person auf 1,7 t an. Heute beträgt er in der Schweiz 8,5 t (inkl. graue Energie). Die CO2-Emissionen müssen also auf einen Fünftel verringert werden, das heisst auch die meisten wirtschaftlichen Aktivitäten, weil sie auf dem Verbrauch fossiler Brennstoffe beruhen. Statt nach einem Auto pro zwei Personen (wie heute) sieht es also eher nach einem pro 30 Personen aus (und auch das noch eher mit einem Verbrauch von 3 statt 4 Litern pro 100 km). Unser Verbrauch an Zement müsste um 87%, Roheisen um 81%, Aluminium um 94%, Chlor um 100% reduziert werden.

Immer gemäss dem *ecological footprint* muss die NH3-Belastung in der Landwirtschaft um 70% reduziert werden, das heisst auch der Tierbesatz pro Hektare (was um gleich viel weniger Fleisch und Milch bedeutet). Statt mit 10 000 Kalorien (inkl. Futter für hohen Fleischkonsum) müssten wir mit 3000 Kalorien pro Tag und 30 kg Fleischpro Jahr auskommen (was ja gar nicht so schlimm wäre). In der Tat gibt es auf diesem Planeten genug Nahrungsmittel für alle. Es sind nur der Markt und politische Faktoren, die eine ausreichende Versorgung aller verhindern.

In diesem Zusammenhang schlägt die ETH (*Strategie Umwelt*, 1997) eine globale 2000-Watt-Gesellschaft vor. Da aber die Schweiz heute 6500 Watt pro Person und Tag verbraucht, müsste sie, um wirklich nachhaltig zu sein, eher auf 1000 Watt herunterkommen. (Andere Forscher verlangen eine 500-Watt-Gesellschaft, zumindest für fossile Brennstoffe. Vgl. Pierre Fornallaz, Sonne – eine unvergleichliche Energiequelle in: SES Report 16, *Wege zur Nachhaltigkeit*, Zürich, 1999) Dank Umstellungen in der Energienutzung und höherer Energieeffizienz vieler elektrischer Apparate wird eine solche Reduktion technisch für möglich gehalten. Die Autorinnen des Buches *Faktor Vier* (Weizsäcker 1995) geben dafür eine ganze Reihe von Beispielen. Das wichtigste Umsetzungshindernis sind jedoch gemäss einer ETH-Studie die *Lebensvorstellungen* vieler Menschen, die ihren Komfort nur individualisiert und jede Veränderung als «Verzicht» sehen. Die Vorstellung, dass eine bessere Lebensqualität sich mit geringerem Verbrauch und mit mehr sozialem Leben verträgt, ist offensichtlich noch nicht weit verbreitet.

Diese Zahlen bestätigen weitgehend die Zielgrössen des weithin anerkannten «*Eco-indicator 95*» (Goedkoop 1995), der eine fünffache Reduktion des CO2-Ausstosses und der Phosphor-, Dünger- und Bleibelastung verlangt. Insgesamt müsste die gesamte ökologische Belastung um etwa das 51fache reduziert werden. Die wichtigsten Faktoren sind dabei das Auto und schlechte Heizungen/Isolationen (siehe unten).

Bei einer Energiebilanz werden sämtliche für ein Produkt oder eine Dienstleistung benötigten Energiemengen bzw. Energieträger zusammengezählt. Dabei werden alle beanspruchten Prozesse (Herstellung, Gebrauch, Entsorgung) berücksichtigt. Da die Energiebereitstellung selbst auch Energie benötigt, werden bei der so genannten Primärenergiebilanz die letztendlich aus dem Boden genommenen Energieressourcen (Erdöl, Erdgas, Kohle, Uran) zusammengezählt. In der vorliegenden Analyse sind auch die erneuerbaren Energieträger (Wasserkraft, Holz) angerechnet. Der Energieverbrauch wurde früher in Ermangelung besserer Indikatoren als ganz grobes Mass für die Umweltbelastungen von Aktivitäten betrachtet. Wo viel Energie verbraucht wird, wird auch die Umwelt wahrscheinlich stark belastet (Nur der Umkehrschluss «Wo wenig Energie verbraucht wird, ist die Umweltbelastung klein», stimmt nicht: es können auch mit wenig Aufwand grosse Schweinereien angerichtet werden, zum Beispiel mit Plutonium oder Dioxin.)

Eco-indicator 95 ist eine Methode, um die verschiedenen Umweltbelastungen, die von Prozessen ausgehen, in einer einzigen Zahl auszudrücken. Bewertet werden zum Beispiel Effekte wie globale Erwärmung durch Treibhausgase, Gesundheitsprobleme durch Sommersmog, Ökosystembeeinträchtigungen durch Wasserschadstoffe etc. Die originale *Eco-indicator 95* Methode ist im Internet beschrieben und unter *www.pre.nl/eco-ind.html.* abrufbar. Die hier verwendete Methode *Eco-indicator 95rf* ist eine Weiterentwicklung, welche zum Beispiel auch radioaktive Substanzen bewertet. (Frischknecht, 1998)

Wie unten stehende Graphiken zeigen, bringen vor allem Massnahmen im Bereich Mobilität (Autoverleih führt zu weniger gefahrenen Kilometern) und Heizung/Belüftung am meisten, sowohl für die Energie- wie für die Ökobilanz. Wenn die Bewohnerinnen zusätzlich noch ihre Flugreisen einschränken, ist die 2000-Watt-Gesellschaft praktisch schon erreicht. (CH-Durchschnitt: 5440 Watt) Weitere Massnahmen in andern Bereichen, wie Essen, Kleidung, Papier, Möbel usw. haben keinen grossen Einfluss auf die Bilanzen, sind aber wegen der Bodennutzung, sozialen Kontakt-möglichkeiten, Lebenskosten von Bedeutung. Eine wichtige praktische Unterscheidung ist jene zwischen (sofort möglichen, nicht teuren) Verhaltensänderungen und der Installation von technologischen Systemen (Toiletten, Solaranlagen, Heizanlagen), die zumindest als Anfangsinvestitionen eine finanzielle Belastung sein können.

Wenn wir weltgerecht leben wollen, dann muss unser Ziel mindestens die 1000-Watt-Gesellschaft sein. Daher habe ich Gabor Doka gebeten, die Öko- und Energiebilanzen für ein Vergleichsprojekt namens *Öko-Nord*, wo 400 Bewohnerinnen leben und zusätzlich 100 auch arbeiten, abzuschätzen. *Öko-Nord* ist also kein Vorschlag für ein konkretes Projekt oder eine bestimmte Lebensweise, sondern nur ein Rechenmodell, das es erlauben soll, die ökologische Nachhaltigkeit unserer Lebensweise durch einen Vergleich zu erkennen. Wer in *Öko-Nord* wohnt, verzichtet gänzlich auf Privatautos, Flugreisen und private Haushaltmaschinen. Das heisst nicht, dass sie keinen Zugang zu diesen hat: sie kann sie sich ausleihen. Immerhin haben wir ihr zum Ausgleich 9 Personenkilometer/Tag Bahnfahrten, eine Europareise von 2000 km und eine Übersee-Schiffsreise von 12 000 km pro Jahr bewilligt. Wir wollen die Öko-Nordlerin nicht gänzlich lahmlegen. Die Öko-Nordlerin isst nur im Gemeinschaftsesssaal, nur Saisongemüse und wenig Fleisch.(18 kg pro Kopf und Jahr) Sie kauft weder neue Kleider noch Möbel, wäscht alles in der Grosswaschmaschine, verbraucht nur 70 Liter Wasser pro Tag (CH-Durchschnitt: 100 l). Sie kommt mit einer Zeitung pro 10 Bewohnerinnen aus. Sie betreibt kein fast Shopping und verbraucht wenig Verpackungsmaterial. Sie lebt auf 20 m2 Privatwohnraum in einem kompakten Gebäude mit allen bezahlbaren Öko-Schikanen. So kommt sie auf 32 Nano-Punkte Umweltbelastung, und 21 Megajoule Energieverbrauch pro Jahr, beides ist ca. siebenmal besser als der Schweizer Durchschnitt. Die Energiebilanz entspricht 680 Watt pro Person. Soweit die gute Nachricht. Die schlechte besteht darin, dass diese Umweltbelastung gemäss den (allerdings etwas willkürlichen Annahmen der Eco-indicator 95rf-Methode) immer noch 8mal zu gross ist (im Vergleich zum CH-Durchschnitt: 51mal). Wir müssen uns also ein noch radikaleres Modell (Öko-Nord Plus) vorstellen, zum Beispiel eine Schiffsreise nur alle drei Jahre, gänzliche Vermeidung von Plastik, praktisch kein Abfall mehr, nur halb so viele Bahnfahrten, noch weniger Fleisch. Damit liesse sich die Ökobilanz noch einmal halbieren. Das wären dann nur noch 4mal zuviel...

Öko- und Energiebilanz von 400 Wohnenden und 100 Arbeitenden in Öko - Nord und im Durchschnitt der Schweiz heute:

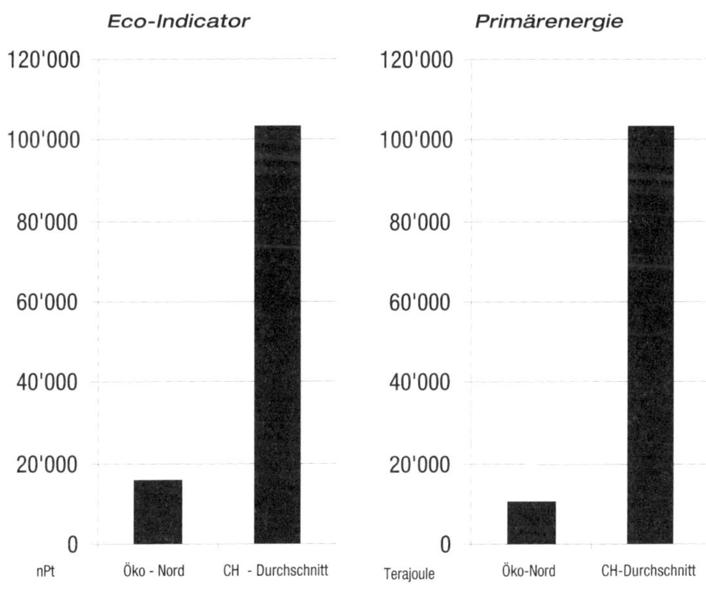

Vergleich Öko Nord und Schweizer Durchschnitt

400 Bewohnerinnen und 100 Arbeitende
Eco-indicator 95rf in nPt

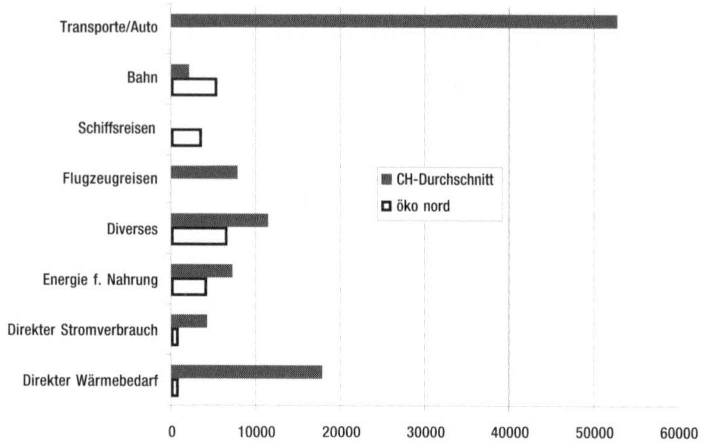

400 Bewohnerinnen und 100 Arbeitende
Primärenergie in Mega Joule

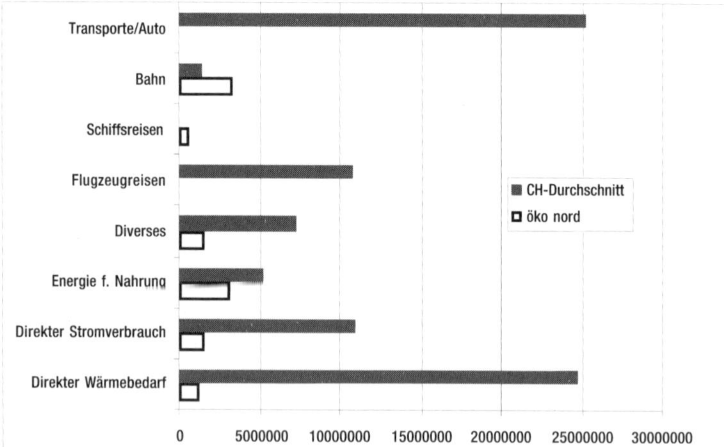

Damit nähern wir uns einer Lebensweise an, die für alle Bewohnerinnen dieser Erde möglich wäre. Selbstverständlich gäbe es auch innerhalb dieser Rahmenbedingungen noch Raum für unterschiedlichste Lebensformen und keinen Zwang zu Kollektivismus und Normierung. Was einige Leserinnen vielleicht als Horrorszenario empfinden mögen, wäre allerdings für jene zwei Drittel der Weltbevölkerung, die heute mit 2 $ pro Tag auskommen müssen, das Paradies. Für sie würde auch die globale Mobilität, die für uns selbstverständlich ist, erst möglich. Diese Lebensweise wäre schliesslich auch die aktive Anerkennung jener Schuld, die der Westen seit der Kolonialisierung auf sich geladen hat.

Wir müssen uns also auf einen Lebensmittelkorb einigen, der ökologisch nachhaltig, global gerecht und erst noch lebenslustig ist. Er wird etwa so aussehen müssen wie der von *Öko-Nord Plus* und weit entfernt sein von dem, was wir einen normalen westlichen Lebensstandard nennen. Dieser Korb kann selbstverständlich nicht als Rationierungsliste verordnet werden, sondern er muss das Resultat eines weltweiten Verhandlungsprozesses sein. Er wird nicht jeder Person bestimmte Mengen oder Qualitäten zuordnen, sondern nur eine gewisse Bandbreite aufzeigen, die kulturelle und individuelle Variationen und Prioritäten zulässt.

Wie Saral Sarkar bemerkt, ist all dies nicht mit kapitalistischen Methoden erreichbar, weil nur eine allgemeine Gleichheit einen im Vergleich zu heute «bescheidenen» Lebensstandard akzeptabel machen würde. Darin besteht auch der Denkfehler all jener, die sich von einem *Ökokapitalismus* (Hawken 2000) den Durchbruch zu nachhaltigen Lebensweisen versprechen. Kapitalismus und Ökologie waren und sind inkompatibel, weil der Kapitalismus, um rentabel zu sein, immer mehr Kosten externalisieren muss, von der Hausarbeit bis zu Naturbelastung und Computerkursen am Feierabend. Wie Polanyi (1944) schlüssig belegt, sind die Kosten der sozialen Nichteinbettung der Marktwirtschaft so hoch, dass selbst die konsequentesten Ur-Liberalen Mitte des 19. Jahrhunderts sie schon mit Staatseingriffen retten mussten, noch bevor es sozialistische und ökologische Bewegungen gab. Wenn Ökologie und Kapitalismus sich so ideal ergänzen, warum haben sie es dann nicht schon von Anfang an getan? Nichts hinderte sie daran. Es ist ja überhaupt nicht so, dass man von den ökologischen Zusammenhängen im 19. Jahrhundert nichts wusste. Klagen über Naturzerstörung gab es schon ganz zu Anfang der Industrialisierung, und sogar Marx, der grosse Fortschrittsapostel, schrieb: «Die kapitalistische Produktion entwickelt daher nur die Technik und Kombination des gesellschaftlichen Produktionsprozesses, indem sie zugleich die Springquellen allen Reichtums untergräbt: die Erde und den Arbeiter.» (*Das Kapital*, Bd.1 529) Das war vor 133 Jahren: genug Zeit zum Umdenken. Was Hawken und Lovins in ihrem *Ökokapitalismus* und auch Lietaer in seinem *Das Geld der Zukunft* vorschlagen, ist denn auch in allen Punkten, wo es um Ökologie geht, nicht marktwirtschaftlich, sondern rein staatsinterventionistisch oder schlicht technologisch. Sie wollen Ökosteuern, die Betriebe zur Kosteninternalisierung zwingen, den 3-Liter-Hypercar, neue BSP-Berechnungsmethoden, Re-engineering, sie loben die Aktion linksalternativer Stadtverwaltungen (Curitibia, Zürich), sie beklagen die «Unvollkommenheit der Marktwirtschaft». Solche Klagen begleiten dieses irreale System seit seinem Entstehen. Würde man diese «ökokapitalistischen» Massnahmen noch auf den Süden ausdehnen, dann wäre der Kapitalismus sofort ruiniert, dann wäre es sofort vorbei mit Stundenlöhnen von 80 Rappen und weniger. Die Verrenkungen, die gemacht werden müssen, um das Marktwirtschaftssystem aufrechtzuerhalten, gleichen jenen immer komplizierter werdenden Bahnberechnungen des ptolemäischen Planetensystems, bis man es schliesslich zugunsten des einfacheren kopernikanischen aufgab. Warum so kompliziert, wenn es auch einfach geht? Ist Kapitalismus als Begriff wirklich so sexy? Oder haben sich Lovins & Co. und andere Schlaumeier gedacht, die Kapitalisten würden den ökologisch vergifteten Apfel essen, ohne etwas zu merken?

Nicht alle *Öko-Nord*-Ziele können kurzfristig erreicht werden. Während der Fleischverbrauch sofort und individuell reduziert werden kann, wird der Siedlungsumbau und das Re-engineering von Gütern Jahrzehnte brauchen. Auch die neuen Reise- und Feriengewohnheiten setzen natürlich eine andere Verteilung von Erwerbsarbeit und eine andere Lebensarbeitsgestaltung voraus. Global gesehen scheint ein so umrissener Lebenskorb immer noch sehr aufwändig. Wenn jedoch bisher unterdrückte Technologien, die einen geringeren Energieverbrauch und längere Haltbarkeit ermöglichen (zum Beispiel *Faktor 10*), zum Zug kommen, dann können ökologische Randbedingungen durchaus eingehalten werden. Die Idee jedoch, den *heutigen* materiellen Lebensstandard mit technischen Tricks retten zu können, müssen wir aufgeben.

Diese Randbedingungen machen nach wie vor einen lustigen Abend mit Zigarre, Rolls-Royce, Hummer, Chateaubriand, Champagner und Armagnac nicht unmöglich – aber nicht jeden Tag, sondern vielleicht einmal pro Monat. Es geht also keineswegs um Verzicht, sondern um ein neues Genussmanagement (oder Lebenskunst?), das auf gleichen Chancen (Neid provoziert viel lustlosen Konsum!), Langsamkeit, Raffinesse, Echtheit, Geistesgegenwart, Gelassenheit usw. basiert. Man könnte sagen, dass unsere zukünftige Lebensweise etwas «Aristokratisches» haben wird, weil das «gute Leben» eben bisher für eine Aristokratie reserviert war.

Punktueller Luxus ist ökologisch sinnvoll, denn er dient dem Frust- und Neidabbau und lässt uns lange Zwischenperioden bescheidenen Lebens erwartungsvoll überbrücken. Alle Kulturen kennen solche Anlässe, zum Beispiel als Potlatch, Massen-Schlemmereien, ruinöse Hochzeitsfeiern, ausartende Beerdigungen. Die ökologische Gefahr lauert bei der Normierung. Es ist von der Ökobilanz her besser, einmal im Jahr Gänseleber zu essen, als jeden Tag Schnitzel. Das Gesamtleiden im Tierreich wäre ebenfalls geringer. (Ein Kalb stirbt nicht lieber als eine Gans. Gemästet zu werden, ist auch nicht lustiger, als gestopft zu werden.) Es ist der relativ aufwändige und erst noch wenig genussreiche durchschnittliche Alltagskonsum, der nicht umweltverträglich ist. Tod der «bürgerlichen Küche»! Die Idee bestünde also darin, in Spitzenrestaurants ein paar Mal über die Schnur zu hauen, aber zuhause, in den Nachbarschaften und Quartieren, eine weitgehend vegetarische, saisonal angepasste, regional produzierte Alltagsnahrung anzubieten (siehe Saucengummeli, Seite 104). Wem diese genügt, ist vom Luxus dispensiert (er/sie soll aber dann nicht mit ihrer Ökodepression hausieren). Was den Luxus bei Schmuck, Kleidern, Autos betrifft, so wären hier Ausleihstellen die beste Antwort. Im Schnitt würde man so mehr Diamantkolliers, Kaschmirmäntel und Rolls-Royces sehen als heute. Zigarren und Alkohol sind überdies vegetarisch (beim Rolls-Royce könnte man die Lederpolster durch Plüschbezüge ersetzen).

Die oben skizzierte Lebenshaltung könnte manche dazu verleiten, sie als ökologisch noch zu zahm, ja wirkungslos abzutun. Viele Menschen sind heute schon zu viel radikaleren individuellen Einschränkungen bereit. Wer so denkt, übersieht, dass kleine Veränderungen im Haushaltbereich massive Folgen für das Gesamtsystem haben, denn sie multiplizieren sich millionen- und milliardenfach. Wenn zum Beispiel auf je 30 Personen statt auf je zwei (wie heute) ein Auto entfällt, reduziert sich die Automobilproduktion um das Fünfzehnfache und damit auch die dortigen Arbeitsplätze, der Einfluss der Automobilindustrie, der Erdölfirmen usw. Wenn (konservativ geschätzt) nur noch ein Viertel der langlebigen Konsumgüter benötigt wird, schrumpfen auch diese Industrien und ihre Zulieferer (Metall, Chemie). Wenn städtische Konsumenten-Gemeinschaften ihre Lebensmittel direkt von Bauernhöfen beziehen, bedeutet das das Ende von Migros, Coop usw. Wer ginge noch in Shopping-Centers, wenn man sozusagen in einem wohnt und nicht einmal zu shoppen braucht? Eine solche Lebensweise würde die heutige Wirtschaftstätigkeit auf etwa 20 Prozent zusammenschrumpfen lassen, den Welthandel auf 10 Prozent, ebenso das Verkehrsaufkommen, die Arbeitsplätze usw. Ein Wachstum wäre nicht mehr möglich, bisherige Investitionen würden sich radikal entwerten, Finanzspekulationsblasen würden platzen, Banken, Börsen usw. zusammenbrechen. Kurz, wenn die Konsumentinnen nicht mehr mitmachen, bricht der Kapitalismus, das ganze bisherige Kostenberechnungssystem, zusammen. Ohne Wachstum erstickt der Kapitalismus. Nachhaltigkeit und Crash sind ein und dasselbe. Wer nicht beim Arbeits/Konsumspiel mitmacht, ist ein lebendiger Teil des Crash.

Trotzdem wäre es illusorisch, sich vorzustellen, der globale Kapitalismus könne einfach durch einen Konsumentinnenstreik lahm gelegt werden. Paradoxerweise schafft er ja gerade durch sein Nichtfunktionieren laufend neue Konsumbedürfnisse, die dann wieder mit neuen Produkten, mehr Wachstum usw. befriedigt werden müssen. Wir brauchen den Konsum, weil uns die Arbeit frustriert und können daher mit beidem nicht aus dem Stand heraus einfach aufhören. Arbeit macht krank, doch Krankenhäuser und Medikamentenproduktion schaffen Arbeitsplätze, die wiederum noch kränker machen. Wir können nicht streiken, weil wir vom Konsum abhängig sind. So erscheint der Ausbruch aus dem System nicht möglich, ähnlich einem Double-Bind-Patt in verfahrenen Beziehungsstrukturen. Wir brauchen sozusagen ein Wunder. (Theoretisch kann der Kapitalismus auch «tot-gearbeitet» werden, wie es in Japan geschieht, wo vor lauter Arbeit keine Zeit mehr zum Konsumieren bleibt und die Regierung den Arbeitenden Arbeitszeitverkürzungen *aufzwingen* muss.)

In einer auf einen Fünftel geschrumpften formellen Wirtschaft wird eine allgemeine Arbeitszeit von vielleicht 20 Stunden (gemütlicher Arbeit) pro Woche genügen. Aus Effizienz- (volle Maschinenauslastung) und ökologischen Gründen (weniger Fahrten zum Arbeitsplatz) wird die Arbeit am besten auf zwei 10-Stunden-Tage mit 24-Stunden-Schichten verteilt. Die jüdisch-christliche Arbeitswoche selbst wird zugunsten individueller Einteilungen (2 Monate Arbeit, 10 Monate frei usw.) abgeschafft. Selbstverständlich werden diese Arbeiterinnen auch nur noch einen Fünftel der heutigen Löhne benötigen, da sie um gleichviel weniger Güter kaufen müssen. Die Erwerbsarbeit verliert ihren Erpressungscharakter: kein Betrieb kann ohne maximale Mitbestimmung der Arbeitsbedingungen durch die Arbeitenden überhaupt existieren. (Das betrifft allerdings nicht die Produkte: die müssen durch die regionalen oder lokalen Bestellerinnen definiert werden.) Das konstante Kapital kann unter solchen Bedingungen betriebswirtschaftlich viel effizienter genutzt werden, als Adam Smith es sich je hätte träumen können. Nur wäre es nicht mehr profitabel.

Die Vorstellungen darüber, was zu einem anständigen Leben gehört, können nicht vollständig durch Ökologie und Gleichheit definiert werden. Es gibt keinen Grund, warum nicht jede Einzelne über den Einsatz ihrer Mittel selber bestimmen sollte. Der Mensch ist unberechenbar und voller Spleens und Flipps. Wenn jemand mehr arbeiten möchte, weil sie mehr aus dem Topf nehmen will, so soll dies möglich sein. Wem Zeit wichtiger ist als Konsum, der soll nicht bestraft werden. Wer sich beim Alltagskonsum einschränken will, weil sie sich einen besonderen Luxus leisten will, schadet noch niemandem. Um die dafür nötige Flexibilität der Mittel zu gewährleisten, kommt man nicht um die Verwendung von Zahlungsmitteln herum. Die Geldwirtschaft bleibt also in diesem Rahmen durchaus bestehen. Solange sie anderen Wirtschaftsformen untergeordnet ist, besteht keine Gefahr, dass sie wieder überhand nehmen kann.

Umgekehrt hat die Verwendung von Geld wenig Sinn bei Gütern, die ohnehin regelmässig und in grossen Mengen verbraucht werden: Wasser, Energie, Grundnahrungsmitteln, Verkehrswegen, Gesundheitsversorgung usw. Schon heute machen die fixen Kosten (Wohnen 30%, Steuern 10%, Versicherungen 15%, Nahrungsmittel 10 % usw.) gut 60% des verfügbaren Einkommens aus; sie könnten also geradeso gut als «Nebenkostenpauschale» oder gar nicht verrechnet werden, wie es etwa die Kommune Niederkaufungen (siehe Seite 67) schon praktiziert.

Gewisse Einkommensunterschiede werden also in einem geschrumpften Geldwirtschaftsbereich weiterhin bestehen. Diese werden jedoch zu keinen grossen Ungleichheiten führen, weil das Lohneinkommen beschränkt und nicht mehr Existenz bestimmend sein wird. Grosse Profite werden nur schon darum nicht mehr möglich sein, weil sie proportional zu der Wirtschaftsleistung dahingeschmolzen sein werden. Wer bisher von Kapitalzinsen gelebt hat, wird sich anders organisieren müssen. Es ist kaum vorstellbar, dass die Mehrheit der Bevölkerung sich dazu erpressen lassen wird, eine kleine Gruppe von Parasiten mit einer Grundrente oder mit Dividenden zu versorgen, wenn deren bisheriges Erpressungsmittel, Nahrung gegen Geld, die existenzielle Abhängigkeit von der Lohnarbeit, weggefallen sein wird. Es ist logisch, dass dies der wesentliche politische Punkt sein wird, denn dies wird das faktische Ende der alten bürgerlichen Klasse und daher auch ihrer politischen Vertretung bedeuten. Aber auch für sie gibt es einen Trost. Wenn es allen gut geht, was sollen da Vermögen, Status und öde Villen? Sicherheit ist dann auch ohne Geldanhäufung garantiert. Reich sein ist nicht mehr nötig. Nach den Armen werden auch die Reichen endlich frei!

Ein «gutes Leben» ist darum mit einer noch so perfekten Öko-Diktatur nicht zu erreichen, weil diese gerade die individuellen Entfaltungsmöglichkeiten so sehr beschneiden müsste, dass wieder soziale Spannungen entstehen würden, die verschwenderische und ökologisch destruktive Konflikte auslösen würden. Wir brauchen eine soziale Abrüstung, keine zentralistische Gleichmacherei. Wie eine solche entspannte gesellschaftliche Organisation aussehen könnte, versuche ich im folgenden Kapitel zu skizzieren.

Eine planetarische Alternative

Ein «gutes Leben» für alle sechs Milliarden Bewohnerinnen des Planeten, eine grundlegende materielle Gleichheit, also Gerechtigkeit, eine selbstbestimmte und menschenfreundliche soziale Organisation – das sind die Ziele. Ihre Verwirklichung ist möglich. Wie könnte nun eine Welt aussehen, in der sie verwirklicht worden sind? Was für Organisationsformen sind denkbar, wie können sie zusammenspielen? Wie kann ein Rückfall in Kapitalismus und Krieg vermieden werden? Ich weiss natürlich, dass die Strukturen dieser «Welt danach» gerade von jenen bestimmt werden, die mit ihrem kollektiven Handeln auch fähig sind, die globale Arbeitsmaschine anzuhalten und zu demontieren. Der Aufbau einer gerechten Welt und die Demontage der alten sind in der Tat derselbe Prozess, durchgeführt von denselben Akteurinnen. Es kann aber trotzdem nicht schaden, wenn eine etwas konkretere Diskussion darüber heute schon beginnt. Wir wollen ja nicht eines Tages dastehen und feststellen: das haben wir nicht gewollt!

Mein Vorschlag basiert auf sechs Stufen sozialer Organisation. Diese Zahl und Einteilung ergibt sich nicht aus theoretischen oder gar numerologischen Erwägungen, sondern rein pragmatisch aus materiellen Gegebenheiten. Es geht hier darum, so fantasielos wie möglich zu sein. Was wir brauchen, ist ein Grundgerüst, das vielseitig angepasst und variiert werden kann. Man könnte auch sagen, dass dieses einem Katalog von Fragen entspricht, die beantwortet werden müssen, wenn wirklich von einer Alternative zum Kapital gesprochen werden soll. Die «Ordnung», die ich vorschlage, braucht nicht von aussen oder von oben geplant zu werden, sie ist selbstbestimmend, indem die Grundmodule die nächstweiteren Gefässe auffüllen und nur immer dann neue Organisationen entstehen, wenn sich von «unten» her zusätzliche Aufgaben ergeben.

Die Grundannahme, auf der mein Vorschlag beruht, ist diese: Möglichst viele Aufgaben der Gesellschaft sollen territorial so zusammengefasst werden, dass die Beteiligten sie selbst regeln können und dass keine Menschen ausgeschlossen werden. Dabei sind Territorien nicht Besitztümer, sondern

Zugänglichkeitsbereiche, also verknüpft mit der möglichen Leistungsfähigkeit ökologisch verträglicher und allgemein verfügbarer Verkehrsmittel. LMOs und CAs sind also Fussgängerbereiche, AURs Tram- und Velobereiche, ATs Eisenbahntagesausflugsbereiche usw. Selbstverständlich richtet sich die planetarische Alternative nach den Rahmenbedingungen von *Öko-Nord.*

– *LMO – Life Maintenance Organisation*:
«Lebenserhaltungsorganisation», zirka 500 Personen, etwa 60 % Selbstversorgung, die Grundeinheit des Sozialen, Fussgängerinnenbereich.

– *CA – Communal Area:*
«Gemeindebereich», zirka 15 000 Personen; etwa 80% Selbstversorgung, der Bereich demokratischer Selbstverwaltung, Fussgängerinnenbereich.

– *AUR – Agro-Urban Region:*
«landwirtschaftlich-städtische Region», zirka 150 000 bis 10 Millionen Personen; Selbstversorgung: 90%, der Bereich der Selbstversorgung (Stadt & Land), Tram- und Velobereich.

– *AT – Autonomous Territory:*
«autonomes Territorium», zirka 10 bis 20 Millionen Personen; Selbstversorgung: 95%, der grösste Bereich alltäglicher Zusammenarbeit, Eisenbahntagesausflugsbereiche

– *SN – Subcontinental Network:*
«subkontinentales Netz», 0,5 bis 1 Milliarde Personen; Selbstversorgung: 98%, der Bereich der technologischen Zusammenarbeit.

– *PO – Planetary Organisation:*
«planetarische Organisation», 7 Milliarden Personen, sorgt für die gerechte Verteilung der Weltressourcen.

LMO – die Nachbarschaft als das weltoffene Nest

Das Leben als Kreislauf von Kinderbetreuung, Waschen, Putzen, Aufräumen, Jäten, Ernten, Ausmisten, Zähneputzen, Duschen, Reparieren, Umtopfen, Nagelschneiden usw. ist auszuhalten mit Unterstützung und in Gesellschaft all jener, die das auch müssen. Vielleicht macht es sogar Spass. Die Grundlage des demokratischen Quartier- und des aufregenden Metropolenlebens sind Nachbarschaften (500 bis 1500 Personen), die Wohnung, Nahrung, Kleidung, Gesundheitspflege, Fürsorge in allen Lebenslagen als Form direkter, organisierter, gegenseitiger Zusammenarbeit garantieren. Hier leben Leute, die man gerade noch kennt, mit denen man aber nicht notwendigerweise intensiv verkehrt. Die Nachbarschaften übernehmen den grössten Teil dessen, was heute als «Wirtschaft» bezeichnet wird. Sie stellen direkte Kontakte mit Bauernhöfen der Region her, damit die Nahrung vom Boden auf den Teller kommt. Die Nachbarschaft entwickelt sich im Wesentlichen um das Nachbarschaftsfoyer herum, einen halböffentlichen Raum von vielleicht 400 m2, wo es zu Essen und zu Trinken gibt, wo die Handwerkerinnen Pause machen, wo sich Empfang und Verwaltung der Nachbarschaft befinden, eine Arbeitsvermittlungsstelle, alle Zeitungen, die Briefkästen usw.

Die Nachbarschaften sorgen für das alltägliche Überleben, sind also *Life Maintenance Organisations* (LMOs). Dabei ist die Analogie zu den heutigen HMOs (*Health Maintenance Organisations*) durchaus gewollt und inhaltlich berechtigt, denn bei beiden Organisationen geht es darum, rein individualistische («Zufallskundschaft») und unverbindliche Formen der Solidarität durch Gruppensolidarität und bewusste Synergie zu ersetzen und so Ressourcen effizienter zu nutzen. Ebenfalls wie die HMOs sind die LMOs Betriebe. Sie füllen die «Lücke» zwischen den Kleinhaushalten (2,1 Personen) und den zu gross gewordenen gesellschaftlichen Massenorganisationen. Sie sind reine Zweckverbände, also keine verschworenen Gemeinschaften, sondern Beitrittsorganisationen. Der Wechsel von LMO zu LMO soll jederzeit und auf einfache Weise möglich sein. Als kombinierte Wohn-, Ess-, Betreuungs-, Wasch- und Verleihgenossenschaften (oder Aktiengesellschaften) erzeugen sie mindestens die Subsistenz ihrer Mitglieder, manchmal auch mehr. Ihr ökologisches und soziales Potenzial ist sehr gross. Durch gemeinschaftliche Benutzung, Wiederverwertung, energetische Synergien, gegenseitige Hilfe usw. können sie notwendige ökologische Vorgaben ohne «Wohlbefindensverlust» erfüllen. So brauchen 700 Leute mit einer Autoverleihstelle gerade 30 Autos. Die so organisierten Nachbarschaften bieten auch eine Alternative zum Sozialstaat: Statt dass wir zu monetären Wohlfahrtsplebejerinnen werden, wollen wir lieber die Mittel für unseren Lebensunterhalt direkt in die Hände bekommen. Also eigenes Land, eigene Werkzeuge, eigene Organisation, statt staatlich garantiertes Minimaleinkommen.

Über die Grösse von LMOs liesse sich vieles sagen. So haben Kommunikationsforscher herausgefunden, dass die grösste soziale Einheit, in der sich Menschen noch informell kommunizierend organisieren können, 150 Personen beträgt. (Dunbar 1996) Diese Grösse ist noch «gemütlich», muss daher also unbedingt *überschritten* werden, um jene gefährliche Klebrigkeit zu vermeiden, die in einen Sumpf von Intrigen, falscher Nettigkeit und auswegloser Intimität führt. Umgekehrt erfordern zu grosse Alltagseinheiten bürokratische Verwaltungsstrukturen, die Kosten verursachen und Machtrisiken darstellen. Wir müssen uns also irgendwo zwischen diesen beiden Grössen bewegen.

Oft wird eingewendet, dass kleinere Einheiten, vielleicht 20 bis 30 Personen, sich schneller finden, einfacher organisieren und dann zusätzlich viel flexibler vernetzen könnten. Selbstverständlich ist dies als Strategie realistisch, doch an einem gewissen Punkt stösst man trotzdem wieder an die Gesetze der *economies of scale*, das heisst, dass gewisse kleine Einheiten sowohl arbeitsmässig wie auch ökologisch zu aufwändig werden. Wenn zum Beispiel Bauernhöfe nur für solche Hausvereine liefern müssen, dann fallen kleinere Mengen und häufigere Transporte an. Gewisse Dienstleistungen, vor allem im Verleihbereich, lohnen sich nicht mehr, Arbeitsbörsen sind unpraktikabel usw. Das bedeutet, dass man sich dann in einem grösseren Bereich doch wieder organisieren müsste. Wenn aber 20 bis 30 solche Hausvereine sich zu einer föderativen LMO zusammentun, dann ist das sicher ein gutes Modell.

Die Grössenordnung um 500 Personen wird auch bestätigt durch Modellberechnungen, die Prof. P. Rieder (Institut für Agrarwirtschaft, ETH Zürich) für neu entstehende Dorfgenossenschaften wie Vrin in Graubünden angestellt hat. «Eine soziale und wirtschaftliche Einheit, wie sie Vrin mit seinen vier Dorfteilen darstellt, muss rund 500 Personen zählen, damit sie weitgehend aus eigener Kraft die notwendige Infrastruktur finanzieren kann, vom eigenen Laden bis zum Pfarrer.» (*Die Weltwoche*, 17.8.2000)

Die Grundfrage ist die: Wollen wir von anonym regulierten Massenapparaten abhängig sein oder schaffen wir Zusammenarbeit direkt an der Basis? Unsere 2,1-Personen-Haushalte sind einfach zu klein, zu isoliert, auch zu aufwändig, um ein Leben führen zu können, das sowohl gerecht als auch befriedigend ist. Und sie werden immer zu schwach sein, um grössere gesellschaftliche Zusammenschlüsse unter Kontrolle zu halten. Wir brauchen also neue solidarische Gemeinschaften, die aber zugleich offen sind, mit klaren Beitritts- und Austrittsregelungen, keine Rückkehr zum traditionellen Dorf oder zu miefigen Sippen. («Im kleinen Dorf ist der Teufel gross,» sagt ein ecuadorianisches Sprichwort.) Diese Gemeinschaften müssen von denen, die zu ihnen gehören wollen, selbst bestimmt werden. Sie bilden souveräne, autonome, demokratische Grundeinheiten. Die Errungenschaften der bürgerlichen Revolutionen werden durch sie nicht rückgängig gemacht, sondern bekommen erst ihre solide Basis.

Zu Grösse, Gestaltung und innerer Organisation der LMOs können nur einige Leitlinien bzw. Richtwerte als Diskussionsgrundlage gegeben werden, die je nach Situation flexibel gehandhabt werden müssen:

Grösse:

ca. 400 bis 1500 Bewohnerinnen (überschaubar und trotzdem nicht zu intim, für die meisten Aufgaben rationell).

Rechtsform:

Verein, Genossenschaft, Aktiengesellschaft; später: eigene Rechtsform.

Grundleistungskorb:

- Wohnen (zum Beispiel durch eine Wohngenossenschaft)
- Nahrung (durch ein LMO-Restaurant mit Direktbelieferung durch Bauernhöfe der Region, insgesamt ca. 90 ha; siehe: *Olten alles aussteigen*; 64)
- soziales Leben (offene Begegnungsräume, Mediatheken, Telefon)
- medizinische Versorgung (durch ein LMO-Gesundheitszentrum, zum Beispiel als HMO)
- soziale Betreuung (durch stundenweise verrechnete Eigenarbeit)
- Dienstleistungen (Wäscherei, Reparaturen, usw.)
- Ausleihdienste (für Luxusautos, Apparate, CDs, Bücher usw.)
- eigene Produktion (Werkstätten, kleine Betriebe)

Auf diese Art könnten auf dem Gebiet der Schweiz theoretisch ca. 14 000 LMOs entstehen. (Deutschland: 140 000, Österreich 20 000; weltweit: 10 Millionen). In Wirklichkeit genügt jedoch eine viel kleinere Zahl um einen grundlegenden Wandel zu bewirken. Wer nicht in einer LMO mitmachen will, kann weiterhin allein, als Einzelfamilie oder in andern Gemeinschaften leben oder auch mit benachbarten LMOs Sonderverträge abschliessen, die heutigen Mietverträgen gleichen. Der Umbau unserer Dörfer und Quartiere zu LMOs muss freiwillig erfolgen, kann aber natürlich durch Anreize, Beratung und Starthilfen gefördert werden. (siehe Seite 98)

Die LMOs funktionieren anfangs wie Unternehmen, deren «Aktionärinnen» wir selber sind und deren Produkt unser Lebensunterhalt ist. Sie rechnen normal mit Zinsen, Löhnen und sind wirtschaftlich solid. Sie setzen keine Subventionen, Geschenke oder Selbstausbeutung voraus. Ein realistisches Modell könnte die Gemeinschaft Hard sein. (siehe Seite 70) Als Unternehmerinnen unseres Lebens können wir selber bestimmen, was, wie und wieviel produziert werden soll. Die Trennung in Arbeit, Wohnen und Unterhaltung kann zu einem grossen Teil aufgehoben werden, womit sich auch das Verkehrsaufkommen verringert. Der gesamte Zeit- und Materialaufwand sinkt. Wir führen damit sozusagen in unserem Haushaltbereich schlanke Produktionsweisen und «just in time» ein, aber zu unserem eigenen Nutzen. Gemeinsame Benützung und Direktverleih an Ort und Stelle sparen Geld, Energie und Ressourcen und sind so wirksame

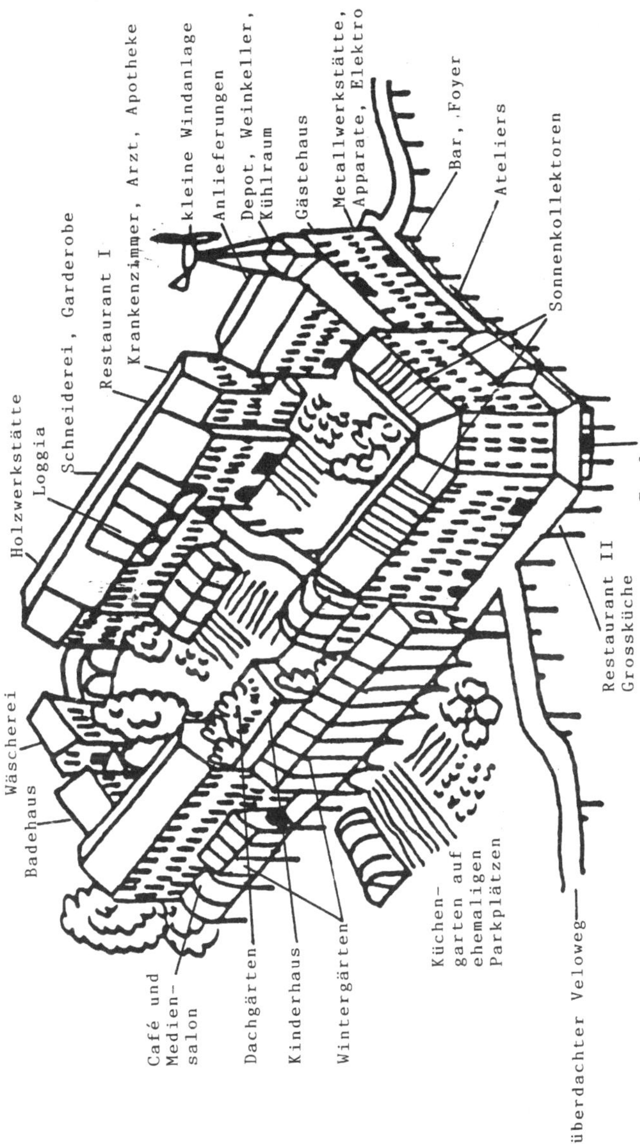

Eine Blockrandbebauung wurde in eine LMO-NAchbarschaft umgewandelt

Massnahmen zum Umweltschutz. Braucht wirklich jeder Kleinhaushalt eine eigene Bohrmaschine für drei Löcher im Jahr? Benötigen wir ein Auto pro zwei Personen, das zudem meist parkiert herumsteht?

Für das Erbringen und Verrechnen der Leistungen in einer LMO sind verschiedene Modelle denkbar. Das einfachste wäre eine Art Pauschalarrangement, wie wir es von Ferienangeboten kennen. Warum sollten wir nicht im Alltag zu Stande bringen, was Kuoni oder Hotelplan uns für drei Wochen pro Jahr offerieren? Wichtig ist, dass Leistungen nicht in einen grossen, undurchsichtigen Topf wandern, sondern dass klar abgerechnet wird. (Diese Art von «Grosszügigkeit» geht immer auf Kosten der Schwachen!) Der Leistungskorb kann von jedem Mitglied gemäss seinen Bedürfnissen individuell zusammengestellt und vergütet werden: nur Wohnen und Waschen, voller «Service», Kinderprogramm usw. Für diese Mitmachmöglichkeiten (Mimös) kann eine Benutzerinnenorganisation eingerichtet werden, die neben der eigentlichen Wohngenossenschaft besteht.

Es sind zwei Grundtypen von LMOs denkbar: Minimal-LMOs, die fast nur als Verwaltungseinheiten dienen und nur Rahmenleistungen erbringen; Gemeinschafts-LMOs, die den Willen ihrer Mitglieder, bestimmte soziale oder kulturelle Werte zu verwirklichen, ausdrücken. ***Minimal-LMOs*** werden als Quartierorganisationen funktionieren, die mit einem bestimmten Budget bestimmte Leistungen im sozialen und baulichen Bereich garantieren. In einer Übergangsphase können solche Nachbarschaften direkte Kontrakte mit staatlichen Stellen für ausgewählte Bereiche abschliessen. In diesem Sinn sind sie zugleich Grundlage einer öko-sozialen Verwaltungsreform. Solche LMOs können wegen ihrer lockeren Organisation grösser sein (bis 1500 Personen). Sie werden unterschiedlichste Beteiligungsstufen und -möglichkeiten anbieten. Sie werden so offen und auswärtsorientiert sein, dass eine uneingeweihte Beobachterin gar nicht merken würde, wo eine solche LMO anfängt oder aufhört. ***Gemeinschafts-LMOs*** werden von gewünschten Lebensweisen (vegetarisch, laut, leise, kollektivistisch, klosterähnlich, anonym, schnell, beschaulich, italienisch, sauber, chaotisch usw.) bestimmt, und suchen ihre Mitglieder gemäss einem «Covenant» oder einer «Charta». Gegen aussen werden sie die gleichen rechtlichen und ökonomischen Verbindlichkeiten wie die Minimal-LMOs eingehen müssen, gegen innen werden sie dichter strukturiert sein und mehr Verbindlichkeiten entwickeln. Beide Typen, das heisst auch ein ganzes Spektrum dazwischen, müssen möglich sein, wenn ein echter kultureller und struktureller Pluralismus entstehen soll. Wichtig ist in diesem Zusammenhang für die Einzelne, dass sie jederzeit aus ihrer LMO aus- und in eine andere eintreten kann.

Die LMO sollte über zusammenhängende Gebäude verfügen, damit das Zusammenspiel der verschiedenen Lebensbereiche möglichst örtlich und zeitlich synergetisch, das heisst auch ökologisch, stattfinden kann. Die architektonische Gestaltung (grosse Innenhöfe, Piazzette, «Pantoffelgängigkeit», Foyers usw.) soll begegnungsfreundlich sein. Die LMO bilden einen Nahbereich, wo Alte, Junge, Arbeitslose, Behinderte, wieder tätig werden können. Die vielfältigen Dienstleistungen ermöglichen es vor allem den heute doppelt belasteten Frauen, auswärtigen Aktivitäten nachzugehen.

Auf dem Land wird eine LMO in vielen Fällen mit heutigen, kleineren Gemeinden zusammenfallen, die einfach noch einige Zusatzaufgaben übernehmen. Selbstverständlich sind in diesem Fall zusammenhängende Gebäude nicht möglich, dafür gibt es vielleicht eine Art Dorf-Foyer (vgl. Vrin, Seite 139).

Durch die LMOs werden alle möglichen Formen des privaten Zusammenlebens, vom Single über die Familie bis zur Wohngemeinschaft, durch haushaltnahe Dienstleistungen unterstützt. LMOs sind gross genug, dass sowohl Gemeinschaftlichkeit wie Fremdheit möglich sind: Wir alle brauchen unsere Privatsphäre, also: LAT = living alone together. Wir alle müssen genug Raum haben, um uns ausweichen zu können, denn im Grund können wir uns ja nicht ausstehen. LMOs sind besonders familienfreundlich, weil die Generationen nicht mehr auseinandergerissen werden. Wer hingegen allein oder fern von seiner Familie leben möchte, wird trotzdem nicht isoliert.

Die LMOs bedeuten anfangs noch nicht die Abschaffung von Wirtschaft und Staat, sie schalten nur eine zusätzliche Stufe (eine Art «3. Säule») ein und machen uns damit unabhängiger vom Einfluss der Märkte und Regierungen. LMOs können auch ein Übergangsmodell zur Bewältigung unmittelbarer Krisen der Arbeitsgesellschaft sein. (Dies ganz im Sinn des Dritten Sektors.) Wegen der neuen Technologien werden in Zukunft weniger Arbeitskräfte benötigt werden. Bezahlte Arbeit wird noch knapper werden. Trotzdem haben wir lebenswichtige Bedürfnisse, die befriedigt werden müssen. Im Inneren einer LMO ist es möglich, neue Arbeitsmöglichkeiten zu schaffen, die Bedürfnisse decken, aber nicht notwendigerweise mit Geld abgegolten werden müssen. Eine ganze Reihe von Diensten (Kochen, Waschen, Kinderbetreuung, Pflege) wird von fast allen Menschen benötigt und kann von fast allen geleistet werden. Die nahe liegende Lösung ist eine generationenübergreifende Vermittlungsorganisation. Bei einer Grössenordnung von ca. 500 Personen ist es möglich, flexible und unbürokratische Systeme einzuführen, die zum Beispiel auf Girofranken oder Stundenguthaben beruhen. Geleistete Arbeit wird normal in Franken pro Stunde verrechnet, das so angehäufte Girokonto kann aber nur für den Bezug von Leistungen aus dem bestehenden LMO-Angebot benützt werden. So werden die Haushaltsbudgets entlastet und wird vermehrt Teilzeitarbeit möglich, was wiederum mehr Arbeitsplätze für alle schafft.

Ein individuelles Arbeitsformenmenü für eine Woche könnte also so aussehen:

Erwerbsarbeit:	20 Std.	ca. 1000.-
Giroarbeit:	10 Std.	ca. 300.- Girofranken
Gemeinschaftsarbeit:	4 Std.	Gratisnutzungen
Private Hausarbeit:	10 Std.	unbezahlt (wie heute)

Dieses Menu kann je nach Lebensphase, Arbeitsmarktverhältnissen oder persönlichen Bedürfnissen variiert werden. So sollte es auch möglich sein, zum Beispiel drei Monate voll zu arbeiten und dann neun Monate frei zu nehmen. Es gewährleistet eine hohe Flexibilität bei garantierter Sicherheit. Der Übergang von einer reinen Geldwirtschaft in ein gemischtes System kann mit der Rückendeckung von LMO und neuen Arbeitsformen allmählich und ohne Risiken erfolgen. Die LMOs kommen als neues Element dazu und entwickeln sich je nach Gegebenheiten immer weiter.

Städtebaulich gesehen ist der Umbau zu LMO-verträglichen Nachbarschaften und Quartieren gleichbedeutend mit dem Rückbau von vorstädtischen und halbländlichen Streusiedlungen, die verkehrsmässig (Auto), ökologisch (Haustechnik, Ressourcenverbrauch) und sozial (Isolation, Dienstleistungsexplosion) nicht mehr tragbar sein werden. Dies gilt im verschärften Mass für die USA, die sich von den Suburbs, der planetarisch gesehen wohl verschwenderischsten und zugleich rassistischsten Struktur, verabschieden müssen. Während Houston Texas bei einer Bevölkerungsdichte von 10 Personen/ha 290 l Benzin verbraucht, sind es in Hongkong bei 293 Personen/ha nur 11,4 l, also dreissigmal weniger (Maxeiner, *Lexikon der Öko-Irrtümer*, Piper, 2000; 283). Solche Streusiedlungen können entweder zu Stadtquartieren verdichtet und an benachbarte Städte angeschlossen, oder aber zu kleinen Landstädten von vielleicht je 10 000 Bewohnerinnen zusammengefasst werden. (Dies war übrigens Adam Smiths *positive* Utopie!) Der frei gewordene Boden wird genutzt für die stadtnahe Versorgung (Gemüse usw.). Das Wohnen im Grünen wird ersetzt durch intensives Stadtleben und einen regelmässigen Austausch mit assoziierten Landgütern («Ferien auf dem Bauernhof»).

LMOs sind nicht nur soziale Modelle für industrialisierte Gesellschaften des Nordens, sie sind im Gegenteil noch wichtiger im Süden und bestehen dort auch in verschiedensten Formen. In mexikanischen Barrios, brasilianischen Favelas, in Nachbarschaften in Kairo gibt es vielfältige Initiativen zum Aufbau von Subsistenzstrukturen, von denen wir viel lernen können. Was wir andern als «Entwicklungsstrategien» empfehlen, sollten wir endlich auch bei uns anwenden.

Wenn wir auf diesem Planeten friedlich zusammenleben wollen, dann muss eine planetarische Fairness hergestellt werden. Die Partner eines neuen planetarischen Haushalts müssen im Innern auf demokratischer Mitbeteiligung aller beruhen und gegen aussen bezüglich des technischen Niveaus ihrer Produktionsmittel einigermassen vergleichbar sein. Demokratie macht sie verlässlich, Gleichheit friedlich. Gleich lange ökonomische und politische Spiesse, das bedeutet vor allem ähnliche Organisationsgrössen. Flexible Limiten (also ca. 300 bis 1500 Personen für eine LMO) müssen global, in einer Art «organisatorischem Abrüstungspakt», respektiert werden. Eine planetarische Durchlässigkeit kann nur von sozialen Modulen vergleichbarer Grösse, wie es die LMOs sind, gewährleistet werden.

Die LMOs bieten die Möglichkeit, tribalistische, ethnische oder religiöse Zwangsgemeinschaften (Stämme, Sippen) zu überwinden, weil sie deren soziale und wirtschaftliche Leistungen erbringen können, ohne dass der Preis verwandtschaftlicher Bindung oder gar patriarchaler Unterdrückung oder religiöser Regression bezahlt werden muss. Sie lösen die Familie in einem erweiterten, «abgekühlten» Haushalt auf und geben dabei vor allem den Frauen und Jugendlichen ihre Bewegungsfreiheit zurück. Für die jungen Menschen im Süden wäre dies der grosse Durchbruch, den sie alle suchen. (Es ist schwer zu entscheiden, ob sie heute eher auswandern, um ihren patriarchalischen Clans zu entkommen oder um an unserem Lebensstandard teilzuhaben.) Ein planetarisches LMO-Übereinkommen müsste daher unter anderem gewährleisten, dass:

- jede ihre und jeder seine LMO jederzeit nach einer dreimonatigen Kündigungsfrist verlassen kann;

- jede LMO mindestens 10 Prozent ihres Raumes und ihrer Ressourcen für Gratisgäste zur Verfügung halten muss;

- alle Erwachsenen, die mindestens ein Jahr in einer LMO leben und mitarbeiten, das Recht haben, stimmberechtigt an einer Vollversammlung teilzunehmen;

- LMO-Bewohnerinnen nur mit 75 Prozent der Stimmen einer Generalversammlung und nach einer sechsmonatigen Kündigungsfrist ausgeschlossen werden können;

- in der LMO geborene Kinder unabhängig von allen Umständen versorgt und aufgezogen werden.

Es ist klar, dass in extremen Fällen Ausnahmen von diesen Regeln gemacht werden müssen, so zum Beispiel wenn eine kleine Insel plötzlich von Zuzügerinnen überschwemmt wird. Auch die Gastfreundschaftsregel liesse sich so präzisieren, dass nach drei Tagen Mitarbeit im Haushalt, nach einem Monat ein Beitrag zur erweiterten LMO-Produktion erwartet wird. Die planetarischen Regeln basieren nicht auf einer beliebigen Grosszügigkeit, die dann doch nicht eingehalten werden kann, sie sollen durchaus auch die Möglichkeit von Sanktionen (Ausschluss als härteste) bieten. Die 75 Prozent-Klausel setzt für eine solche Massnahme bewusst eine sehr hohe Schwelle. Die verschieden dosierten Kündigungsfristen sollen die Möglichkeit von Rückkommensanträgen, Meinungsänderungen usw. garantieren, die in grösseren Gemeinschaften, die mit Vertretungsgremien funktionieren, sehr wichtig sind. Kündigungsfristen sind wohl eine der wertvollsten zivilisatorischen Errungenschaften, weil sie unüberlegte oder manipulierte Spontanentschlüsse vermeiden helfen.

Jede LMO bestimmt ihre inneren Strukturen, ihre Lebensweise, ihre architektonische Gestaltung, selbst. Zwischen LMOs sind vielfältige Verknüpfungen, Tauschbeziehungen, gemeinsame Unternehmungen, möglich. Die LMOs sind die neuen Subjekte für alle möglichen Kooperativen und Vernetzungen (zum Beispiel via Internet, wie ich es schon in *bolo'-bolo*, 1983, vorgeschlagen habe).

Schon im Inneren einer LMO sollte es – zusammen mit den dazu gehörenden Landwirtschaftsbetrieben – möglich sein, 60 – 80 Prozent der zum Leben nötigen Dinge anzubieten. Sie sind jedoch keineswegs auf völlige Autarkie aus, da dies unter den meisten Bedingungen eine unnötige Selbstbeschränkung bedeuten würde und sogar ökologisch kostspielig werden könnte. Autarkie ist Luxus, wenn die Möglichkeit fairen planetarischen Austauschs besteht. Was die LMOs leisten sollen, ist also eine «Autarkie mit Fenstern».

Die LMOs bilden zusammen mit ihrem Partner auf dem Land die Basis einer globalen Landreform. Sowohl privates wie staatliches Landeigentum haben zu Missbräuchen, Verschwendung und endlosen Kriegen geführt. Die LMOs könnten die organisatorische Grundlage für ein global-kommunales Landeigentum (=Allmende) werden, indem sie allen Menschen Zugang zur Landnutzung geben, ohne aber den Preis tribalistischer oder ethnischer Ausschliessung zu bezahlen. (Die LMOs sind ja gemäss den obigen Beitrittsregeln *offen*, sie müssen Aussenstehende grundsätzlich aufnehmen. Als Aufgenommene verfügen sie mit über das Land.) Zugleich ist eine enge, persönliche und generationenübergreifende Bindung von Landnutzerinnen an «ihr» Land, also die Verantwortung für dessen langfristige, liebevolle Pflege, gewährleistet. LMO-Land ist nicht bloss eine anonyme Unterlage für Kolchosen oder agroindustrielle Unternehmen, sondern eine Herzenssache. Eine Regelung könnte also etwa lauten:

- je 500 Menschen verfügen als LMO über 100 ha Kulturland (je nach Boden und Klima);
- davon stellen sie 10 Prozent der nächst grösseren Einheit (CA, AUR usw.) für gemeinsame Aufgaben zur Verfügung;
- nicht bebaubare Flächen und was sich unter der Erdoberfläche befindet, wird regional oder global genutzt (keine LMO-Verfügung über Bodenschätze).

Diese Grundregeln haben selbstverständlich ihre Probleme. Dazu gehört die allmähliche Überführung von heute privatem oder tribalem Land in global-kommunales, die Abgrenzung von ökologisch nötigen unbebauten Flächen von bebaubaren, die Verteilung des Landes an die LMOs, die interne Aufteilung des LMO-Landes an verschiedene Nutzerinnen (auch individuelle Gärten sind möglich), die Verteilung der Produkte usw. Auch eine regionale oder globale Nutzung von Bodenschätzen muss zu Konflikten führen, denken wir nur an die Erdöl produzierenden Länder. Wenn wir eine nachhaltige und friedliche Welt wollen, werden wir aber nicht darum herumkommen, uns diesen Problemen zu stellen.

CA: Das Quartier als demokratische Heimat

Die LMOs können sich autonom zu lokalen Kooperationsnetzen oder Zweckverbänden zusammentun und so ein noch grösseres Spektrum an Bedürfnissen abdecken. Insofern brauchen sie keine weitere Organisationsstufe. Es gibt aber besondere Dienste und Produktionsanlagen, die auf Grund ihres Aufwands nur auf einer nächsten Stufe sozialer Zusammenarbeit erbracht werden können: Wasser- und Energieversorgung, Fahrzeugparks, Baumaschinen, spezialisierte Werkstätten (Metall, Elektronik, Optik, Zahnärzte usw.), Labors, Ausbildungsstätten, Kinos usw. Eine Grössenordnung, die heute schon dafür besteht, ist in Metropolen das Quartier, auf dem Land ein grosses Dorf, eine Talschaft, ein Landbezirk. Etwa 20 LMOs können zusammen eine solche «Commune» bilden.

Idealerweise hat ein Quartier ein Zentrum mit grossem Café (oder Teehaus, Biergarten, ca. 600 m2), Post, Markt (für nichtalltägliche Produkte), Bibliothek, handwerklichem Dienstleistungskomplex, Konditorei, Autoverleih/Garage, grossem Saal, Lern- und Lehrhaus usw. (Das Café soll gross genug sein, dass «Feindinnen» noch im gleichen Lokal sein können. Zwei Ein-/Ausgänge wären nicht schlecht.) Das Quartierzentrum ist eine demokratische Soziallandschaft von Gleichen, die sich keine Extravaganzen leisten können, da sie immer wieder miteinander auskommen müssen. Klar erscheint man nicht im Trainer oder im Pyjama (wie in der Nachbarschaft), aber man zieht auch nicht seinen besten Anzug an. Der Ruf muss hier intakt sein. Jede muss ihre Rolle in diesem Bürgerinnentheater kennen und möglichst gut spielen.

Ein Quartier kann auch schon kleinere Industriebetriebe, die auf lokalen Ressourcen beruhen, betreiben: Käserei, Kokosmilchkondensatfabrik, elektronische Montage, Sägerei, Keramik, Fahrzeugumbau, Weinkellerei usw. Die auf Dauerhaftigkeit re-engineerten Industrieprodukte (*dumotek*) werden anspruchsvolle Reparaturwerkstätten erfordern. Solche Betriebe können Gemeinschaftsunternehmen beteiligter LMOs oder unabhängige Genossenschaften sein, die im Bereich der AUR oder des AT (siehe Seiten 156 - 158) operieren.

Das Quartier ist der Bereich der demokratischen Selbstverwaltung, wo die Bewohnerinnen sich nicht nur via LMO, sondern auch als ***Einzelbürgerinnen*** definieren und betätigen können. Sie bietet mit ihren Organen und Unternehmungen wichtige Freiheitsräume und Gegengewichte, damit das Individuum nicht ausschliesslich von seiner LMO abhängig ist.

Nachbarschaftsleben und Quartierleben sind nicht das Gleiche. Quartier-Räte bestehen daher nur zur Hälfte aus LMO-Delegierten, der Rest wird aus einer allgemeinen Liste gewählt. Abschottungstendenzen, Tribalismen und Gruppenegoismen können so ausbalanciert werden. Im Falle von Missständen in LMOs, die nicht mehr aus eigener Kraft behoben werden können, stehen so äussere Instanzen (Ombudsstellen, Gerichte, *Qadis* usw.) zur Verfügung, die eingreifen können. Jede Bürgerin hat noch ein zweites Standbein der Einflussnahme. (Checks and balances!)

Im Rahmen der Quartiere sollte, je nach Klimazone, eine Selbstversorgung zu 90 Prozent möglich sein. Von aussen werden nur noch Spitzenleistungen, Hilfe bei Krisen, besonders seltene Produkte benötigt. Es ist möglich, dass Quartiere von sich aus landwirtschaftliche Betriebe für spezielle Produkte betreiben (CA-Höfe).

Diese neuen Quartiere sind nicht identisch mit den heutigen Stadtkreisen zum Beispiel in Zürich, sondern kleiner. Sie umfassen je 10 bis 20 Nachbarschaften, die heute schon städtebaulich und infrastrukturmässig eine gewisse Einheit bilden, zum Beispiel der vordere Kreis 5, der Kreis 4 zwischen Kaserne und Langstrasse, die linksufrige Altstadt usw. Teils haben sich diese Quartiere von selbst schon an den offiziellen Verwaltungsstrukturen vorbei entwickelt, teils müssten sie aus amorphen Schlafquartieren noch neu aufgebaut werden. Oft handelt es sich dabei um Einzugsgebiete von Migros- oder Coop-Märkten. So ergeben sich für Zürich statt 12 Kreisen 20 bis 30 Quartiere mit je um die 15 000 Einwohnerinnen.

Quartiere sind Bereiche, wo alle für den Alltag wichtigen Orte noch bequem ***zu Fuss*** erreicht werden können. Sie sind vom öffentlichen Verkehr als Einheit gut zu erschliessen und möglichst direkt mit der City zu verbinden. Voll funktionsfähige Quartiere sind die wichtigste Voraussetzung dafür, dass das gesamte Verkehrsaufkommen reduziert werden kann. (vgl. die Empfehlungen der *Stadt- und Transportoptimierungsstudie*, ZAS, 1993)

Das Quartier übernimmt mit eigenem Budget und Stellenplan zum Beispiel folgende Aufgaben:

- Primar/Sekundarschule/Kindergärten
- Alterspflege
- Poliklinik
- Ausbau und Benützungsordnung der öffentlichen Räume (Parkplätze, Wohnstrassen, Terrassen, Märkte usw.)
- höhere Abfallbewirtschaftung (zum Beispiel Metalle, Öle)
- Umbauten
- Begegnungsräume für Kultur, Hobbys usw.
- Bäder/Gymnastikhallen/Sportanlagen
- einfacher Strassen- und Gebäudeunterhalt
- Werkstätten, Bauhof
- Fahrzeugpark
- usw.

In einer Stadt kann «man» (noch weniger «frau») nicht leben. Das würde, wenn es wirklich eine Stadt ist, für alle den nervösen Zusammenbruch bedeuten. Leben kann man nur in einem vernünftigen, demokratisch verwalteten, ordentlichen Quartier. (Das heisst zugleich, dass Siedlungen dieser Grösse keine Städte oder gar Metropolen, sondern höchstens gemütliche «Landstädtchen» sein können.) Das Quartier ist typisch, multikulturell in seinen Nachbarschaften, tolerant, nachhaltig, wirtschaftlich solid, irgendwie ruhig und möglichst nicht allzu aufregend. Es ist kinder- und bürgerfreundlich. Katzen überqueren Strassen schräg. Die Alten machen Witze über die sechziger und achtziger Jahre, die niemand mehr versteht.

Tauschringe zur sozialen Belebung des Quartiers

Als 1929 die grosse Depression hereinbrach, waren alle Fabriken funktionsbereit, gab es genug Rohmaterial, intakte Farmen, ausgebildete Arbeitskräfte – alles war noch da. Doch weil die Funktion des Geldes als Tauschmittel nicht von derjenigen als Wertaufbewahrungsmittel gelöst werden konnte, wurde jeglicher Austausch blockiert und es entstanden weltweit grosse Armut und Hunger. Diese Absurdität des kapitalistischen

Systems taucht überall und immer wieder auf. Manchmal äussert sie sich in verschwenderischer Überproduktion, dann wieder in unnötigen Verknappungen. Daher gab es seit den dreissiger Jahren Versuche, eigene lokale Währungen zu schaffen, um den Austausch der vorhandenen Ressourcen wieder in Gang zu bringen.

Angesichts von Arbeitslosigkeit und lokaler wirtschaftlicher Ausblutung sind in den letzten Jahren in vielen Ländern Tauschringe oder LETS (Local Exchange Trading Systems) entstanden. Theoretisch können solche Tauschringe genauso funktionieren wie normales Geld und einer ganzen Region dazu verhelfen, sich von der Wirtschaft abzukoppeln. Doch haben die Erfahrungen der letzten Jahre gezeigt, dass sie in der heutigen Situation eher eine Ergänzung sind und nur unter bestimmten Randbedingungen funktionieren. (vgl. Lietaer, *Das Geld der Zukunft*, 1999) Auch die sozialen Probleme können nicht einfach mit entfesseltem Kleinhandel gelöst werden. Wer nichts anbieten kann, zum Beispiel wegen Behinderung, kommt auch bei LETS unter die Räder. Die alten sozialen Ungerechtigkeiten bilden sich auch in der LETS-Währung nur wieder ab, zum Beispiel Landbesitz, die Vermögens- und Lohnungleichheit.

Vorschläge, die einen gesellschaftlichen Wandel ganz ausgehend von neuen Geldformen bewirken wollen, zäumen das Pferd beim Schwanz auf. Das Geld ist ein Ausdruck sozialer Tauschverhältnisse. Wenn es Ausbeutung gibt, dann gibt es auch Zins, nicht umgekehrt. Zins ist strukturelle Gewalt. Das Gewaltmonopol des Staates im Dienste der Arbeitsmaschine «überzeugt» uns davon, Zinsknechte zu bleiben, nicht eine blosse Bankmechanik. Ohne Polizei gibt es keine Banken. Das Experimentieren mit Komplementärwährungen wird uns nicht aus der Zange von Staat und Kapital herausführen.

Wenn wir von einer LMO ausgehen, ist es viel sinnvoller, wenn diese die Grundversorgung mit Lebensmitteln durch fixe Verträge für all ihre Mitglieder organisiert, statt dass jede/r einzelne Hunderte von Tauschvorgängen mit Bäuerinnen oder Handwerkerinnen abschliesst. Güter wiederum, die nur auf einer gewissen industriellen Stufenleiter produziert werden können, müssen entweder mit global gültigem Geld oder auf andere Weise (Zweckverbände) beschafft werden. Tauschringe im Innern einer LMO sind auch darum eher schädlich, weil sie die spontane Nachbarschaftshilfe unterlaufen könnten. Es ist sozial und ökologisch immer noch am effektivsten, wenn Hilfe an Ort und Stelle ohne bürokratische Umtriebe gewährt werden kann. (Dies gilt nicht für regelmässige Verleihsysteme, zum Beispiel von Autos.)

Tauschringe sind also sinnvoll in jenen Bereichen, wo es nicht um lebenswichtige oder kapitalintensive Güter, sondern um wünschbare Zusatzleistungen geht. Da sie zudem nur dann attraktiv sind, wenn der «Markt» relativ gross ist, das heisst wenn eine gewisse Auswahl besteht, gehören sie am ehesten in den Bereich des Quartiers oder einer ländlichen Kleinregion. In diesem Bereich können sie dazu beitragen, die Anonymität zu durchbrechen und das soziale Leben zu bereichern, und sei es auch nur durch die Sitzungen und Treffen der Tauschringmitglieder.

Ein gutes Beispiel ist der ***Kreuzberger Tauschring*** in Berlin, der 1994 gegründet wurde und mindestens 60 Mitglieder zählt. (Kreuzberger Tauschring, Urbanstr. 21, Berlin) Er hat die Form eines Vereins, dem man gegen eine Jahresgebühr von 24.- DM beitritt. Dieser Verein betreibt eine Geschäftsstelle, die alle Konten nachführt und ein monatliches Bulletin, den *Strassenkreuzer*, herausgibt. In diesem Organ können alle Mitglieder gratis Angebots- und Nachfrageinserate veröffentlichen. Verrechnungseinheit ist der Kreuzer, wobei 20 Kreuzer einer Arbeitsstunde entsprechen sollen. (Im Niedriglohnbereich entspricht er also einer DM.) Die Preise sind jedoch zwischen Tauschpartnern frei verhandelbar. Im Unterschied zu anderen Tauschringen, deren Währung physisch zirkuliert (so zum Beispiel der «Knochen» vom Prenzlauerberg), ist der Kreuzer eine reine Giroeinheit, die nur im Vereinscomputer existiert. Die Tauschpartner erhalten vom Verein ein «Scheckbuch» mit Tauschmeldungen, die von ihnen nach erfolgter Leistung unterschrieben ans Büro gesandt werden müssen. Es gibt ein Kreuzerkreditlimit von 500 nach oben und unten. Wer es erreicht, wird im Bulletin publiziert, damit die andern Mitglieder die Möglichkeit haben, den Betroffenen aus der Patsche zu helfen. Für alle Konten herrscht vollständige Transparenz unter allen Beteiligten.

Der Kreuzberger Tauschring sieht sich selbst nicht als alternative Ökonomie, sondern als Mittel der Nachbarschaftshilfe, als Kontaktforum für alle möglichen Aktivitäten – auch politische. Der Vorteil gegenüber spontaner direkter Hilfe besteht darin, dass eine breitere Palette von Angeboten möglich wird. So gibt es folgende Bereiche:

- Haus und Heim (Reparaturen, Putzen, Babysitten, Hund ausführen)
- Inneneinrichtung (Teppich verlegen, Tapezieren, Malen, Regale montieren)
- Bauen (Bauzeichnungen, Mauern, Plattenlegen, Verleih von Geräten)
- Unterhaltung (Musikunterricht, Video-, Bücherverleih, Geschichten erzählen)
- Computer, Büro (Software erklären, Lohnsteuerhilfe, Layout)
- Kunst (Porträts, Modell stehen, Malerei, Kunsthandwerk)
- Handwerk (Kleider nähen, Fotos entwickeln, Schmuck herstellen, Fahrräder warten)
- Essen (Kochen, Obst und Gemüse, Marmelade kochen, Brot)
- Garten (Umgraben, Erntehilfe, Rasen mähen, Verleih von Gartengeräten)
- Auto (Verleih, Reifenwechsel, Reparatur, Mitfahrgelegenheiten)

Im *Strassenkreuzer* Nr. 49 vom Mai 1999 findet man folgende Inserate mit den Angeboten:

- Floristin bietet sachgerechtes Umtopfen und Pflanzen der Balkon- und Zimmerpflanzen. Kontakt: Agi, Telephonnummer, Kontonummer.
- Backe Kuchen, koche Eintöpfe. Kontakt: Renate, Telephonnummer, Kontonummer.
- Jeansjacke gefüttert für rauhe Frühjahrs- und Herbsttage. Kontakt: Beate, Telephonnummer, Kontonummer.
- Tarotberatung zu speziellen Themen. Kontakt: Lisa, Telephonnummer, Kontonummer.
- Daihatsu Cuore zu verborgen. Kontakt: Olli, Telephonnummer, Kontonummer.
- Versicherungsberatung! 9 Jahre Erfahrung als unabhängiger Finanzberater. Kontakt: Kai-Uwe, Telephonnummer, Kontonummer.

Auffallend beim Kreuzberger Tauschring ist der grosse Anteil von Frauen. Das deutet doch darauf hin, dass sich wieder die alte Spaltung durchsetzt: gute bezahlte Jobs für Männer, Hausarbeit für Frauen (mit Austausch).

Eine Umfrage unter 200 englischen LETS ist zum Resultat gekommen, dass diese im Schnitt 70 Mitglieder haben und mit 250 Mitgliedern die grösste Ausdehnung erfahren. (Lang, *LETS WORK*, 1994) In Frankreich gibt es 300 Tauschringe mit durchschnittlich je 100 Mitgliedern (*contraste*, 171, Dez. 98). Es braucht also eine geografische Überschaubarkeit und eine gewisse Vertrauensbasis (oder soziale Kontrolle), denn sonst würden immer wieder Mitglieder mit hohen Schulden davon laufen, da es ja weder Zinsen (positiver Anreiz) noch Betreibungsmöglichkeiten gibt. Regelmässige Treffen, Tauschbörsen oder Quartiertauschmärkte (dafür wäre eine physische Eintags-Währung, wie etwa Bratwurstbons an Festen, geeignet), Feste, eventuell ein fixes Tauschcafé usw. sind unbedingt nötig, damit der persönliche Kontakt erhalten bleibt.

Auch wenn keine Noten oder Münzen kursieren, ist ein besonderer Name für die Tauscheinheiten sinnvoll, damit keine Verwechslungen mit staatlichen Währungen auftreten. (Zudem macht das Erfinden von Währungsnamen Spass.) Dies erlaubt es auch, Tauscheinheiten mit Geldeinheiten kombiniert zu verwenden, indem zum Beispiel nur die Hälfte in der jeweiligen Giroeinheit verrechnet wird. Materialkosten müssen in harter Währung bezahlt werden können, weil sie auch wieder in dieser anfallen. Am einfachsten und für alle am leichtesten zu verstehen, wird es wohl sein, wenn die Giroeinheit anfangs der Landeswährung entspricht. Sollte sich später der Franken oder der Dollar entwerten oder sollten sie gar verschwinden, so schadet das dem Tauschring nicht: er ist inflationssicher und staatsunabhängig.

Zu unterscheiden von Individual-LETS wären, in einer späteren Phase, Tauschbeziehungen zwischen LMOs, CAs, AURs usw. Solche Tauschgeschäfte auf grosser Stufenleiter finden heute schon zwischen Unternehmen routinemässig statt. Angeblich sind heute bis zu 25 Prozent der Geschäfte von globalen Grossunternehmen Tauschhändel (Wodka gegen Coca-Cola, Atomkraftwerke für Erdöl). (Lietaer 1999; 61)

AUR – Der Bereich der Selbstversorgung:

Wie die Autorinnen der Subsistenzperspektive zu Recht feststellen, sind heute Städte Parasiten. Zugleich sind aber verdichtete urbane Siedlungen aus ökologischen Gründen notwendig, denn sie helfen, den Landverbrauch und das Verkehrsaufkommen zu vermindern. Städte müssen also neu in ihr Umfeld eingepasst werden, so dass sie mit dem Land in einer regionalen Zusammenarbeit funktionieren können. Das Instrument dafür ist die agro-urbane Region.

Die Stadt gehört zu einer agro-urbanen Region, die ihre eigenen Verwaltungsorgane hat. In der Schweiz ergänzt oder ersetzt sie die heute schon überholten Einteilungen in Gemeinden oder Kantone. Sie könnten (zuerst neben den alten politischen Einheiten) als lockere Zweckverbände entstehen, wo CAs, städtische Gremien, Bäuerinnenvereinigungen, Industrieunternehmen usw. sich ihre Strukturen schaffen. Im Falle von Zürich wäre die AUR das Gebiet von Brugg, Zug, Rapperswil, Frauenfeld, Schaffhausen und wieder zurück nach Brugg, das heisst der Grossraum Zürich inklusiv seiner landwirtschaftlichen Flächen. In vieler Hinsicht fallen die AUR mit den oft vorgeschlagenen Bioregionen zusammen.

Die AURs ergeben sich notwendigerweise aus der heute weltweiten Urbanisierung, gerade auch in der ehemaligen Dritten Welt. Überall wurden Menschen aus den Dörfern vertrieben, oder sie haben es selbst vorgezogen, in Metropolen zu leben. Die grossen Metropolen bieten in der Tat kulturelle und soziale Möglichkeiten, die das Dorf nie erreichen kann. Trotz ihrer blutigen Geschichte gibt es keinen Grund, sich ein gerechtes und umweltverträgliches Leben auf diesem Planeten nicht in diesen Metropolen (griechisch: «Mutterstädten») vorzustellen. Aus den *Global Cities* des Überlebenskampfs aller gegen alle müssen solidarische und organisch gegliederte Metropolen entstehen.

Eine gewisse Zahl von eher ländlichen CAs (10 bis 20), die keiner Metropole zugeordnet werden können, können zu grösseren Regionen zusammengefasst werden, die die gewünschten Zusatzdienste erbringen: Spitäler, Verkehrswege, grössere Industrien, Kulturzentrum usw.

Das dringendste Problem, das es heute jedoch auf dem Planeten zu lösen gilt, ist eine umweltverträgliche, demokratische Umstrukturierung von metropolitanen Zonen, seien das nun alte Weltstädte, neue Agglomerationen, US-Streifenstädte, riesige Siedlungsgeflechte im planetarischen Süden. Ein erster Schritt ist die Einteilung solcher formloser Gebilde in selbstverwaltete CAs oder Stadtteile, die zusammen mit den LMOs von sich aus Beziehungen mit der umliegenden Landwirtschaft aufbauen. Dass dies immer noch möglich ist, zeigt zum Beispiel die 15-Millionen-Stadt Shanghai, die jeden Morgen mit Frischgemüse aus der Region versorgt wird. Je nach Situation können 30, 60 oder gar 100 CAs eine Metropole bilden, das heisst metropolitane Dienste und ein metropolitanes Zentrum als Gemeinschaftsunternehmen einrichten. Kapitalistisch ausgedrückt könnten die CAs Aktionärinnen einer City-AG sein, welche riesige Begegnungszentren in der Mitte baut, ein Akademie unterhält, öffentliche Verkehrsmittel betreibt, ein Spital für Spitzenmedizin usw.

Wenn die Zuteilung gesellschaftlicher Ressourcen durch das kapitalistische Banken- und Börsensystem auf einen kleinen Rest geschrumpft oder ganz zusammengebrochen ist, müssen Produzentinnen und Konsumentinnen sich andere Zentren und «Börsen» schaffen, wo Projekte und Unternehmungen verschiedener Grössenordnungen auf der Grundlage persönlicher Kontakte geplant werden können. Dafür sind grosszügige ***Kooperationszentren*** (vgl. unten: *Pantek*) vor allem im Rahmen der AURs nötig, möglichst im Zentrum von Metropolen. Diese bilden zugleich das gesellschaftliche Herz dieser Städte, ähnlich wie früher Märkte, Messen oder Börsen.

Zur vollständigen Lebensmittelversorgung von einer Million Menschen braucht es unter mitteleuropäischen Bedingungen ein Agrarumland von ca. 2000 km2, das heisst einen Umkreis von etwa 25 km. Der Transport ist mit einem Sammellastwagen in einer halben Stunde zu schaffen. Wenn länger haltbare Güter (Getreide, Kartoffeln, Käse, Fleisch) von noch weiter her transportiert werden, verkürzt sich der Weg für Frischprodukte, da dann näher gelegene Flächen für deren Anbau frei werden. Gerade für diese haltbaren Lebensmittel und Spezialitäten ist ein Austausch bis auf subkontinentale und planetarische Ebenen weiterhin möglich und wünschbar. Obwohl also die LMOs ihre eigene Lebensmittelversorgung organisieren, muss in metropolitanen Zonen diese Versorgung doch in einem grösseren Rahmen koordiniert werden, damit keine Verschwendung von Energien durch zahllose parallele Transporte entsteht. Die AUR ist der organisatorische Rahmen, wo LMOs sich mit den Bäuerinnen der Region zusammen so einrichten, dass die Lebensmittelversorgung effizient und nachhaltig geschehen kann. In diesem Rahmen wird auch dem Schutz der Natur Rechnung getragen (Gewässer, Wälder, Gletscher, Moore, Alpen, Flora, Fauna, Fische, Frösche usw., etc. pp.).

Eine wichtige Funktion der Metropolen besteht darin, planetarische Begegnungen zwischen Menschen, einen planetarischen Austausch von Ideen, Wissen und Produkten zu ermöglichen. Die Metropolen bilden eine Art Netzwerk, das mit Eisenbahnen, Schiffslinien, ja sogar Wanderrouten verbunden werden kann (Pedonet). Nur Metropolen können einen solch konzentrierten Austausch anbieten. Wie LMOs und CAs können sie zu diesem Zweck «Gratishotels» für planetarische Besucherinnen betreiben. (Weiteres siehe Ideen für Zürich danach, Seite 168 ff.)

AT – Ein Leben ohne Grenzen

Wenn man den stufenweisen Aufbau ausgehend von der Produktion des Lebens weiterverfolgt, kommt man unweigerlich zu einem Bereich, wo praktisch alle nötigen Ressourcen für eine bestimmte Zahl von Bewohnerinnen vorhanden sind und alle Dienste angeboten werden können. Solche territorialen Gebilde (ohne geografisch feste Grenzen) ergeben sich auch verkehrstechnisch: Es ist das Gebiet, in dem man noch am gleichen Tag von einer Eisenbahnreise (Flugreisen sind aus ökologischen Gründen sicher nicht mehr tragbar) nach Hause zurückkehren kann. Meist enthält ein solches Gebiet auch ein metropolitanes Zentrum. Solche Territorien sind etwa 50 000 km2 gross und haben zwischen 5 bis 20 Millionen Bewohnerinnen. Sie haben sich aus geografischen und historischen Gründen schon vielerorts ergeben: zum Beispiel die Schweiz, Schottland, Irland, Andalusien, Sachsen, Georgien, Guatemala, Kerala, Nepal, Uganda, gewisse US-Staaten usw. Sie müssten nur doch umdefiniert und wirklich autonom gemacht werden.

Es wird heute oft vom «Europa der Regionen» gesprochen – von der Grössenordnung her könnten die ATs durchaus in diese Vorstellung passen. Doch wenn damit ethnisch gereinigte Regionen gemeint sein sollten, so muss vor solchen Ideen gewarnt werden. ATs können durchaus multikulturell sein, wie zum Beispiel die Schweiz. Die Autonomie wird durch die kulturelle Vielfalt nicht geschwächt, sondern gestärkt, weil das Zusammenleben spannender und bunter wird. ATs sind also nicht als Monotonie-, sondern als Spannungsfelder interessant. Es ist viel aufregender, eine Serbin oder eine Appenzellerin zu sein, wenn die Nachbarin eine Baskin oder eine Inderin ist. Die heutigen nationalen oder ethnischen Grenzen spielen bei der Definition der ATs keine entscheidende Rolle. Die ATs können im Gegenteil gezielt so zusammengestellt werden, dass ethnische oder sprachliche Grenzen überschritten werden.

Es sieht heute so aus, als ob die im 19. Jahrhundert gewaltsam gebildeten Grossnationen oder Ex-Kolonialnationen nicht mehr länger zusammengehalten werden könnten. Die Nationalregierungen sind nicht mehr im Stande, die verschiedenen Regionen von den Vorteilen des Zusammengehörens zu überzeugen. Moderne Technologien und die Öffnung globaler Märkte nehmen den alten Nationen jeden Grössenvorteil. Nationale Definitionen gehen immer mehr an den realen Lebenserfahrungen der Menschen, seien sie nun lokal oder global, vorbei. Das lokale (bzw. regionale) Leben wird intensiver und zugleich internationaler, die globale Kommunikation wird alltäglich und ist nicht mehr abhängig von physischen Ortswechseln. Nationen fallen zwischen «Stühle und Bänke», Regionen hingegen gewinnen an realer Bedeutung. Der nächst grössere Raum, der für die ATs wichtig ist, ist nicht die Nation, sondern schon der Subkontinent. Die ATs sind als Einheiten die neuen «global Players» – es gibt von ihnen vielleicht 800, und sie müssen sich irgendwie einigen, wie sie gerecht, dramatisch und nachhaltig mit dem Raumschiff Erde umgehen wollen.

Im Bereich solcher Territorien kann ein Verkehrsnetz aufgebaut, können die nötigen Grundindustrien sinnvoll betrieben, einige Spitzentechnologien unterhalten, die Ressourcennutzung geplant werden. Die ATs sind gross genug, um eine Art zentrale Verwaltung einzurichten und eine demokratische Beteiligung aller Bürgerinnen in einem überschaubaren Rahmen noch zu gewährleisten. Politisch sind die ATs Föderationen von vielleicht 10 bis 20 AURs, die durch Unternehmungen ihrer CAs und LMOs wiederum mit benachbarten AURs und ATs verbunden sind.

SN – Die technologische Zusammenarbeit

Wenn wir uns einen Globus anschauen, dann sehen wir sofort, dass der Planet geografisch (und daher verkehrstechnisch und wirtschaftlich) in gewisse subkontinentale Räume zerfällt: Südamerika, Nordamerika, Ozeanien, Nordafrika/mittlerer Osten, südliches Afrika (Sahara als «Ozean»!), Westasien (Europa), Nordasien, China und Japan, Südostasien, Indien. Eine engere Zusammenarbeit aller beteiligten ATs (vielleicht je 80) im Rahmen dieser subkontinentalen Grossräume drängt sich daher auf, namentlich in den Bereichen: Verkehr (Eisenbahn, Strassen, Wasserstrassen), Basisprodukte (Rohstoffe, Energie, chemische Substanzen, Medikamente, Bauteile), Forschung, Spitzentechnologien.

Die SNs bilden keine Staaten, sondern sie decken sich mit einem Bündel von Zweckverbänden. Wenn gewisse Technologien effizient betrieben werden sollen, ist es sofort klar, dass dies nur in diesem Rahmen geschehen kann, zum Beispiel Chemie, Elektronik. Auch die Benutzung der Meere, der Atmosphäre, der Bodenschätze (die gehören ja allen, nicht nur jenen, die zufällig darauf sitzen!) kann nur durch solche Verbände geregelt werden.

Genauso wie genetisch manipuliertes Saatgut zur Abhängigkeit der Bauern von der chemischen Industrie führt, gibt es auch eine technologische Abhängigkeit der LMOs von der High-Tech-Grossindustrie. In gewissen Bereichen ist diese unvermeidbar. Sie kann jedoch um ein Vielfaches vermindert werden. Wenn möglich sollten diese subkontinentalen Kernindustrien nur noch standardisierte Elemente liefern, die auf lokaler Stufe zu den benötigten Endaggregaten zusammengesetzt werden können. Ideal wäre ein industrielles Lego-System, also niedrige Fertigungstiefe. Das industrielle Re-engineering, das dauerhafte und reparierfähige Produkte (*durable modular technology, dumotek)* liefert, geschieht am besten in diesem Rahmen. (Ironischerweise bereitet die heutige industrielle Konzentration und De-Nationalisierung eine solche Struktur zumindest organisatorisch vor.)

Wenn der Bedarf an Industrieprodukten dank gemeinsamer Benutzung auf einen Viertel gesenkt wird, und wenn zugleich der Ressourcenverbrauch durch grössere Lebensdauer und Reparierbarkeit um einen Faktor 10 verringert wird (wie der *Factor-10-Club* es für nötig und möglich hält), dann müsste der Industriesektor nur noch 4 Prozent des heutigen Ausstosses erbringen. (Dazu käme viel hochqualifierte, dezentrale Instandhaltungsarbeit direkt bei den Anwenderinnen.) Die Industrie würde weitgehend «entmaterialisiert» und in Dienstleistungen am Produkt umgewandelt. Dieser Rest kann ohne grössere Risiken auf ursprünglich kapitalistische Art à la Adam Smith, mit grossen Fabriken und dem Lohn/Kapitalsystem und den ATs als Aktionärinnen organisiert werden. Alle anderen Verfahren wären zu wenig flexibel.

Was auf einem Subkontinent geschieht, hat in der Regel Auswirkungen auf all seine Bewohnerinnen, also muss es repräsentative Organe geben, wo solche Probleme diskutiert und Massnahmen beschlossen werden können. Vorstellbar sind subkontinentale Räte, wo alle ATs mit je zwei Delegierten (eine Frau, ein Mann) vertreten sind.

Grosse Angst vor diesen rein geografisch riesigen Gebilden brauchen wir nicht zu haben: die lokale Selbstversorgung auf allen Stufen lässt nur noch einige Prozente von den Befugnissen übrig, die heute Grossnationen, EUs oder Naftas haben. Es handelt sich hier wirklich nur um grosse Zweckverbände, nicht um supranationale Gefängnisse oder Festungen.

PO – Die Verteilung der planetarischen Ressourcen

Von ihrer Aufgabe und Struktur her ist die PO wieder am ehesten den LMOs verwandt, denn es geht um die planetarische Lebenserhaltung und Selbstversorgung (von aussen kommen ja nur Sonnenenergie und etwas kosmischer Staub). Im Grunde ist die PO nur eine Ausweitung der SNs. Vertreten in einem PO-Rat sind wieder die ATs, am besten mit je zwei

Delegierten. Die PO hat vor allem global-ökologische Aufgaben. Dazu kommen Katastrophenhilfe, Organisation gerechter Ressourcenverteilung (wir im Norden bekommen natürlich viel weniger), Schlichtung von Streitigkeiten, planetarische Verkehrswege, Zugang zu Wissen und Produkten, Koordination der Grundindustrien, planetarische Kommunikation und Standardisierungen (Pla-net und Lego-net). Insgesamt bleibt weniger übrig, als die heutigen internationalen Organisationen zu tun haben. Die Kontakte zwischen LMOs, CAs und ATs laufen ja nicht über eine planetarische Bürokratie, sondern netzartig direkt.

In einer ersten Phase wird die PO die Rückverteilung von Ressourcen in den Süden organisieren müssen. Das würde die Streichung der Schulden und dann Reparationsleistungen (in Form von Gütern und Knowhow) für die vergangene Ausbeutung seit dem Kolonialismus bedeuten. (Zahlungen in Geldform hätten heute eine katastrophale Wirkung – sie würden als Erstes alle Formen von Subsistenz vernichten.) Denkbar wären auch 1:1 - Partnerschaften zwischen ATs im Norden und Süden (Schweiz – Kambodscha; Bayern – Uganda; Österreich – Bolivien usw.), womit bürokratische Umtriebe vermieden werden könnten.

Was auch immer man von den heutigen staatlichen oder privaten internationalen Organisationen halten mag: Sie haben einen Pool von Fachleuten und ein globales Beziehungsnetz geschaffen. Sehr viele dieser global tätigen Funktionärinnen, Freiwilligen und Spezialistinnen sind heute sehr unglücklich mit ihren Organisationen und ihren Aufgaben. Es gibt heute schon eine ganze Palette von Organisationen, die daran sind, alternative globale Netze zu knüpfen. Im Rahmen der von der EZLN (Zapatistische Befreiungsarmee in Chiapas) einberufenen Treffen haben sich Aktivistinnen aus aller Welt zusammengefunden und über die «Einrichtung des Planeten» zu reden begonnen. Gerade im Widerstand gegen die Organe des globalen Kapitalismus, wie IWF, WTO, Weltbank entstehen auch erste Ansätze für eine planetarische Alternative. Es ist daher vorstellbar, dass eine PO aus einer Reorganisation dieser Angehörigen von NGOs, UN-Organisationen, internationalen Verbänden, ja sogar von Firmen oder Banken entstehen könnte. Entscheidend ist natürlich, dass ein solcher Organismus durch Delegierte von ATs kontrolliert wird.

Der planetarische Haushalt

Nachdem ich die neuen planetarischen Akteurinnen und Grössenordnungen skizziert habe, bleiben noch die Formen ihres Austauschs zu beschreiben. Die wichtigste Form ist der Austausch von *Menschen*, also das allgemeine Reise- und Gastrecht. Durch die 10 Prozent-Regel wird gewährleistet, dass in allen LMOs und nötigenfalls auch CAs und AURs 10 Prozent des Wohnraums und der Nahrungsmittel für Gäste zur Verfügung stehen. Wenn die fast alle öffentlichen Verkehrsmittel gratis sind, dann kann eigentlich jeder Mensch überall hin reisen. Nach einigen chaotischen Jahren wird sich diese planetarische Zirkulation so einspielen, dass lokale Ressourcen (und Nerven) nicht überstrapaziert werden.

Weitere Kreisläufe betreffen *Informationen*: Hier gibt es schon das Internet, das gegen alle Vereinnahmungsversuche verteidigt werden muss. Es gibt heute schon genug Terminals für alle möglichen 10 Millionen LMOs, so dass eigentlich jeder Mensch mit jedem andern «chatten» kann. Das globale Dorf würde endlich für alle Realität. Freiheit der Information heisst aber *nicht*, dass alles technische Wissen auf dem Internet für alle frei zugänglich sein kann. Das Internet ist eine anonyme, asoziale Struktur und daher potenziell verantwortungslos und destruktiv. Das planetarische Wissen sollte vielmehr zwischen Akademien, die in gesellschaftliche Einheiten (CA, AUR usw.) eingebettet sind, zirkulieren. Gemeint sind damit nicht die heutigen abgeschotteten Universitäten. Der Zugang zu diesen Akademien muss im Gegenteil für alle möglich sein. In den Akademien kann über die Beschaffung und Verwaltung des Wissens öffentlich debattiert und entschieden werden. Die Kreisläufe von *Sachen* oder Diensten werden über folgende Systeme gewährleistet:

- ca. 60% der lebensnotwendigen Güter und Dienste werden im Innern der LMOs und zusammen mit assoziierten Bauernhöfen ohne Geld haushaltintern produziert und konsumiert (Subsistenz);
- weitere ca. 15% werden mit langfristigen Tauschverträgen zwischen LMOs beschafft;
- ca. 10% der Güter werden von Zweckverbänden auf der Ebene von CA, AUR und AT im Sinn von Gemeinwerk (jede LMO stellt 10% seiner

verfügbaren Arbeitskraft für solche Unternehmen zur Verfügung) oder in Lohnarbeitsbetrieben beschafft;

- ca. 10% der Güter (vor allem industrielle) werden von grösseren Betrieben (AT, SN, PO) im Geldsystem von freien Lohnarbeiterinnen produziert; diese Betriebe sind im öffentlichen Besitz;
- ca. 5% der Güter zirkulieren im freien Detailmarkt und werden von Kleinproduzentinnen hergestellt.

Das heisst, dass man/frau auch ohne einen Lohnjob sehr gut leben kann, aber nicht zu viel Geld kommt, also von vielen Märkten ausgeschlossen ist. Damit wären wir praktisch in einer Situation, die derjenigen des Mittelalters oder eines Landes wie vielleicht Marokko gleicht. Ein solches Leben muss nicht schlecht sein, denn es beruht auf einer viel entwickelteren Technologie und ohne die Schattenseiten des Mittelalters, wie zum Beispiel Feudalherrschaft, Seuchen, Kriege usw. stattfindet. Wir könnten also ein beschauliches, lokales Leben mit einer durch Internet, kontinentale Eisenbahnnetze und Schiffslinien verbundenen Welt kombinieren.

Die Organe der CAs, AURs usw. könnten sich aktiv darum kümmern, dass jede/r Zugang zu einem Lohnjob hat (ganz im Gorzschen Sinn). Zusätzlich würde es ein planetarisches *Salarium* (= «Salzgeld»), finanziert über Steuern auf die «kapitalistischen» Unternehmen von vielleicht 500 $ für alle geben, welches jeder/m einen minimalen Zugang zum monetären Weltmarkt bieten würde. Eine globale Referenzwährung (*globo* – oder, wie Lietaer vorschlägt: *terra*) könnte auf einem Korb grundlegender Güter (Erdöl, Weizen, Gold, Kupfer) basieren, mit dem sich lokale Preise vergleichen und daher Währungskurse festlegen lassen.

Von der Einzelnen aus gesehen, ergäbe das den schon erwähnten Mix:

Alltagsversorgung	ca. 60% Subsistenz
Öffentliche Gratisdienste	ca. 10% Kommunismus
Globaltaschengeld	ca. 10% Sozialismus
Erwerbsarbeitslohn	ca. 20% Kapitalismus

Das Resultat ist ein gemischtes System, das sowohl auf Hauswirtschaft, Geschenken, Naturaltausch, Gemeinwerk, Gratisverteilung, Lokalmarkt, Kapitalismus, Grossindustrie, kleiner Warenproduktion, Sozialismus, Alternativgeld, Lohnarbeit und etwas Weltmarkt beruht. Diese Vielfalt wäre die Garantie für eine grösstmögliche Stabilität, für ein möglichst geringes Systemrisiko. (Auch dieser Mix gleicht wieder jenem des Mittelalters, dessen Stabilität in der Tat äusserst gross war – es dauerte mehr als 1000 Jahre.) Unser heutiger Zustand, wo die Welt sozusagen von der Dollar-Finanzblase her definiert wird, ist einer mit maximalem Systemrisiko. Wir hätten damit die ganze Weltwirtschaftsgeschichte als Resultat der Auswertung der besten Ideen aufs Mal. Eine postmoderne Zeitlosigkeit wäre erreicht. Die Vergangenheit ist nicht einfach ein Pool von Irrtümern und Rückständigkeiten. Der bisher entfesselte und dominierende Kapitalismus wäre unter diesen Bedingungen ein stagnierendes Ergänzungssystem von Kostenwahrheit und Selbstrefinanzierung.

Der Erwerb von Gütern aus dem Lohnarbeitssektor wird für LMOs, CAs usw. möglich, indem sie bei ihren Lohnarbeiterinnen eine Steuer von zehn Prozent erheben, ganz wie heute der Staat. Selbstverständlich könnte weiteres *globo*-Einkommen aus dem Verkauf von Gütern aus kleiner Warenproduktion an den kapitalistischen Sektor kommen, doch wäre dies von untergeordneter Bedeutung.

Diese postkapitalistische Industriestruktur hat auch ihre Probleme. Wenn wir uns zum Beispiel eine subkontinentale *dumotek*-Fabrik für Fahrzeugelemente in Wolfsburg oder Turin vorstellen, dann haben die benachbarten LMO-Bewohnerinnen einen gewissen Vorteil, weil sie *globo*-Jobs in der Nähe haben. Sie können also zugleich *globo*s verdienen und in ihren billigen LMOs wohnen, die erst noch von den von ihnen bezahlten Steuern profitieren. Nehmen wir an, die Firma *Momo* (mobility modules) rekrutiert ihre Arbeiterinnen im ganzen Subkontinent, gemäss Neigungen und Talenten, zum Beispiel per Internet. Die Arbeitsbedingungen sind kreativ, geruhsam, kooperativ. Wo wohnen nun all die von überall heranreisenden hochmotivierten Arbeiterinnen? Sie dürfen nicht einfach als Gratisgäste in nahen LMOs wohnen, weil sie diese dadurch indirekt ausbeuten würden. Sie können auch nicht jeden Abend oder nur schon übers

Wochenende in ihre Heimat-LMOs zurück. Sie können nicht von allen Angeboten flexibler Arbeitszeiten (4-Tage-Woche) profitieren, weil die Reise von und zum Wohnort zu grosse Kosten verursachen würde. Die «Auswärtigen» müssen also für Unterkunft und Verpflegung in *globo*s bezahlen (während Einheimische all ihre *globo*s behalten können), und sie müssen wohl längere Vollarbeitsperioden (Monate, Jahre) in Kauf nehmen, ähnlich wie heute Arbeiterinnen auf Erdölfeldern. Eine Lösung könnte darin bestehen, dass *Momo* billige Firmenhotels anbietet, oder dass solche auswärtigen Arbeiterinnen günstige Pensionsabkommen mit lokalen LMOs oder AURs (die somit ein Zusatzgeschäft hätten) abschliessen. Was ist dann aber mit ihren Familien und Freundinnen? Dürfen sie auch mitkommen? Wer bezahlt für sie? Solche Ungleichgewichte lassen sich nicht vermeiden. Andere LMOs haben wieder andere Vorteile. Die industrienahen LMOs werden durch ihren erleichterten Zugang zu *globo*s für die industriellen Immissionen (Lärm, Geruch, Anblick) entschädigt, die wohl nie ganz zu vermeiden sein werden. *globo*-arme Land-LMOs haben als Vorteil eine lauschigere Umgebung. Eine weitere Kompensation wird dadurch erreicht, dass LMOs mit höheren *globo*-Einkommen auch höhere Steuern bezahlen würden und damit einen Finanzausgleich für LMOs mit schwierigerem Zugang zu *globos* alimentieren können. Indirekt bezahlen sie zudem mehr in jene globalen Fonds, aus dem das *globo-Salarium* entrichtet wird. All diese Ansprüche oder Kosten werden wiederum die Preisgestaltung für *Momo*-Produkte bestimmen. (Das ist ja heute schon so.) Es darf auch nicht vergessen werden, dass kleinere Betriebe in ATs oder AURs ebenfalls *globo*s auszahlen können. Es wird die Aufgabe der SN-Organe sein, die grossen Industriebetriebe so zu verteilen, dass möglichst viele Menschen Zugang zu Lohnarbeit haben und zugleich möglichst wenig Ressourcen verbraucht werden. Wenn man die ökologischen und technologischen Vorteile einer zentralisierten Grossindustrie will, dann müssen die dadurch verursachten Ungleichgewichte in Kauf genommen werden. Das «Problem» ist definitiv nicht lösbar, allenfalls auf ein Minimum reduzierbar. Die Zeit der riesigen Industrieareale wird auf jeden Fall vorbei sein. Der wichtigste Beitrag dazu besteht darin, dass die gesamte industrielle Produktion auf vielleicht 10 – 20 Prozent der heutigen geschrumpft sein wird. Und dies ist möglich dank der Lebensweise in den 10 Millionen LMOs.

Ideen für Zürich danach

Eine lebendige Weltstadt braucht nicht einmal einen Flughafen. Es kommt nicht darauf an, wie schnell die Gäste kommen, sondern dass alle kommen können und dass sie lange genug bleiben, um aktiv teilnehmen zu können. Die Gäste kommen also per Bahn, vielleicht sogar zu Fuss (auf dem interkontinentalen Wanderweg Wladiwostok-Lissabon, den schon Hunninnen, Mongolinnen usw. immer wieder zu öffnen versuchten) und haben dementsprechend viel zu erzählen. Es gibt keinen Grund mehr für Tempo und Simulation. Die heutigen Telekommunikationsnetze können hingegen weiter genutzt werden. So können Wandererinnen von Wien aus anrufen, dass sie in zehn Tagen bei der östlichen Wandererempfangshalle Schwamendingen/Stettbach eintreffen werden und auf ein Glas kühlen Most hoffen.

Im Rahmen der Schweiz kann einzig Zürich eine Weltmetropole werden. Zürich erreicht knapp die kritische Masse, die für ein wirklich luxuriöses und lebendiges Zentrum nötig ist, ethnische und andere Communitys und Szenen, braucht. Eine weitere Verdichtung, mehr Einwohnerinnen, der Umbau von Agglomerationsgebilden zu Stadtquartieren, ein kühner Ausbau der City sind hierfür nötig. Mindestens 500 000 Menschen (statt 360 000 wie heute) sollten auf dem heutigen Stadtgebiet, weitere 200 000 eng angeschlossen leben. Diese Verdichtung um ca. 30 Prozent erscheint gering, wenn man bedenkt, dass asiatische Städte achtmal dichter bewohnt sind als Zürich. Zum metropolitanen Einzugsgebiet (AUR) gehören zusätzliche 800 000 Menschen, die im Raum Schaffhausen-Frauenfeld-Uznach-Pfäffikon-Zug-Brugg leben und das Zentrum innert weniger als einer Stunde erreichen können. Damit umfasst Zürich 1,5 Millionen direkt Beteiligte, also eine international substanzielle Zahl. Werden Nachtzüge (12 Uhr, 1 Uhr, 2 Uhr, 4 Uhr, 6 Uhr) eingeführt, dann können diese Menschen übernachtungslos am Metropolenleben teilnehmen. Eine neue Verwaltungsstruktur (grosszügige Eingemeindungen, Regionalregierung) wäre wünschenswert. Die andern Städte der Schweiz können ebenfalls Orte mit hoher Lebensqualität werden, doch sollten sie das Rennen um die Metropolenqualität in ihrem eigenen Interesse aufgeben. (Gewisse Leute leben auch gut ohne Stadt.) Falls nicht: Lieber mit der Bahn hie und da nach Zürich fahren! Oder in die Stadt zügeln. (Das Mittelland ist zwar eine durchgehende Siedlungszone, aber keine Stadt, auch mit Swissmetro nicht.) Um den Hochmut der Zürcherinnen etwas zu bremsen und die neue helvetische Metropole vom alten Zürich abzugrenzen, könnte man die Stadt umtaufen, zum Beispiel in Metroville, Helvecity, Alpinia, Bern-Ost, Zynique usw.

Eine Stadt, die nie schläft, kann keine Stadt von Vollzeitarbeitenden sein, die jeden morgen um halb sieben aufstehen und mit den Hühnern ins Bett müssen. Unter heutigen Arbeitsbedingungen wären tatsächlich all die vorgeschlagenen 24-Stunden-Restaurants (siehe unten) ab zehn Uhr gähnend leer, die Debatten in den Salons und Clubs ab neun Uhr nervös und unkonzentriert. Eine lebendige Stadt braucht Bewohnerinnen, die zu unterschiedlichen Zeiten und vor allem wenig arbeiten. Der erwartete Wirtschaftskollaps kommt auch in dieser Hinsicht wie gerufen. Eine Metropole kann nur bei hoher Arbeitslosigkeit florieren: Früher waren das müssige Bourgeois, Dandys, Lebemänner und -frauen, Pseudokünstlerinnen, heute sind das tendenziell wir alle. Da nur noch wenig Erwerbsarbeit zur Verfügung stehen wird, gleichzeitig aber eine Vielzahl von Lebenserhaltungsunternehmen in Nachbarschaften (LMOs) und Quartieren Arbeitszeit erfordern, entsteht der gewünschte individuelle, flexible Mix von Tätigkeiten (siehe LMO, Seite 136). Je nach dem Fortschritt der postkatastrophalen Wirtschaft wird die wöchentliche Erwerbsarbeit auf zehn oder acht Stunden sinken, die Giroarbeit auf 15 steigen, die Gemeinschaftsarbeit zunehmen usw. Dieser Arbeitsformenmix kann mit einer weitgehenden Auflösung der Normalarbeitszeit einhergehen, sodass alle mehr verfügbare Zeit haben und immer sehr viele Leute ihrer wahren Pflicht, nämlich «künstlich» zu sein, nachkommen können.

Die Stadt wird durch die Befreiung von der Normalarbeitszeit und durch die Aufhebung aller Ladenöffnungszeiten, Polizeistunden und Nachtruhezeiten von Verkehrsmitteln (Nachtzüge, 24-Stunden-Tram) durchgängig belebt. Da die Nachbarschaften von sich aus eine Grundversorgung bieten, werden langweilige Grossverteiler (Migros, Coop, Warenhäuser) und Läden für den täglichen Bedarf verschwinden, also sehr viel weniger Menschen im Verkauf tätig sein. Übrig bleiben werden Läden und Werkstätten für Spezialitäten, Luxusartikel, Einzelanfertigungen, seltene, aber wirkungsvolle Substanzen, Delikatessen, Schmuck, Kosmetika, Reizwäsche, Tschadors, Lederwaren, Parfüme, Gifte, Waffen, Bücher, chirurgische Instrumente, Schlangen, Essenzen, Öle, Pommaden, Pigmente, Perücken, Pincetten, Süssigkeiten, Bitterkeiten, Fäden, Schnüre, Seile, Ketten, Nadeln, Zigarren, Mineralien, Peitschen, Spielzeug, Ernstzeug, Lackschatullen, Musikinstrumente, Liköre, falsche Bärte und Busen, kurz für alles, was es braucht, damit die Adams Family, Kleopatra, Casanova, Gargantua, Rasputin, Lucrezia Borgia, Kaiser Nero, Kaiserin Sissy und Dorian Gray sich einen lustigen Abend machen können.

Ein neues Zentrum für Zürich

Das postökonomische Stadtzentrum wird anders aussehen als heute: viele Menschen zu Fuss, ähnlich wie in Barcelona oder in asiatischen Städten, viele Velos und Rikschas, einige Trams. Die Strassen und Galerien werden auch nach Mitternacht noch voller Menschen sein. Ein gewisses Mass an Autolärm, Auspuffgasen und Aufregung wird durch die zahlreichen Leihautos garantiert. Dabei handelt es sich um gut gewartete, besonders spektakuläre Modelle, da ja der Ruf der Verleihgemeinschaft auf dem Spiel steht. Periodische Verkehrsverstopfungen können durch den Verkehrsclub VCS (daher sein Name) organisiert werden.

Das Zentrum der Stadt Zürich ist heute noch zu wenig entwickelt, zu «innenorientiert» (Banken), zu wenig grosszügig, zu wenig konzentriert. Mit dem ersehnten Bankenkollaps könnte hier allerdings viel schöner Raum für luxuriöse Treffpunkte frei werden. Die in den letzten Jahrzehnten um das Zentrum herum entstandene, für Zürich zu grosse Pseudocity könnte hingegen neu als Wohnquartier rückbesiedelt werden. Als echte, wirklich belebbare Metro-City reicht der Raum zwischen Schanzengraben und Hirschengraben, vom Bahnhof bis zum Bellevue, wobei im Altstadthinterland noch ein bis zwei Wohnquartiere hineinpassen.

Wenn die formelle Wirtschaft und die Lenkung des Lebens durch Grosskonzerne und Banken zusammenbricht, dann müssen neue Zentren geschaffen werden, wo die wichtigen Dinge besprochen und beschlossen werden können. Dabei wird es weniger um zentrale oder polyzentrale Planung und Lenkung gehen, als um einen marktähnlichen Austausch, um stadtweite Drehscheiben, die ein besseres Zusammenwirken, mehr Synergie, ja Panurgie, ermöglichen. Diese Kommunikation, die zu einer informellen Optimierung führen soll, muss letztlich von Mensch zu Mensch geschehen, es müssen sich also sehr viele Leute permanent zu gewissen wichtigen Themen treffen können. Der Einsatz von Hilfsmitteln (zum Beispiel Internet, Telekommunikation im Allgemeinen) ist dabei nicht ausgeschlossen. Sie können jedoch der Komplexität der Themen nie so gerecht werden wie der persönliche Kontakt.

Dieses neue gesellschaftliche Zentrum der Metropole siedelt sich östlich und nördlich des Hauptbahnhofs, teils über der Limmat, teils auf dem Platzspitz, teils auf abgebrochenen oder umgenutzten Arealen der bisherigen kantonalen Verwaltung an. Im postkatastrophalen Zentrum an und auf der Limmat entsteht ein Labyrinth von grossen Höfen, die je ein thematisches Schwergewicht haben: Ökonomiehof (Hauswirtschaft, Technologie, Ökologie); Hof des Wissens (Akademie, Forschungswünsche, Angebote); Hof der Frauen; Hof der Männer; Hof der Künste (Handwerkerinnen); Hof der «Wunder» (für all das, was «vergessen» wird) usw. Die Bauten sind so flexibel, dass nach Bedarf alte Höfe umgenutzt oder neue eingebaut werden können. Die Höfe sind miteinander verbunden. Es gibt genug Arkaden und Innenräume, sodass sie auch bei schlechtem Wetter funktionieren können. Während die Erdgeschosse öffentlich zugänglich und mit Cafés, Restaurants usw. versehen sind, befinden sich in den oberen Stockwerken Konferenzzimmer, Büros, Mediatheken der «Mitglieder» der jeweiligen Höfe. (Selbstverständlich können alle Mitglied mehrerer Höfe sein.) Dieses labyrinthische, aber klare Zentrum der «Höfe» ist also zugleich Markt, Messe, «Akademie», Kongresszentrum, Flanier- und Plauderzone, Brutstädte für Projekte und Ideen. Es ist nur logisch, dass sich all diese Höfe mit vergleichbaren Institutionen weltweit vernetzen.

Als Zentrum des Zentrums dient ein grosses Gebäude mitten auf der Limmat, zwischen Landesmuseum und Regierungsgebäuden.

Pantek – die Limmat-Plaza

Während die einzelnen Berufe, Gilden, Fakultäten, Branchen und Verbände sich in den Höfen rund herum eher intern treffen, bietet das *Pantek* eine Börse aller wichtigen Produktionsfaktoren in der Stadt. Es ist zugleich eine permanente Gewerbe- und Industriemesse, wo sich Leute treffen, um etwas zu machen. Auch das *Pantek* enthält Terrassenrestaurants, diverse Bars usw. Damit Tausende von Personen sich dort aufhalten können, muss das Ding so grosszügig sein, wie es gerade noch verantwortbar ist. Aus verschiedenen Gründen ist das *Pantek*, so wie es auf der Skizze vorgeschlagen wird, aber trotzdem kein brutaler städtebaulicher Eingriff. Zusammen mit dem Bahnhof und dem *Glofo* bildet das *Pantek* das logische Zentrum der Stadt und ist verkehrsmässig optimal erschlossen (Bahn, Tram, Schiff). Städtebaulich schliesst das *Pantek* den Kranz der grossen öffentlichen Bauten auf der äussersten Barockbefestigung (Oper, Hochschulen, Bahnhof usw.). Es setzt der Achse Bahnhofstrasse/Bahnhof, die heute etwas enttäuschend auf der Nordseite des Bahnhofs ins Leere ausfranst, mit der von weitem sichtbaren Kuppel ein würdiges Ende. Es reiht sich ein in die Kette der öffentlichen Bauten entlang der Limmat (Wasserkirche, Rathaus, Fleischhalle) und erneuert die unterbrochene Tradition der Mühlen an und auf der Limmat. Wie eine Riesenschildkröte sitzt *Pantek* auf dem Fluss. Es bleibt immer noch genug «freie Limmat» bis zum See.

Architektonisch gesehen bietet sich etwas Nostalgisches, Fin-de-siècle- oder William-Morris-haftes an, schon um zu signalisieren, dass es nun nicht mehr um den «Fortschritt» geht. So bekäme auch die ältere Generation wieder einmal etwas Schönes in der City. (Wenn ein 24-Stunden-Dancing mit Gesellschaftstänzen von Tango bis Walzer dazukommt, dürfte sie noch glücklicher sein.)

Wahrscheinlich kann ein solch grosses Bauvorhaben nach der Katastrophe kaum mehr durchgeführt werden. Aber wir können beginnen, heute Grossprojekte, die eh nicht zu verhindern sind, im Hinblick auf ihre postkatastrophale Umnutzbarkeit zu planen und versuchen eine Art postkatastrophale Umnutzungsprüfung einzuführen. Als kapitalistische Zwischennutzung bis zur Katastrophe kann das *Pantek* von mir aus unter dem Namen «Limmat-Plaza» als One-Stop-Shoppingcenter der Reisebranche verwendet werden. Alle Fluggesellschaften, Reisebüros usw. können sich dort einmieten. (Vielleicht würde es dafür an der weniger günstig gelegenen Talstrasse einige freie Lokale geben.) Die grossen Hallen können für eine permanente Freizeit- und Tourismus-Messe genutzt werden.

Glofo – ein globales Forum

Der Verknüpfung der Metropole Zürich mit den anderen ca. 300 Metropolen des Planeten dient ein besonderer «Hof», der ebenfalls eng mit dem Hauptbahnhof verbunden ist, das *Glofo*. Es wird erbaut auf dem Standort des bisherigen Globus-Provisoriums, mindestens doppelt so gross. Es ist sozusagen die «gute Stube» Zürichs, wo Gäste aus aller Welt sich mit Zürcherinnen und Zyniquern treffen.

Das Parterre ist der direkten Verbindung mit etwa einem Dutzend ausgewählter Weltstädte gewidmet: zum Beispiel New York, Bombay, London, Tokio, Moskau, Paris, Berlin, Kairo usw. Entlang einer Galerie/Promenade eröffnen geeignete Unternehmerinnen/Organisationen aus diesen Städten Bars/Bistros/Beizen/Salons mit den dort aktuellen Modedrinks und Snacks. Diese Lokale sind idealerweise Replicas von bestehenden Lokalen in den jeweiligen Städten und mit diesen durch eine Web-Camera verbunden. Sie unterhalten eine Info-Abteilung mit den jeweiligen Medien (Zeitungen, TV-Programme), informieren über Aktivitäten, Probleme, Initiativen, Kultur und vermitteln Kontakte. Auch praktische Infos zu Reise, Unterkunft, Jobs gehören dazu. Die Weltstadt-Bars haben auch Platz für kleinere Veranstaltungen (Lesungen, Diskussionen, Musik, Vorträge usw.)

In der Galerie des Parterres ist Platz reserviert für Info-Stände nicht-kommerzieller Initiativen aus Zürich und weltweit (von Greenpeace bis PKK, falls dann noch nötig).

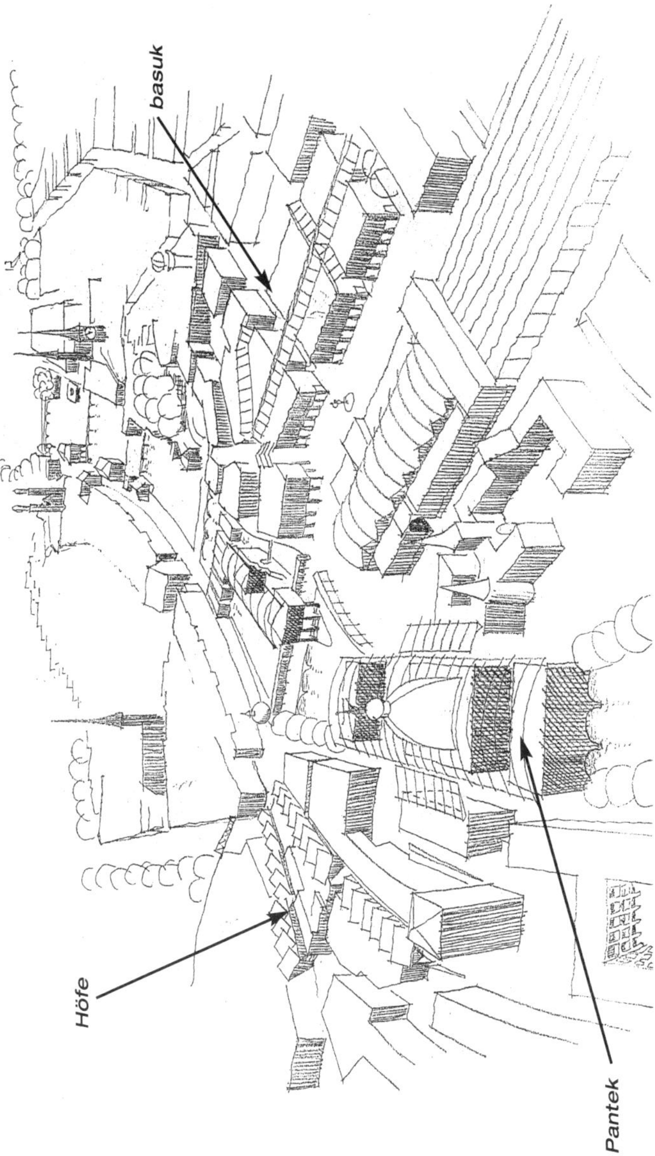

Das postkatastrophale Zentrum von Zürich - City

Dazu gibt es einen Mediensalon mit allen Fernsehprogrammen, den wichtigsten Zeitungen, Internet-Terminals usw. Den Abschluss bildet ein mit einer Limmatterrasse kombiniertes Stadtfoyer, wo lockere Diskussionsveranstaltungen zu Problemen der Stadt und der Weltstädte stattfinden. Angeschlossen an dieses Stadtfoyer ist ein Dokumentationszentrum für Stadtprobleme (Stadtwerkstatt).

Auf einem Zwischenstockwerk, aber mit Aussicht in die mittlere Längshalle, befinden sich eine Reihe verschieden grosser Veranstaltungs- und Sitzungsräume, die gemietet werden können. Unter der Kuppel auf dem Dach betreten wir ein mindestens 400 Plätze umfassendes, 24 Stunden und 365 Tage offenes Bistro-Restaurant mit fantastischem Ausblick auf die Limmat, den Bahnhof usw. Es könnte der *Coupole* von Paris gleichen, sollte jedoch billiger sein (mit mildem Konsumationszwang: ein Bier für drei Stunden). Das *Glofo* wäre selbstverständlich durch verglaste Brücken und Lauben mit den Galerien und Labyrinth-Basaren (*Basuk*) an der oberen Bahnhofstrasse verbunden. All das sollte im Trockenbau, aus Elementen und demontierbar errichtet werden.

Die Mediterranisierung des Zentrums von Zürich erfordert wettersichere Räume, die eine gemächliche Promenade von mindestens einer halben Stunde erlauben, also ca. 1 bis 2 km. Was sich heute nur an sonnigen Sonntagen am Utoquai abspielt, muss auch bei Regen, Kälte und Schnee mitten in der Stadt möglich sein. (Man hat mich zwar vor «In-Door-Citys» gewarnt und die Stimulation durch den ins Gesicht peitschenden Eisregen gelobt, doch Körpergefühl und Kommunikation sind nicht dasselbe. Es gibt sehr viele lebendige In-Door-Citys: der Basar von Istanbul; die Souks von Marrakesch und Fes; Venedig, Mailand, Bologna, Paris, Bern mit ihren Arkaden und Lauben. Ich bleibe dabei: es ist bei uns zu kühl und zu regnerisch für reine Out-Door-Citys. Höchstens Pinguine können bei Temperaturen unter Null stundenlange Open-air-Cocktail-Partys durchstehen. (Zudem führen Überglasungen und Lauben zu einer angenehmen Verdunkelung, die jene kleinen Geschäfte in anonymen Winkeln und Nischen beschützt, die die eigentliche Würze des Grossstadtlebens ausmachen.)

Die leere Bahnhofshalle ist zumindest für Bahnbenützerinnen ein Anfang einer solchen Promenadenstrecke. Sie hat allerdings noch zu sehr den Charakter einer Durchgangshalle. Sie könnte eine ruhigere Fortsetzung nach Osten, über die Limmat hinweg bis zum Zentral und mit Anschluss an die Bahnhofbrücke, das *Glofo*, die Limmat-Plaza (später *Pantek*) und das Labyrinth der Galerien an der Bahnhofstrasse (*Basuk*) finden und damit eine Art Rundspaziergang um den Bahnhof herum ermöglichen. Vom Zentral führt eine weitere überdachte Basarstrasse auf der rechten Limmatseite zur Limmat-Plaza und schliesst so den Kreis. Zwischen der Limmat-Plaza und dem *Glofo* besteht eine Flussschwimmstrecke mit Kleidertransportsystem. Das ganze Gebiet ist autofrei. Ein Kutschen- oder Rikschadienst wäre wünschbar.

Plan des Zentrums

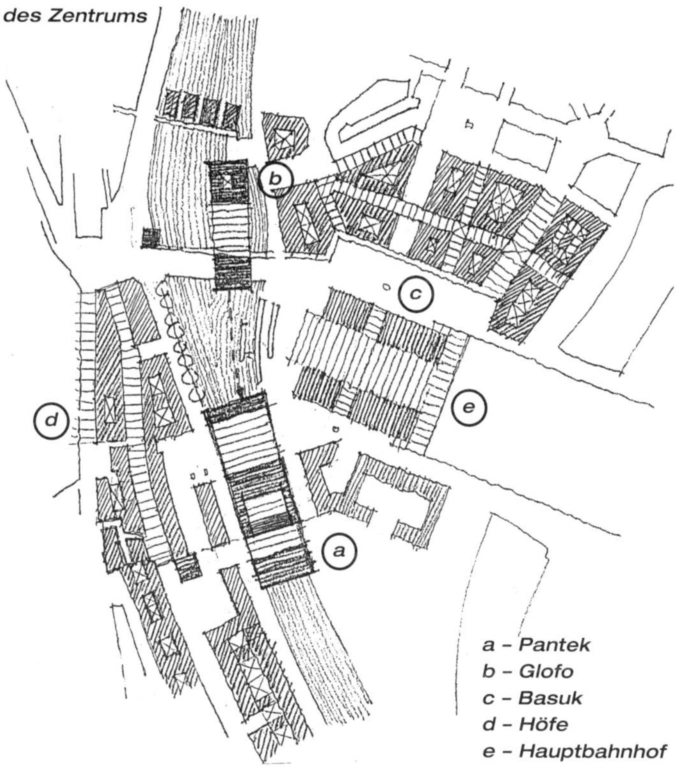

Wenn die Dandynomadinnen kommen

Ohne Gäste stirbt eine Stadt. Aber wie viele Gäste haben überhaupt Platz? Die Stadt bietet pro Quartier ein Hotel (30 x 200 Betten), pro Nachbarschaft ein Gästehaus (400 x 20 Betten) zusätzlich an, macht 16 000 Betten. Dazu kommen noch Privatzimmer bei Freunden und normale kommerzielle Hotels für Geldbesitzerinnen. Geht man von meinem Crash-Szenario aus, dann würde sich die weltweite Migration qualitativ völlig verändern. Es wäre nicht mehr die Flucht aus dem Elend, sondern die Weltneugier, die sie auslösen würde. Wenn wir davon ausgehen, dass diese neuen Dandynomadinnen die Wahl zwischen einigen Dutzend aufregenden Weltmetropolen haben, werden wir sogar froh sein müssen, wenn sie gerade nach Zürich (oder Alpocity) kommen. Wir werden einiges an Gastgeberkultur bieten müssen.

Wir müssen auch hoffen, dass einige dieser Gäste bleiben und sich hier einrichten. Weltstädte sind kleine Welten in sich, sie brauchen kulturelle Botschaften aus allen Weltgegenden. Bisher wurde gegenüber den Migrantinnen eine einseitige Integrationspolitik verfolgt. Das Ziel war ein möglichst gut kontrollierbares, produktives, spannungsloses Zusammenleben. Sicher muss diese Möglichkeit für alle, die das wünschen, offen bleiben. Wer Schweizerin werden will, soll Schweizerin werden können. Aber wozu eigentlich? Wäre es nicht viel aufregender, einige kleine «Ghettos» (kulturelle Enklaven, gemeint ist nicht deren ursprüngliche Funktion der Ausgrenzung) zu haben, wo fremde Kulturen in allen Lebensaspekten gelebt werden können? Vielleicht gelingt die Integration sogar besser, wenn es auch Orte gibt, wo sie nicht stattfinden muss, wo die Zuwandererinnen eine lokale Mehrheit bilden und weniger Rücksichten auf die Lebensgewohnheiten der Einheimischen (das heisst der früher Zugewanderten) nehmen müssen. Wir sind ja alle nicht von hier.

Jeder Bewohnerin der Stadt sollte das ganze Spektrum von Assimilation, Integration und Enklave offen stehen. Heute hapert es an beiden Enden: Einerseits wird die Einbürgerung erschwert, andererseits werden Enklaven möglichst verhindert. Je nach Grösse der ethnischen Communitys bieten sich verschiedene Mischungen von Ghettoisierung und Integration an.

Für grosse Communitys (Italienerinnen, Spanierinnen, Kleinasiatinnen, Balkanerinnen, Tamilinnen usw.) können Little Italys, Little Istanbuls, Chinatowns usw. entstehen, die vielleicht eine bis zu fünf Nachbarschaften (LMOs) im selben Quartier umfassen und eine kleine Reise in die jeweiligen Länder ersetzen (was auch von der Ökobilanz her wichtig ist): zehn Restaurants, zehn Läden, entsprechendes Strassenleben, eigene Kultstätten (bzw. Bars), architektonischer Outfit, viel Kitsch. Selbstverständlich wird die Mehrheit (sagen wir: 80 Prozent) dieser Community-Angehörigen auf keinen Fall in einem solchen Ethno-Zentrum leben wollen, aber doch dort einkaufen, sich treffen, die Plätze und Lokale beleben. Sicher werden auch deutlich ethnisch deklarierte Nachbarschaften immer noch von einer Minderheit anderer Leute mitbewohnt sein. Diese Ghettos werden sich aus verkehrstechnischen und historischen Gründen auch dann am besten in den inneren Stadtquartieren (Kreise 1 - 5) ansiedeln, wenn die meisten Community-Mitglieder (ebenso wie die meisten Schweizerinnen) in den bevölkerungsreicheren äusseren Kreisen und in der Agglomeration wohnen. Sie sind auf jeden Fall spannender als die heutige Streu-Integration, die Ausländerinnen nur zu scheuen Nachbarinnen macht. Es ist völlig klar, dass auch Ausländerinnen sich nicht unbedingt über ihre ethnische Herkunft definieren wollen und daher meistens das Leben in gemischten Nachbarschaften vorziehen werden. Es gibt schliesslich auch türkische Punks, balkanische Neoexistentialistinnen, italienische Buddhistinnen, sibirische Voodoo-Priesterinnen und maghrebinische Önologinnen. Wir würden auch nicht in New York in einem «Little Matterhorn» unter Anker-Reproduktionen eingesperrt werden wollen. Aber eine Möglichkeit unter anderen sollte dies schon sein. Eine ethnische Community muss eine gewisse kritische Masse erreichen, damit Mini-Ghettos und Streuintegration koexistieren können. Wo diese nicht erreicht wird, entstehen wohl höchstens ethnische Foyers (Treffpunkte), die agglomerationsweite Szenen am Leben erhalten. All das sind jedoch Quartier- und Aggloangelegenheiten, die nicht das Zentrum der Metropole, wohl aber ihr kosmopolitisches Aroma, bestimmen.

Was hier für ethnische Communitys oder Szenen gesagt wurde, gilt aber auch für alle andern Communitys und Szenen. Ethno oder Religion ist nicht heiliger als zum Beispiel fanatische Modelleisenbahnbauerei. Wir möchten auch mal ein Veganerinnen-Ghetto, ein Hip-Hop-Ghetto, ein Elvis-Ghetto, ein Langsam-Ghetto, ein Fantasy-Ghetto, ein No-Tech-Ghetto, ein Bauhaus-Ghetto, ein Trappisten-Konvent (mit Internet) usw. sehen.

Ein Kanal für Zürich West

Zürich West ist eines jener wenig attraktiven Stadtrandgebiete, wo die Stadt mit Bürobauten, Restindustrie, Verteilzentren, Bahnarealen und Autobahnanschlüssen in die Agglomeration übergeht. Es war, abgesehen von der Bernoullisiedlung, nie als Wohngebiet vorgesehen gewesen. Deindustrialisierung und Immobilienkrise haben diesen Stadtteil in den 90er Jahren für andere Nutzungen geöffnet, namentlich auch kulturelle. Und heute ist Zürich West *in*. Es wurden Wohnüberbauungen, Hotels, ein Theater, Kinos gebaut. Eine ganze Szene von Bars, Restaurants, Discos hat sich eingenistet. Schliesslich haben auch grosse Investoren und die Stadt das Gebiet entdeckt und eine ganze Reihe von Planungen an die Hand genommen, die der Stadt eine neue Entwicklungsdimension geben sollen. Mit Grossprojekten wie 100-stöckigen Hochhäusern und kolossalen Grossstadien soll eine Art «Stadt in der Stadt» entwickelt werden. (Vielleicht werden einige dieser Dinger noch gebaut – was bedeutet, dass wir später weitere Umnutzungsideen entwickeln müssen.)

Ich möchte mich hier nicht zu diesen Planungen und «Aufwertungen» und ihrem möglichen Schicksal äussern. Alle gehen sie von weiterem wirtschaftlichem Wachstum, vom Business as usual aus. Wie aber sähe Zürich West aus, wenn, wie Saral Sarkar es ausdrückt, die Notbremse gezogen würde und eine ganz andere Stadt entstünde?

Wir müssen uns vorstellen, dass der Automobilverkehr auf vielleicht 10 Prozent des heutigen Volumens geschrumpft ist, also kein Immissionsproblem mehr darstellt. Die Strassen sind praktisch frei für Trams und Velos. Die heute öde Hardturmstrasse hat sich in einen belebten Boulevard verwandelt, der von Terrassencafés, Second-hand-Hallen, Konditoreien, LMO-Foyers, Quartierzentren usw. gesäumt ist Die Eisenbahngeleise, die durch die drei Quartiere führen, sind reaktiviert worden und verbinden die LMOs mit speziellen Wohnwaggons direkt mit LMOs in Wladiwostok, Lissabon und Bagdad. Die Josefstrasse ist ab Hauptbahnhof bis Technopark und von dort mit einer kleinen Umleitung bis zum Ex-Hardturmstadion eine überdachte Velostrasse. (Überschüssige Velos werden mit speziellen Tramwagen hin- und herverschoben.)

Noch vor der Limmat-West-LMO zweigt der El Mar-Kanal von der Limmat ab und führt an Stelle der Förrlibuckstrasse am Ex-Stadion vorbei nach den Bernoullihäusern wieder in den Fluss. Bei den bisherigen Trainingsplätzen verbreitert er sich zu einer Badeanlage mit Gondelhafen. Alle Nutzungen für Banken (wie zum Beispiel das Kantonalbankgebäude, Telekurs usw.) stehen zur Disposition. Die Migros-Zentrale Herderen und die Toni-Molkerei werden nicht mehr gebraucht. Es können etwa 30 LMOs mit einer zusätzlichen Bevölkerung von 15 000 bis 20 000 Menschen entstehen. (Das bedeutet, dass in der weiteren Region etwa 4000 Einfamilienhäuser abgebrochen werden können, und Land für den Bio-Kartoffelanbau frei wird.)

Da eine Metropole nur *ein* Zentrum haben kann, würde in Zürich West nicht etwa ein zweites entstehen, sondern eine Reihe von Quartieren (CAs) mit ihren Zentren. Und zwar wären das mindestens drei (plus zwei im vorderen Teil des heutigen Stadtkreises 5):

- Steinfels (zwischen Gleisbogen und Hardstrasse) mit Zentrum im gleichnamigen Areal,
- Escher Wyss (zwischen Hardstrasse und neuem Viadukt), mit Zentrum Ecke Hardturmstrasse/Förrlibuckstrasse;
- Herderen (zwischen neuem Viadukt und Europabrücke), mit Zentrum im umgebauten Telekursgebäude.

Während viele der halbindustriellen Bauten zu den typischen LMOs mit Wohnungen und Werkstätten umgenutzt werden können, kann im Technopark ein regionales Zentrum für *dumotek* (*durable modular technology*, siehe SN, Seite 160) entstehen, wo Fahrzeuge und Maschinen für die ganze AUR zusammengebaut werden. Eine gewisse Re-Industrialisierung ist hier durchaus denkbar.

Da das Hardturmstadion nicht mehr für patriarchale Rüpel-Rituale (Fussball) benötigt wird, wird es, ähnlich der alten Arena von Arles, zu der elliptischen Terrassen-LMO »El Mar« mit Swimmingpool und Pétanque-Anlage in der Mitte umgebaut. Ansonsten entstehen auf den bisher überbauten Arealen von Zürich West keine zusätzlichen Grünflächen, sie sollten im Gegenteil möglichst intensiv bewohnt werden, damit ein pulsierendes Quartierleben möglich wird. (Bäume und Büsche lenken nur ab.) Alle heute grünen Flächen, vor allem der Limmat entlang, bleiben natürlich grün – sie können allenfalls teilweise für den Gemüseanbau genutzt werden.

Schluss

Ein ökologisch nachhaltiges und zugleich kulturell reichhaltiges Leben ist auf diesem Planeten nur in einem Archipel verdichteter Metropolen denkbar. Wie die heutigen Global Citys in solche Ökometropolen umgebaut werden können, hängt ganz von der Macht und der Phantasie ihrer Bewohnerinnen ab. In vielen Stadtzentren, die in den siebziger Jahren verlassen worden waren, hat die multiethnische und polykulturelle Wiederbelebung schon begonnen. Nicht jede Stadt braucht ein Pantek, ein Glofo oder einen Kanal! Meine Vorschläge und Ideen enden hier – es liegt an den Leserinnen, ihre eigenen Vorstellungen zu entwickeln und einen Diskussionsprozess (vielleicht in den vorgeschlagenen Subcoma-Initiativen) in Gang zu bringen. Viele mögen meine Ideen als überzogen und hirnrissig empfinden – ich habe damit kein Problem. Wichtig ist, dass die von der Arbeitsmaschine vorgegebenen Denkschemata durchbrochen und eine *ganz andere Welt* zuerst denkbar, dann realisierbar gemacht wird.

Plan Zürich West

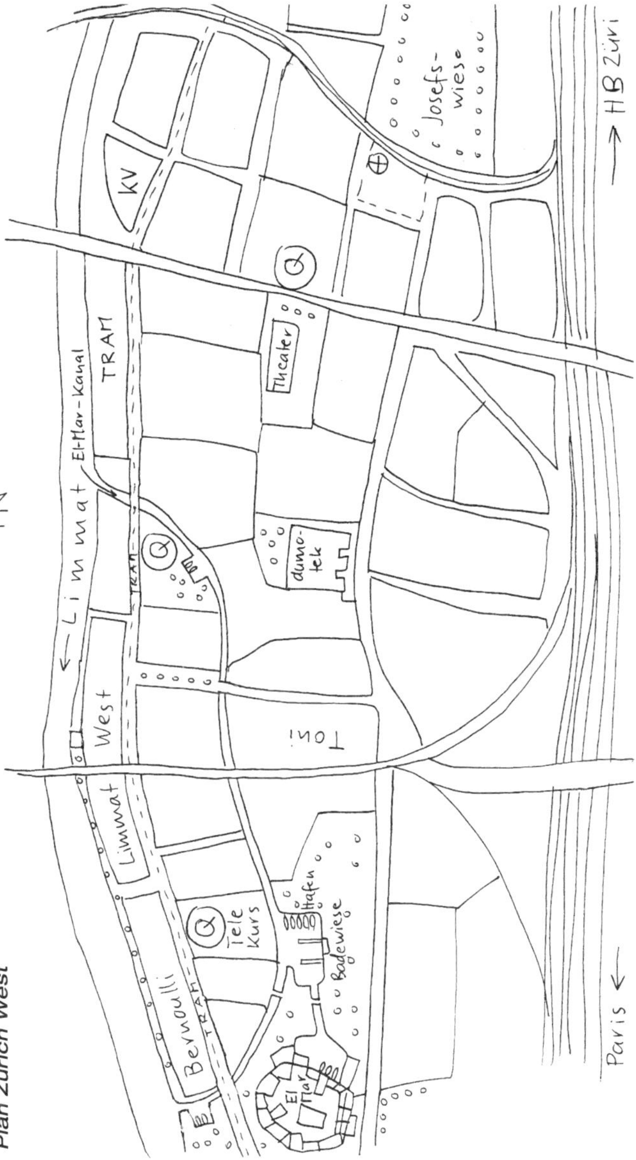

Quartierzentrum

Anhang

Nützliche Adressen:

P.M.@paranoiacity.ch

Peoples' Global Action,
pga@agp.org

ATTAC – Zürich
Postfach 7457
8023 Zürich
email: zurich@attac.org; www.attac.org

Nord-Süd-Koordination Bern
Postfach 7611
CH-3001 Bern
nosuko@pobox.com

Institut für Theorie und Praxis der Subsistenz e.V. ITPS,
August Bebel-Strasse 16,
D – 33602 Bielefeld,
Telefon und Fax 0521-67692

The Product Life Institute
P.O. Box 3632
CH1211 Genf 3
www.product-life.org

INURA ZURICH
c/o Philipp Klaus
Nordstr. 151
CH-8037 Zurich
Telefon 41/1/984 2833; fax: 41/1/984 2833

e-mail: klaus@smile.ch; oder: INURA: listserveINURA@yorku.ca

Eco-Solidar
Langstrasse 187
8031 Zürich
Telefon und Fax 01/272 42 00
ecosolidar@swix.ch

Centrale Sanitaire Suisse CSS
Postfach 1215
8031 Zürich
Telefon und Fax 01/363 39 00
www.limmat.ch/css

Co-Operaid
Kornhausstrasse 49
Postfach
8042 Zürich
Telefon 01/363 57 87; Fax 363 70 16

Chiapas-Komitee
Postfach 8616
8036 Zürich
Fax 01/271 90 12

Solifonds
Quellenstrasse 25
8031 Zürich
Telefon 01/272 60 37; Fax 272 11 18
solifonds@access.ch

Institut für Neue Arbeit INA
Düsseldorferstr. 74
D – 51063 Köln
Telefon 0221-6405245; Fax 0221-6403196
ina@link-lev.de; www.thur.de/philo/ina.htm

CONTRASTE
Postfach 10 45 20
69035 Heidelberg
Telefon (06221) 162467

The Committee for Full Enjoyment
c/o 848 Divisadero Street
San Francisco,
CA 94117, USA

Literatur

Beck, Ulrich, *Was ist Globalisierung?,* Suhrkamp, Frankfurt a/M, 1997

Bennholt-Thomsen, Veronika und Maria Mies, *Eine Kuh für Hillary*, Frauenoffensive, München, 1997

Blum, Martin, Andreas Hofer, P.M., *KraftWerk1*, Paranoia City, Zürich, 1993

Bourdieu, Pierre, *Contre-feux*, Liber-Raisons d'agir, Paris, 1998

Brillat-Savarin, Jean-Anthelme, *La physiologie du goût*, 1825 («xiv. Dessert ohne Käse ist wie eine hübsche Frau mit nur einem Auge.» 16); *Physiologie des Geschmacks*, Insel Verlag, it 423, 1979

Capitales Fatales, Rotpunktverlag, Zürich, 1995

Cohen, Daniel, *Fehldiagnose Globalisierung*, Frankfurt/M, 1998

Cohen, Joel. E., *How Many People Can the Earth Support?*, Norton, NY, 1996

Cohn, Norman, *The Pursuit of the Millennium*, Random House, London, 1957

Critical Art Ensemble, *Electronic Civil Disobedience*, Autonomedia, New York, 1996

Das KommuneBuch, Verlag die Werkstatt, Göttingen, 1996

Dawkins, Richard, *The Selfish Gene*, Oxford University Press, Oxford, 1976

Dunbar Robin, *Grooming, Gossip and the Evolution of Language*, Faber & Faber, London, 1996

Engwicht, David, *Reclaiming Our Cities & Towns, Better Living with Less Traffic*, NSP, Philadelphia, 1993

ETH, *Strategie Umwelt*, Schlussbericht Phase 2 & Empfehlungen für Phase 3, Zürich, 1997

Fornallaz, Pierre, *Die ökologische Wirtschaft*, AT Verlag, Aarau, 1986

Fornallaz, Pierre, Sonne – eine unvergleichliche Energiequelle in: SES Report 16, *Wege zur Nachhaltigkeit*, Zürich, 1999

Goedkoop, M., *The Eco-indicator 95 – Final Report*, Unversity of Leiden (CML), PRé Consultants, Ammersfoort, Netherlands agency for energy and the environment (NOVEM), Utrecht, et al. 1995

Gorz, André, *Arbeit zwischen Misere und Utopie,* Suhrkamp, 2000

Hawken, Paul; Lovins, Amory & Hunter, *Öko-Kapitalismus*, Riemann Verlag, 2000

Hobsbawm, Eric, *The Age of the Extremes*, Vintage, New York, 1995

Hoffmann-Axthelm, Dieter, *Anleitung zum Stadtumbau*, Campus, 1996

Hoffmann-Axthelm, Dieter, *Die dritte Stadt*, Suhrkamp, 1993

Hohl, Ludwig, *Die Notizen*, Suhrkamp, 1984 (1954)

Inura, *Possible Urban Worlds*, Birkhäuser, 1998

Karthago in Zürich, Zürich, 2000 (Broschüre)

Kurz, Robert, *Schwarzbuch Kapitalismus*, Eichborn, 1999

Lang, Peter, *LETS WORK*, Grover Books, Bristol, 1994

Latouche, Serge, *In the Wake of the Affluent Society: An Exploration of Post-Development*, Zed Books, London and New Jersey, 1993

Latouche, Serge, *The Westernization of the World*, Polity Press, Cambridge, 1996

LEK Hardwald, *Perspektive der Landwirtschaft im Gebiet Hardwald*, 1995

Lietaer, Bernard, *Das Geld der Zukunft*, Riemann Verlag, 1999

Lindqvist, Sven, *»Exterminate All the Brutes«*, New York, 1996

Liepitz, Alain, *Die grosse Transformation des 21. Jahrhunderts*, Westfälisches Dampfboot, Münster, 2000

Maslow, Abraham H., *Motivation und Persönlichkeit*, Walter, Olten, 1977; (New York, 1954 & 1970)

Martin, Hans-Peter, Schumann, Harald, *Die Globalisierungsfalle*, Rowohlt, 1996

Mauss, Marcel, *Die Gabe*, Suhrkamp, 1984 (Paris, 1950)

Marx, Karl, *Das Kapital I-III*; MEW 23-24, Dietz, Berlin, 1969 (bzw. 1867)

Maxeiner, Dirk, Miersch, Michael, *Lexikon der Öko-Irrtümer*, Piper, 2000

Meier-Seethaler, Carola, *Gefühl und Urteilskraft*, Beck'sche Reihe, München, 1997

Midnight Notes 10, The New Enclosures, Boston, 1990

Midnight Notes 12, One No – Many Yeses, Boston, 1998

Mies, Maria, *Patriarchat und Kapital*, Rotpunktverlag, Zürich, 1988

Mies, Maria und Vandana Shiva, *Ökofeminismus*, Rotpunktverlag, Zürich, 1995

Moewes, Günther, *Weder Hütten noch Paläste*, Birkhäuser, 1995

Möller, Carola et al., *Wirtschaften für das »gemeine Eigene«*, Berlin, 1997 (trafo verlag dr wolfgang weist, Fax 030/56701949)

Nigg, Walter, *Das Buch der Ketzer*, Diogenes, Zürich, 1949

P.M., *bolo'bolo*, Paranoia City, Zürich, 1983

P.M. und Freunde, *Olten – alles aussteigen*, Paranoia City, Zürich, 1991

P.M., in: *du*, Mai 1997, Leben und Arbeiten im Jahr 2020

P.M., in: *Widerspruch* 34, 1998, Für eine planetarische Alternative

P.M., LMO – Vorschlag zur Rekonstruktion des Sozialen, in: *Moneta*, Sept. 1996

Polanyi, Karl, *The Great Tansformation*, 4. Aufl., Suhrkamp, Frankfurt/Main, 1978 (1944)

Reader, John, *Africa*, Penguin, London, 1998

Revelli, Marco, *La sinistra sociale – oltre la civiltà del lavoro*, Turin, 1997

Rifkin, Jeremy, *Das Ende der Arbeit und ihre Zukunft*, Campus, New York/Frankfurt/M, 1995

Ruh, Hans, *Arbeitszeit und Arbeitslosigkeit*, VdF Verlag, 1994

Ruthven, Malise, *Der Islam*, Reclam, Stuttgart, 1997
Sahlins, Marshal, *Stone Age Economics*, London, 1974

Sarkar, Saral, *Eco–socialism or eco–capitalism?*, Zed Books, London, 1999

Sax, Anna et al., *Das Existenzmaximum*, Werdverlag, Zürich, 1997

Schweizerische Armee, *Behelf 60.6 d, Kochrezepte*, Bern, 1993

Sennett, Richard, *Der flexible Mensch*, Berlin Verlag, Berlin, 1998

Smith, Adam, *Der Wohlstand der Nationen* (1776), dtv, München, 1996

SSM, *20 Jahre SSM – 20 Jahre gelebte Utopie*, Köln, 1999

Stadt- und Transportoptimierungsstudie, ZAS, 1993

Statistisches Amt der Stadt Zürch, *Ausländerinnen und Ausländer nach Heimatstaaten und Stadtquartieren Ende 1998*

Stent, Gunther S., *The Coming of the Golden Age, a View of the End of Progress*, Garden City, New York, 1969

Vinaver, Michel, *King*, Babel, Paris, 1998

von Schlippe, Arist, Schweizer, Jochen, *Lehrbuch der systemischen Therapie und Beratung*, Göttingen, 1997

Weizsäcker, Ernst Ulrich von, Armory B. Lovins, L. Hunter Lovins, *Faktor Vier*, Droemer Knaur, München, 1995

Widerspruch 38, Globalisierung und Widerstand, 1999/2000, Zürich

Wilde, Oscar, *The Picture of Dorian Gray*, (1894) («Money is a waste of time.»), Penguin, London, 1985

Zukunftsfähige Schweiz, Infras, Zürich, Mai 1995

Paranoia city Verlag

Was wäre geschehen, wenn sich die Dinge in den turbulenten Zeiten der Helvetik ein bisschen anders entwickelt hätten? Wie sähe die Schweiz heute aus, falls es sie noch gäbe? Wie würden wir heute leben? P.M. hat weitergedacht. Ausgehend von einer sozioökonomischen Studie einer möglichen Gesellschaft hat er eine Zivilisation geschaffen, die viele Probleme, die uns heute hier beschäftigen, schon überwunden und ins Museum gestellt hat, die ein ausgeprägtes Interesse an kulinarischen Genüssen zeigt und über viel Freizeit verfügt.

P.M. schickt den nigerianischen Brückenbauer Kanua Igbono durch das helvetische Territorium und lässt ihn erzählen, was die Menschen beschäftigt, freut und begeistert. Vieles mag fremdartig anmuten, doch das Leben insgesamt ist lockerer, spielerischer und genussvoller.

Agbala dooo! ist eine Aufforderung, die verpatzten Chancen, eine bessere Gesellschaft zu schaffen, zu bedauern. Auf dass das nicht mehr vorkomme.

P.M.AGBALA DOOO
120 Seiten, englische Broschur
Fr./DM 20.-
ISBN 3-907522-17-6

Die Drei - Welten - Theorie von P.M.

Eine Welt mit AMBERLAND:

P.M.: Amberland
Ein Reisebuch.
Die faszinierende Insel in der Transkaribik ist Ziel aller bolo Begeisterten, die in den burliks (bolo) ihr Glück finden.
208 S: reich bebildert. Englische Broschur.
Fr./DM 24.-
ISBN 3-907522-05-2

Eine Welt ohne Schweiz:

P.M. und Freunde: Olten - alles aussteigen
Vorschläge aus Genf, Zürich und den Voralpen, wie das Leben ohne Schweiz aussehen könnte.
2.Auflage 1991, 200 Seiten. Englische Broschur.
Fr.24.-/DM 28.-
ISBN 3-907522-08-7

Eine Welt ohne Geld:

P.M.: Bolo'bolo
7.Auflage 1995
Der Klassiker, neu gestaltet.
200 Seiten. illustriert, broschiert.
Fr/DM 18.-
ISBN 3-907522-01-x

Paranoia city Verlag

Bäckerstrasse 9
Postfach 406
CH-8026 Zürich
tel+fax ++41 1-241 37 05
Buchhandlung geöffnet:
Mo - Sa ab 10.00
paranoiacity@paranoiacity.ch
www.paranoiacity.ch

Auslieferung:
CH: AVA
BRD: Aurora Buchversand
Knobelsdorffstr.8
D – 14059 Berlin
Telefon: 030 322 71 17
Fax: 030 321 55 49